普通高等学校"十四五"规划船舶与海洋工程学科精品教材

U0641907

船舶流体力学

刘 曾 杨 鹏 孙江龙 主 编

华中科技大学出版社
中国·武汉

内 容 简 介

本书从船舶与海洋工程流体力学工程问题需求出发,将流体力学基础知识和船舶航行性能基础知识有机结合。全书共7章,内容包括基本概念与方程、理想流体流动、波浪理论、黏性流体流动、船舶静水直航流体动力、船舶波浪运动流体动力、船舶操纵运动流体动力。

本书可作为船舶与海洋工程专业及相关专业的本科生教材,也可供从事船舶与海洋工程及航运领域的工程技术人员阅读和参考。

图书在版编目(CIP)数据

船舶流体力学 / 刘曾,杨鹏,孙江龙主编. -- 武汉 : 华中科技大学出版社,2025.1. -- (普通高等学校"十四五"规划船舶与海洋工程学科精品教材). -- ISBN 978-7-5772-1382-8

Ⅰ.U661.1

中国国家版本馆 CIP 数据核字第 20248SR764 号

船舶流体力学　　　　　　　　　　　　　　　　刘　曾　杨　鹏　孙江龙　主编
Chuanbo Liuti Lixue

策划编辑:万亚军
责任编辑:程　青
封面设计:原色设计
责任监印:朱　玢
出版发行:华中科技大学出版社(中国·武汉)　　电话:(027)81321913
　　　　　武汉市东湖新技术开发区华工科技园　　邮编:430223
录　排:武汉正风天下文化发展有限公司
印　刷:武汉市洪林印务有限公司
开　本:787mm×1092mm　1/16
印　张:11.5
字　数:297千字
版　次:2025年1月第1版第1次印刷
定　价:49.80元

序

海洋是孕育生命的"摇篮",也是养育生命的"牧场",人类社会发展的历史进程与海洋息息相关。自古以来,人类在利用海洋获得"鱼盐之利"的同时,也获得了"舟楫之便",仅海上运输一项,就占到了目前国际贸易总运量的 2/3 以上。而今随着科学技术的发展,海洋油气开发、海洋能源开发、海水综合利用和海洋生物资源开发及保护等拉开了 21 世纪——海洋新世纪的帷幕。传统的船舶工程因海洋开发而焕发青春,越来越明朗地成为 21 世纪一道亮丽的风景线。

船舶与海洋工程学科是一个有着显著应用背景的学科。大型船舶和海上石油钻井平台是这个学科工程应用的两个典型标志。它们就如同海上的城市,除了宏大的外观,也装备有与陆上相类似的设施,如电站及电网系统、起吊设备、生活起居设施、直升机起降平台等,还装备有独特的设施,如驾控室、动力装置、推进系统、锚泊设备等。因此,该学科与其他相关学科,如土木工程、动力工程及工程热物理、机械工程、电气工程、控制科学与工程等学科,有着密切的联系。将现代化的船舶与海洋工程的产品称为集科技大成之作,毫不夸张。

为了满足船舶与海洋工程学科本科生的学习需要,我们在多年教学、科研工作的基础上,参考兄弟院校的相关教材及国内外有关资料文献,编写了本套教材。本套教材涵盖了船舶与海洋工程专业和轮机工程专业的主要学习课程,包括船舶与海洋工程概论、轮机工程概论、船舶流体力学、船舶设计原理、船舶与海洋工程结构力学、船舶摇摆与操纵、海洋平台设计原理、海洋资源与环境、舰船电力系统及自动装置、船舶动力装置原理与设计、深海机械与电子技术、舰船液压系统等。本套教材的编写,旨在为船舶与海洋工程学科相关专业的本科生提供系统的学习教材,同时也向从事造船、航运、海洋开发的科技工作者及对船舶与海洋工程知识有兴趣的广大读者提供一套系统介绍船舶与海洋工程知识的参考书。

教材建设是高校教学中的基础性工作,是一项长期的工作,需要不断吸取人才培养模式和教学改革成果,吸取学科和行业的新知识、新技术、新成果。本套教材的编写出版只是对近年来华中科技大学船舶与海洋工程学院教学改革的初步总结,还需要各位专家、同行提出宝贵意见,以进一步修订、完善,不断提高教材质量。

华中科技大学船舶与海洋工程学科
精品教材编写组

前　言

对船舶与海洋工程专业来说,"船舶流体力学"是一门重要的专业基础课程,其是流体动力学的一个分支,对所有与船舶原理及海洋工程结构动力性能有关的后续课程起到支撑作用。学生对这门课程内容的掌握情况,不仅影响到后续课程的学习,也会在一定程度上影响其对专业的兴趣。在多年教学实践中,学生普遍反映这门课程内容抽象难懂、公式繁复难记。要想激发学生对这门课程乃至专业的学习热情,有必要出版一本深入浅出、概念清晰、层次分明的教材。

经过近四十年的发展,船舶与海洋工程领域各类浮式结构形式层出不穷,这些结构的航行性能和动力性能的分析手段也日趋成熟,通过试验测试和数值模拟等手段,学者们不断取得新进展并开辟新领域。虽然不可能在本书有限的篇幅中系统介绍这些新成果,但我们认为有必要对"船舶流体力学"这门课程的教学内容及时进行梳理,面向行业需求介绍与船舶航行性能相关的流体力学基础知识。

基于上述考虑,本书遵照该课程教学的基本要求,吸取国内外相关院校同名教材之长,并结合编者多年教学实践和研究工作经验编写而成。首先,在内容编排上,围绕船舶航行性能分析这一主题,循序渐进地介绍相关流体力学基础知识,内容包括基本概念与方程、理想流体流动、波浪理论、黏性流体流动、船舶静水直航流体动力、船舶波浪运动流体动力、船舶操纵运动流体动力。其次,作为一门兼顾理论与实践的课程教材,本书各章均穿插有图表和例题,每章还附有习题,学生可结合课程内容来思考和练习。

本书由刘曾、杨鹏、孙江龙主编。其中,刘曾编写第1~4章;孙江龙编写第5章;杨鹏编写第6、7章;刘曾和杨鹏负责全书的修改和定稿工作。

在编写过程中,本书得到了同行专家及师生、学校和学院各级领导的热情支持和帮助,谨在此表示由衷的感谢。

由于编者水平有限,书中难免存在不妥之处,恳请读者批评指正,以便今后进一步改进完善。

编　者

2024年8月于华中科技大学

目　　录

第1章　基本概念与方程

流体力学的研究对象是流体,包括液体和气体,分别对应水动力学和空气动力学。流体力学研究流体的宏观运动规律,以及流体和与之接触的物体之间的相互作用问题。

船舶流体力学研究与船舶及海洋结构物有关的流体流动问题,又称船舶水动力学。随着造船行业的发展,围绕船舶的理论逐步形成了船舶水动力学,应用流体力学理论与试验的方法研究船舶的快速性与运动性能。船舶流体力学的研究内容主要包括:船舶阻力性能、船舶推进性能、船舶操纵性能、船舶耐波性能和船舶浮性与稳性等。此外,船舶流体力学研究对象还可扩展到海洋工程结构物、潜水器和导弹等,研究内容可包括水弹性力学(结构与流体的动力学及其耦合问题)。船舶流体力学试验设备主要包括船舶拖曳水池、螺旋桨空泡水筒和操纵性水池等。

1.1　流体及其性质

1.1.1　流体

流体最基本的特征是它具有流动性,从力学观点看,流体在一个微小剪切力作用下就能连续不断地发生变形,即发生流动,只有在剪切力作用停止后变形才停止,这时流体只承受压力而处于平衡状态。这也是流体不同于固体的最基本特征。固体能维持固有的形状,通过产生变形来承受一定的剪切力。液体具有流动性,没有一定的形状,它随容器的形状而变。

液体和气体之间也有差别,主要在于它们的可压缩程度不同。液体在常温常压下有确定的体积,很难压缩,因此,当空间容积比液体体积大时,它会出现自由面,不能承受拉力,静止时不能承受剪切力。气体容易压缩,又能均匀充满整个给定的有限空间,因而它不会出现自由面。当压缩性和自由面的影响可以忽略不计时,液体和气体的流动规律就完全一样。

流体作为物质的一种基本形态,必须遵循自然界物质运动的普遍规律,如牛顿运动定律、质量守恒定律和能量守恒定律等有关物体宏观机械运动的一般规律。因而,流体力学中的基本定理实质上是这些普遍规律在流体力学中的具体体现和应用。

1.1.2　连续介质模型

流体由流体分子组成,流体分子无时无刻不在进行无规则的、随机的布朗运动。从微观角度看,流体分子之间是不连续的、有间隙的,流体分子之间存在着比分子尺度大得多的间隙。因此,流场中各空间点上的流体物理量本质上是不连续的。

流体不连续会给数学处理带来很大的麻烦。鉴于流体力学本质上是一门宏观力学,我们并不关心单个流体分子从哪里来、要到哪里去,也不可能去研究单个流体分子的热运动,我们感兴趣的是大量流体分子运动的宏观统计特性。

为了避免由于流体分子之间本质上的不连续所带来的数学处理上的困难,1753 年欧拉(Leonhard Euler)提出了连续介质模型。为了给出连续介质模型概念,首先引入流体质点的概念。

(1) 流体质点(或称流体微团):是"既大又小"的点,所谓大,是指该流体质点内部包含了大量流体分子,能够反映流体分子的宏观统计特性;所谓小,是指流体质点的体积无限小,小到空间上一个没有尺度的点。

(2) 连续介质模型:流体由流体质点组成,流体质点连续地、无间隙地分布于整个流场中。由于此假设将流体看成由流体质点组成的连续流场,因此表征流体属性的压力、速度、密度等物理量可以表述成空间坐标和时间变量的函数,并可方便地利用高等数学中连续函数和微积分这一强有力的工具计算。

以上对流体质点所作的定义和对流体所作的连续介质假设,在我们通常遇见的工程问题中是合理的。从直观上我们也可以感觉到,河水和风的流动都是连续的。这是因为在标准状态下,在非常小的流体体积内,确实含有大量的流体分子。

例如:空气分子,2.7×10^{16} 个/mm^3;水分子,3.4×10^{19} 个/mm^3。

流体质点在很小的体积内包含足够多的流体分子,能够反映流体的宏观统计特性。

1.1.3　流体密度

单位体积流体的质量称为流体的密度,以 ρ 表示,其单位为 kg/m^3。对不均匀流场,流体体积 ΔV 中某一点 A 的密度 ρ_A 可表示为

$$\rho_A = \lim_{\Delta V \to \tau_0} \frac{\Delta m}{\Delta V}$$

式中:τ_0 为包含任意指定点 $A(x, y, z)$ 在内的极限体积。当 $\Delta V < \tau_0$ 时,其中所含流体分子数过少,分子运动的随机性会影响质量的统计平均值;当 $\Delta V > \tau_0$ 时,宏观的质量分布不均匀性会带来误差。对于所有液体以及在 10^5 Pa 压力下的气体,τ_0 大约是 10^{-9} mm^3。

1.1.4　流体黏度

流体运动时,流体内部具有抵抗相互滑移的能力,这种属性称为流体的黏性。黏性作为流体的一种宏观物理属性,它与流体分子的热运动、分子间的相互作用以及由此在非均匀速度场中产生的动量输运密切相关。

牛顿(Isaac Newton)在 17 世纪论述了流体的黏性,提出了"流体内部的剪切应力与垂直于流体运动方向的速度梯度成正比"的论断。如图 1.1 所示,相距为 h 的上、下两平行平板之间充满均质黏性流体。两平板的面积均为 S,其值足够大,以致可略去平板四周边界的影响。将下板固定不动,而以力 F 拖动上板使其做平行于下板的匀速直线运动。实验发现:

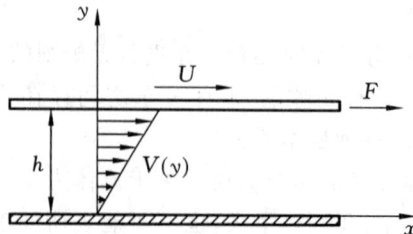

图 1.1　黏性力的测定

(1) 由于流体的黏性,与平板直接接触的流体质点将与平板一起移动而无滑移,因此与上

板接触的流体质点速度为 U,而与下板接触的流体质点速度为零。测量表明,两板之间的速度呈线性分布,即

$$V(y) = \frac{U}{h} y$$

（2）比值 F/S 与 U/h 成正比,即

$$\frac{F}{S} = \mu \frac{U}{h}$$

式中:μ 为比例系数,称为动力黏度,简称黏度;比值 F/S 为流体内部的剪应力 τ。

进一步的实验表明,当两板间具有其他(非直线)速度分布 $V(y)$ 时,有

$$\tau = \mu \frac{dV}{dy} \tag{1.1}$$

式中:dV/dy 是 x 方向的速度在 y 方向的变化率,通常称其为 y 方向的速度梯度,与剪应力方向垂直。式(1.1)为牛顿内摩擦定律,符合此定律的流体称为牛顿流体,空气和水是自然界中最典型的牛顿流体。黏度是对流体黏性大小的度量,其单位为 N·s/m² 或 Pa·s。

在研究流体的运动时,还常采用运动黏度,其定义为

$$\nu = \frac{\mu}{\rho} \tag{1.2}$$

式中:ρ 为流体的密度。ν 的单位是 m²/s。

表 1.1 给出了水(淡水和海水)和空气在 15 ℃、一个大气压($p = 101325$ Pa)下的密度和黏度常用值。

表 1.1　常用密度与黏度

流体	$\rho/(\text{kg/m}^3)$	$\mu/(\times 10^6 \text{ kg/(m·s)})$	$\nu/(\times 10^6 \text{ m}^2\text{/s})$
空气	1.225	17.89	14.60
淡水	999.2	1139	1.14
海水	1026	1221	1.19

实验表明,黏度 μ 主要与温度有关,而与压力的关系不大。一般液体的黏度随温度的升高而减小,而气体的黏度则随温度的升高而增大。水和空气的运动黏度随温度的变化如图 1.2 所示。液体和气体的黏度随温度的变化趋势相反,是因为气体的黏度与分子热运动有关,温度升高,分子热运动加强,动量交换增加,各流层之间的相互制约加强,因而黏度变大;液体的黏度主要取决于液体分子间的聚集力,当温度升高时,液体分子振动加强,分子间聚集力变小,因而黏度随温度上升而减小。

下面考察黏性对流体运动的影响。图 1.3 所示的是半无限长平板上的均匀直线流动,远前方来流与板面平行,速度记为 V_∞。当流体流经平板时,平板对流体有阻滞作用,紧靠平板的流体速度趋于零,远离平板的流体速度大。平板板面法线上各点的水平速度为 $V(x, y)$。可以发现,当 $y \geqslant \delta(x)$ 以后,$\partial V/\partial y \to 0$,$V \to V_\infty$。图 1.3 中用虚线表示 $\delta(x)$ 随 x 的变化。在 $\delta(x)$ 和板面之间流体的运动,因为 $\partial V/\partial y \neq 0$,故剪应力 $\tau \neq 0$,这是流体黏性影响的必然结果。在 $\delta(x)$ 以外的流场,因为 $\partial V/\partial y = 0$,故剪应力 $\tau = 0$,这表明流体黏性的影响完全可以忽略,流体可以看成无黏(性)的。无黏性的流体称为理想流体。运动过程中要考虑黏性影响的流体则称为黏性流体。

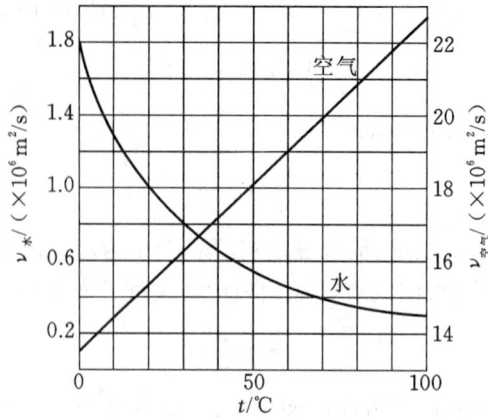

图 1.2 运动黏度随温度的变化曲线

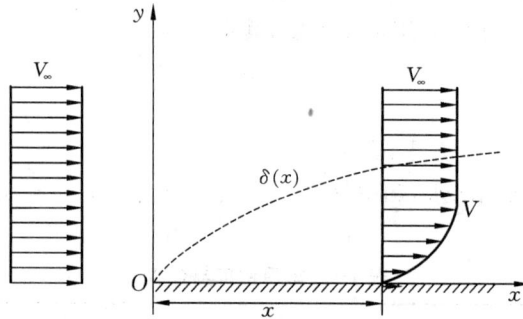

图 1.3 平板上的黏性流动

运动物体所受到的流体动力可以分成：①与运动方向垂直的升力；②与运动方向相反的阻力。解决升力问题用的是理想流体运动理论。解决阻力问题需要对边界层内的流动进行分析，即便如此，也少不了先进行无黏流动的计算。所以，理想流体的运动理论占有十分重要的地位。

理想流体流经固壁时不会黏附于壁面上，它将一滑而过。如果在半无限长平板上方做均匀直线运动的是理想流体，则在物面上满足可滑移边界条件：切向速度分量 $u_\tau \neq 0$，法向速度分量 $u_n = 0$。黏性流体在物面上不能滑移，相应的边界条件称为无滑移条件（或黏附条件）：切向速度分量 $u_\tau = 0$，法向速度分量 $u_n = 0$。

1.2 作用于流体上的力

在建立流体运动基本方程时，必须了解作用于流体上的力的性质。作用于流体上的力分为两类：质量力和表面力。流体是连续介质，因此质量力和表面力都是连续的分布力，需定义它们的分布强度，以衡量其大小。

1.2.1 质量力

质量力是超距离作用力，作用在流体的每个质点上，例如重力、惯性力、电磁力等。

在体积为 V、表面积为 S 的一块流体中,考虑包含任意指定点 $M(x,y,z)$ 在内的微元体积 ΔV,作用在该微元体上的质量力为 $\Delta \boldsymbol{F}$(见图 1.4),当 $\Delta V \to 0$ 时,下列极限值就是质量力在点 M 的分布强度:

$$\boldsymbol{f} = \lim_{\Delta V \to 0} \frac{\Delta \boldsymbol{F}}{\rho \Delta V} = \frac{\mathrm{d}\boldsymbol{F}}{\rho \mathrm{d}V} \tag{1.3}$$

显然,$\boldsymbol{f}$ 是空间和时间的连续函数,即 $\boldsymbol{f} = \boldsymbol{f}(x,y,z,t)$。质量力的分布强度是单位质量流体所受到的质量力,简称单位质量力。已知 $\boldsymbol{f}$ 就可以计算整块流体受到的质量力 $\boldsymbol{F} = \int_V \rho \boldsymbol{f} \mathrm{d}V$。在重力场中,质量为 $\rho \mathrm{d}V$ 的流体的重力为

$$\mathrm{d}\boldsymbol{G} = \rho \mathrm{d}V \cdot \boldsymbol{g} \tag{1.4}$$

比较式(1.3)和式(1.4)可知,重力加速度 $\boldsymbol{g}$ 就是重力的分布强度。

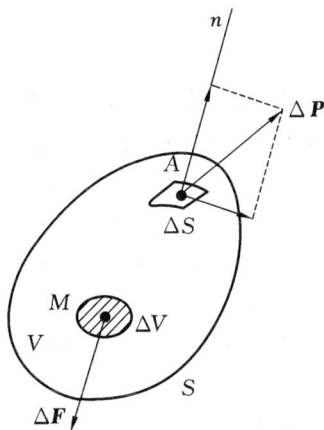

图 1.4　质量力和表面力

1.2.2　表面力

表面力是接触作用力,即周围流体或固体作用在该流体表面上的力,例如压力、摩擦力等。

如图 1.4 所示,在流体表面上取包含指定点 $A(x,y,z)$ 在内的微元面积 ΔS,其上作用的表面力记为 $\Delta \boldsymbol{P}$,$\boldsymbol{n}$ 为 ΔS 在点 A 的外法线单位矢量。用下式定义表面力在点 A 的分布强度,并称为点 A 的应力:

$$\boldsymbol{p}_n = \lim_{\Delta S \to 0} \frac{\Delta \boldsymbol{P}}{\Delta S} \tag{1.5}$$

$\boldsymbol{p}_n$ 和 $\boldsymbol{n}$ 一般不共线,所以通常将 $\boldsymbol{p}_n$ 分解成如下两类分量:

(1) 应力矢量 $\boldsymbol{p}_n$ 在作用面外法线方向的分量 p_{nn} 称为正应力。约定正值的正应力和 $\boldsymbol{n}$ 同向,并称之为拉应力;负值的正应力则称为压应力,简称为压力(即压强)。流体几乎不能承受任何拉应力,只承受压力。

(2) 应力矢量 $\boldsymbol{p}_n$ 在作用面的切平面上两个相互垂直的分量 $p_{n\tau}$ 和 p_{ns} 为剪应力(或切应力)。

应力分量使用了两个下标,第一下标表示作用面的方向,第二下标表示应力分量的方向。请注意,过点 A 的微元面有无限多个,这里 $\boldsymbol{p}_n$ 仅是外法线单位矢量为 $\boldsymbol{n}$ 的那个微元面上点 A 的应力矢量。同一点上不同方向的应力矢量是不同的。简而言之,应力和它的作用面的方向有关。

按照式(1.5)的定义,应力矢量 $\boldsymbol{p}_n$ 是外界对流体施加的应力,那么 $\boldsymbol{p}_{-n}$ 就是该流体对外界的反作用,二者大小相等、方向相反,因此 $\boldsymbol{p}_n = -\boldsymbol{p}_{-n}$。

1.3　流体运动描述方法

　　流体是由连续分布的流体质点组成的,在运动过程中各流体质点的位置会发生变化,质点的流动参数(如速度、压强、密度和温度等)会随时间发生变化;同时,在流体区域中,所有空间点都被流体质点所占据,不同空间位置上质点的流动参数也不相同。对流体的流动进行研究,需要用数学方法对流体流动变化的规律进行描述。

　　描述流体运动的方法有两种:①以流体质点为对象的拉格朗日(Lagrange)法;②以流动参数的时空分布为对象的欧拉(Euler)法。

1.3.1　拉格朗日法

　　拉格朗日法是以流体质点为对象,通过描述它们的位置、速度、加速度以及其他物理量随时间的变化来描述流体运动的一种方法。这种方法沿袭了理论力学研究质点系的办法,因而要给每个流体质点作出标记,以便识别。最方便的办法是,以某一指定时刻 t_0 流体质点所处的位置坐标 $x_0 = a, y_0 = b, z_0 = c$ 作为该质点的标记,每个质点都有一组 (a, b, c) 值,于是,作为时间的函数,质点的某一个物理量 f 就可以写成

$$f = f(a, b, c, t) \tag{1.6}$$

当 a, b, c 取不同数值时,式(1.6)就可表示质点的不同物理量。式中的自变量 a, b, c, t 称为拉格朗日变量。

　　流体质点的运动轨迹曲线可表示为

$$\boldsymbol{r} = \boldsymbol{r}(a, b, c, t) \text{ 或 } \begin{cases} x = x(a, b, c, t) \\ y = y(a, b, c, t) \\ z = z(a, b, c, t) \end{cases} \tag{1.7}$$

a, b, c 可以取不同值,因此,式(1.7)是全部质点的迹线方程,也就是质点的位置方程。质点的速度等于它的空间位置随时间的变化率。这时,a, b, c 作为参变量,于是有

$$\begin{cases} V_x = \dfrac{\partial x}{\partial t} = V_x(a, b, c, t) \\[2mm] V_y = \dfrac{\partial y}{\partial t} = V_y(a, b, c, t) \\[2mm] V_z = \dfrac{\partial z}{\partial t} = V_z(a, b, c, t) \end{cases} \tag{1.8}$$

质点的加速度是速度的时间变化率,即

$$\begin{cases} a_x = \dfrac{\partial V_x}{\partial t} = \dfrac{\partial^2 x}{\partial t^2} = a_x(a, b, c, t) \\[2mm] a_y = \dfrac{\partial V_y}{\partial t} = \dfrac{\partial^2 y}{\partial t^2} = a_y(a, b, c, t) \\[2mm] a_z = \dfrac{\partial V_z}{\partial t} = \dfrac{\partial^2 z}{\partial t^2} = a_z(a, b, c, t) \end{cases} \tag{1.9}$$

　　由以上两式可以看出一个共同点:流体质点物理量随时间的变化率就是该物理量对时间的偏导数。

1.3.2　欧拉法

流体力学关注流体运动的总体特征和规律,一般不去追踪个别质点的运动。例如,船舶在水中运动时,我们关注的不是个别流体质点从船头到船尾的运动历程,而是各个波系的位置和波高的大小等参数、船尾流动是否有严重的分离、桨盘附近的流场是否比较均匀等,即流动参数的空间分布及其随时间的变化。因此,流体运动的物理量 f 应该作为空间和时间的连续函数,即

$$f = f(x,y,z,t)$$

式中:x,y,z 和 t 称为欧拉变量。

物理量的时空连续分布称为场。流体运动中所有物理量场的总体构成流场。流场中有速度场、加速度场、压力场、温度场等。但通常情况下,流场主要是指速度场。

拉格朗日法和欧拉法的着眼点不同,实质上是等价的。如标号参数为 (a,b,c) 的流体质点,在 t 时刻正好到达 (x,y,z) 这个空间点,则有

$$f = f(x,y,z,t) = f[x(a,b,c,t),y(a,b,c,t),z(a,b,c,t),t] = f(a,b,c,t)$$

可见两者描述的是同一种运动,两种描述方法之间存在联系,可以互相转换。

1.3.3　质点加速度公式

质点加速度是质点的速度矢量随时间的变化率。在拉格朗日法中,加速度用式(1.9)计算,即 $a = \partial V / \partial t$。在欧拉法中,必须求出该质点在 Δt 时间内的速度改变量,然后求极限,即

$$a = \lim_{\substack{\Delta t \to 0 \\ \Delta r \to 0}} \frac{V(r + \Delta r, t + \Delta t) - V(r,t)}{\Delta t}$$

将上式等号右边的分子展成泰勒级数:

$$V(r + \Delta r, t + \Delta t) - V(r,t)$$
$$= \left(\frac{\partial V}{\partial t}\right)_r \Delta t + \left(\frac{\partial V}{\partial x}\right)_t \Delta x + \left(\frac{\partial V}{\partial y}\right)_t \Delta y + \left(\frac{\partial V}{\partial z}\right)_t \Delta z + O(\Delta t^2, |\Delta r|^2, \Delta t |\Delta r|)$$

将上式回代到 a 的表达式,取极限,略去二阶以上小量,得

$$a = \frac{\partial V}{\partial t} + \frac{\partial V}{\partial x}\frac{\mathrm{d}x}{\mathrm{d}t} + \frac{\partial V}{\partial y}\frac{\mathrm{d}y}{\mathrm{d}t} + \frac{\partial V}{\partial z}\frac{\mathrm{d}z}{\mathrm{d}t}$$

由于 $\Delta x, \Delta y, \Delta z$ 是流体质点在 Δt 时间内的位移,因此,有

$$\lim_{\Delta t \to 0}\frac{\Delta r}{\Delta t} = \frac{\mathrm{d}x}{\mathrm{d}t} = V_x, \quad \lim_{\Delta t \to 0}\frac{\Delta y}{\Delta t} = \frac{\mathrm{d}y}{\mathrm{d}t} = V_y, \quad \lim_{\Delta t \to 0}\frac{\Delta z}{\Delta t} = \frac{\mathrm{d}z}{\mathrm{d}t} = V_z$$

于是,加速度公式可以写成

$$a = \frac{\partial V}{\partial t} + V_x \frac{\partial V}{\partial x} + V_y \frac{\partial V}{\partial y} + V_z \frac{\partial V}{\partial z}$$

式中:$\partial V / \partial t$ 为当地加速度,是流体质点原来空间点上速度随时间的变化率;$\partial V / \partial x, \partial V / \partial y, \partial V / \partial z$ 为迁移加速度,由速度场不均匀产生。由此可得出如下结论:

质点加速度=当地加速度+迁移加速度

在直角坐标系中,加速度的分量式为

$$
\begin{cases}
a_x = \dfrac{\partial V_x}{\partial t} + V_x \dfrac{\partial V_x}{\partial x} + V_y \dfrac{\partial V_x}{\partial y} + V_z \dfrac{\partial V_x}{\partial z} \\[2mm]
a_y = \dfrac{\partial V_y}{\partial t} + V_x \dfrac{\partial V_y}{\partial x} + V_y \dfrac{\partial V_y}{\partial y} + V_z \dfrac{\partial V_y}{\partial z} \\[2mm]
a_z = \dfrac{\partial V_z}{\partial t} + V_x \dfrac{\partial V_z}{\partial x} + V_y \dfrac{\partial V_z}{\partial y} + V_z \dfrac{\partial V_z}{\partial z}
\end{cases}
\tag{1.10}
$$

例 1.1　已知在拉格朗日法下的速度表达式为

$$
V_x = (a+1)e^t - 1, \quad V_y = (b+1)e^t - 1
$$

式中：a，b 为 $t=0$ 时流体质点所在位置的坐标。试求：(1) $t=2$ 时刻流体质点的分布规律；(2) $a=1$，$b=2$ 时，这个质点的运动规律；(3) 流体质点的加速度；(4) 欧拉法下的速度与加速度。

解　(1) 首先由式(1.8)知：

$$
\frac{\mathrm{d}x}{\mathrm{d}t} = V_x = (a+1)e^t - 1, \quad \frac{\mathrm{d}y}{\mathrm{d}t} = V_y = (b+1)e^t - 1
$$

积分得

$$
x = (a+1)e^t - t + C_1, \quad y = (b+1)e^t - t + C_2
$$

注意到在 $t=0$ 时，$x=a$，$y=b$，即有

$$
a = (a+1) + C_1, \quad b = (b+1) + C_2
$$

从而得

$$
C_1 = -1, \quad C_2 = -1
$$

进一步求得流体质点的一般运动规律为

$$
x = (a+1)e^t - t - 1, \quad y = (b+1)e^t - t - 1
$$

在 $t=2$ 时，流体质点的分布规律为

$$
x = (a+1)e^2 - 3, \quad y = (b+1)e^2 - 3
$$

(2) 对于 $a=1$，$b=2$ 的特定流体质点，其运动规律为

$$
x = 2e^t - t - 1, \quad y = 3e^t - t - 1
$$

(3) 由式(1.9)知，质点的加速度为

$$
a_x = \frac{\mathrm{d}V_x}{\mathrm{d}t} = (a+1)e^t, \quad a_y = \frac{\mathrm{d}V_y}{\mathrm{d}t} = (b+1)e^t
$$

(4) 由质点一般运动规律：

$$
x = (a+1)e^t - t - 1, \quad y = (b+1)e^t - t - 1
$$

可求得拉格朗日法下 a 与 b 的表达式为

$$
a = (x+t+1)e^{-t} - 1, \quad b = (y+t+1)e^{-t} - 1
$$

将上式代回到拉格朗日法下的速度表达式，可进一步求得在欧拉法下的速度表达式为

$$
V_x = (a+1)e^t - 1 = x + t, \quad V_y = (b+1)e^t - 1 = y + t
$$

这样，可进一步求得欧拉法下的加速度为

$$
a_x = \frac{\partial V_x}{\partial t} + V_x \frac{\partial V_x}{\partial x} + V_y \frac{\partial V_x}{\partial y} = x + t + 1, \quad a_y = \frac{\partial V_y}{\partial t} + V_x \frac{\partial V_y}{\partial x} + V_y \frac{\partial V_y}{\partial y} = y + t + 1
$$

应用欧拉法研究流体运动，在理论上比拉格朗日法更便于分析处理，而且在实验中更便于测定验证，所以欧拉法在流体力学中被广泛应用。本书主要采用欧拉法描述流体运动。

1.3.4　物质导数

流体质点物理量 Q 随时间的变化率称为随体导数或物质导数,并用 $\dfrac{DQ}{Dt}$ 表示。前面推导的欧拉法下的加速度就是流体质点速度的随体导数,因此,有

$$a = \frac{D\boldsymbol{V}}{Dt} = \frac{\partial \boldsymbol{V}}{\partial t} + V_x \frac{\partial \boldsymbol{V}}{\partial x} + V_y \frac{\partial \boldsymbol{V}}{\partial y} + V_z \frac{\partial \boldsymbol{V}}{\partial z} \tag{1.11}$$

定义微分算子 $\boldsymbol{V} = \boldsymbol{i}\dfrac{\partial}{\partial x} + \boldsymbol{j}\dfrac{\partial}{\partial y} + \boldsymbol{k}\dfrac{\partial}{\partial z}$,式 (1.11) 可以写成:

$$a = \frac{D\boldsymbol{V}}{Dt} = \frac{\partial \boldsymbol{V}}{\partial t} + (\boldsymbol{V} \cdot \boldsymbol{V})\boldsymbol{V}$$

所以表示随体导数的算子可以写成

$$\frac{D}{Dt} = \frac{\partial}{\partial t} + (\boldsymbol{V} \cdot \boldsymbol{V}) \tag{1.12}$$

其中右边第一项为局部导数算子,第二项为迁移导数算子。有如下一般结论:

$$\text{物理量的随体导数} = \text{局部导数} + \text{迁移导数}$$

随体导数的物理意义是运动流体微元上的物理量随时间的变化率,$\partial/\partial t$ 是局部导数,它的物理意义是固定点上的物理量随时间的变化率;$(\boldsymbol{V} \cdot \boldsymbol{V})$ 是迁移导数,它的物理意义是由于不同的空间位置具有不同的流动特性,流体微元在流场中从一个位置运动到另一个位置时其物理量产生的随时间的变化率。物质导数适用于流场中任意变量。

1.4　流体微团运动分析

一般情况下刚体的运动由平移和旋转组成,由于流体的流动性,流体微团的运动除了平移和旋转外,还有变形,其旋转也由于流体变形而与刚体的转动有所不同。因此,流体微团的运动速度也相应由平移速度、变形速度和旋转角速度组成。

设在瞬时 t 有一边长为 dx, dy, dz 的平行六面体流体微团,其上 $M(x, y, z)$ 点处速度为 $\boldsymbol{V}(x, y, z, t)$,如图 1.5 所示。另一顶点 $M'(x+dx, y+dy, z+dz)$ 处的速度 $\boldsymbol{V}'(x, y, z, t)$ 可用泰勒级数展开,并略去二阶以上无穷小量,得到

$$\begin{cases} V_x' = V_x + \dfrac{\partial V_x}{\partial x}dx + \dfrac{\partial V_x}{\partial y}dy + \dfrac{\partial V_x}{\partial z}dz \\[2mm] V_y' = V_y + \dfrac{\partial V_y}{\partial x}dx + \dfrac{\partial V_y}{\partial y}dy + \dfrac{\partial V_y}{\partial z}dz \\[2mm] V_z' = V_z + \dfrac{\partial V_z}{\partial x}dx + \dfrac{\partial V_z}{\partial y}dy + \dfrac{\partial V_z}{\partial z}dz \end{cases} \tag{1.13}$$

以式 (1.13) 第一个方程为例,对方程右边做 $\pm\dfrac{1}{2}\dfrac{\partial V_y}{\partial x}dy \pm \dfrac{1}{2}\dfrac{\partial V_z}{\partial x}dz$ 运算,得

$$V_x' = V_x + \frac{\partial V_x}{\partial x}dx + \frac{\partial V_x}{\partial y}dy + \frac{\partial V_x}{\partial z}dz \pm \frac{1}{2}\frac{\partial V_y}{\partial x}dy \pm \frac{1}{2}\frac{\partial V_z}{\partial x}dz$$

$$= V_x + \frac{\partial V_x}{\partial x}dx + \frac{1}{2}\left(\frac{\partial V_x}{\partial z} - \frac{\partial V_z}{\partial x}\right)dz - \frac{1}{2}\left(\frac{\partial V_y}{\partial x} - \frac{\partial V_x}{\partial y}\right)dy + \frac{1}{2}\left(\frac{\partial V_x}{\partial y} + \frac{\partial V_y}{\partial x}\right)dy + \frac{1}{2}\left(\frac{\partial V_x}{\partial z} + \frac{\partial V_z}{\partial x}\right)dz$$

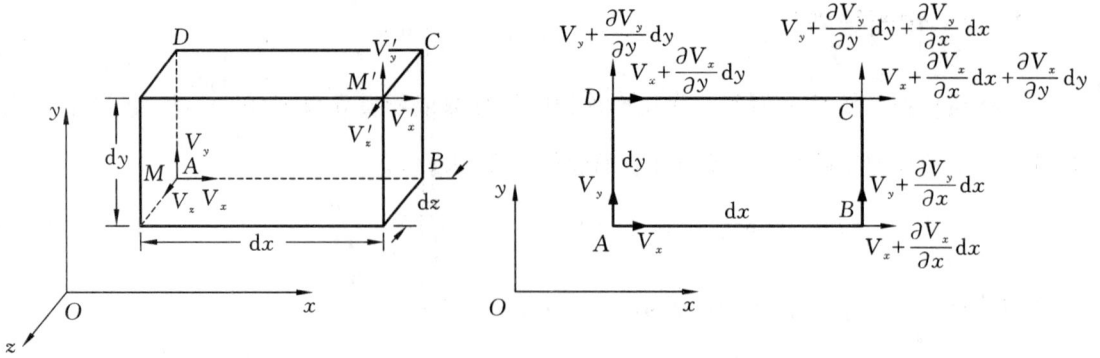

图 1.5　流体微团速度分布

同理，对式(1.13)第二个及第三个方程做类似运算，得

$$V_y' = V_y + \frac{\partial V_y}{\partial y}\mathrm{d}y + \frac{1}{2}\left(\frac{\partial V_y}{\partial x} - \frac{\partial V_x}{\partial y}\right)\mathrm{d}x - \frac{1}{2}\left(\frac{\partial V_z}{\partial y} - \frac{\partial V_y}{\partial z}\right)\mathrm{d}z + \frac{1}{2}\left(\frac{\partial V_z}{\partial y} + \frac{\partial V_y}{\partial z}\right)\mathrm{d}z + \frac{1}{2}\left(\frac{\partial V_y}{\partial x} + \frac{\partial V_x}{\partial y}\right)\mathrm{d}x$$

$$V_z' = V_z + \frac{\partial V_z}{\partial z}\mathrm{d}z + \frac{1}{2}\left(\frac{\partial V_z}{\partial y} - \frac{\partial V_y}{\partial z}\right)\mathrm{d}y - \frac{1}{2}\left(\frac{\partial V_x}{\partial z} - \frac{\partial V_z}{\partial x}\right)\mathrm{d}x + \frac{1}{2}\left(\frac{\partial V_x}{\partial z} + \frac{\partial V_z}{\partial x}\right)\mathrm{d}x + \frac{1}{2}\left(\frac{\partial V_z}{\partial y} + \frac{\partial V_y}{\partial z}\right)\mathrm{d}y$$

引入

$$\begin{cases} \varepsilon_x = \dfrac{\partial V_x}{\partial x}, \gamma_x = \dfrac{1}{2}\left(\dfrac{\partial V_z}{\partial y} + \dfrac{\partial V_y}{\partial z}\right), \omega_x = \dfrac{1}{2}\left(\dfrac{\partial V_z}{\partial y} - \dfrac{\partial V_y}{\partial z}\right) \\[3mm] \varepsilon_y = \dfrac{\partial V_y}{\partial y}, \gamma_y = \dfrac{1}{2}\left(\dfrac{\partial V_x}{\partial z} + \dfrac{\partial V_z}{\partial x}\right), \omega_y = \dfrac{1}{2}\left(\dfrac{\partial V_x}{\partial z} - \dfrac{\partial V_z}{\partial x}\right) \\[3mm] \varepsilon_z = \dfrac{\partial V_z}{\partial z}, \gamma_z = \dfrac{1}{2}\left(\dfrac{\partial V_y}{\partial x} + \dfrac{\partial V_x}{\partial y}\right), \omega_z = \dfrac{1}{2}\left(\dfrac{\partial V_y}{\partial x} - \dfrac{\partial V_x}{\partial y}\right) \end{cases} \quad (1.14)$$

则

$$\begin{cases} V_x' = V_x + \varepsilon_x \mathrm{d}x + \omega_y \mathrm{d}z - \omega_z \mathrm{d}y + \gamma_z \mathrm{d}y + \gamma_y \mathrm{d}z \\ V_y' = V_y + \varepsilon_y \mathrm{d}y + \omega_z \mathrm{d}x - \omega_x \mathrm{d}z + \gamma_x \mathrm{d}z + \gamma_z \mathrm{d}x \\ V_z' = V_z + \varepsilon_z \mathrm{d}z + \omega_x \mathrm{d}y - \omega_y \mathrm{d}x + \gamma_y \mathrm{d}x + \gamma_x \mathrm{d}y \end{cases} \quad (1.15)$$

式(1.15)即为亥姆霍兹速度分解定理。V_x, V_y, V_z 是微团的平移速度；$\varepsilon_x, \varepsilon_y, \varepsilon_z$ 是线变形速度；$\omega_x, \omega_y, \omega_z$ 为微团的旋转角速度；$\gamma_x, \gamma_y, \gamma_z$ 为微团的剪切变形速度。现分别说明这些物理量的物理意义。

1. $\varepsilon_x = \dfrac{\partial V_x}{\partial x}, \varepsilon_y = \dfrac{\partial V_y}{\partial y}, \varepsilon_z = \dfrac{\partial V_z}{\partial z}$ 的意义

作流体微团六面体在 xy 平面上的投影 $ABCD$，其中点 A 是 M 在 xy 平面上的投影。从图 1.5 中可看出，$\dfrac{\partial V_x}{\partial x}\mathrm{d}x$ 表示点 B 相对于点 A 在 x 方向的相对速度。由于相对速度的存在，流体微团将产生沿 x 方向的线变形。如图 1.6(a)所示，在 $\mathrm{d}t$ 时间内相对速度 $\dfrac{\partial V_x}{\partial x}\mathrm{d}x$ 使点 B 和点 C 向右移动的距离为 $\dfrac{\partial V_x}{\partial x}\mathrm{d}x\mathrm{d}t$。因此，$\varepsilon_x = \dfrac{\partial V_x}{\partial x}$ 代表流体微团沿 x 方向的应变率（x 方向单位长度线段的伸长或缩短变形速度）。

同理可知，$\varepsilon_y = \dfrac{\partial V_y}{\partial y}$ 代表流体微团沿 y 方向的应变率，$\varepsilon_z = \dfrac{\partial V_z}{\partial z}$ 代表流体微团沿 z 方向的

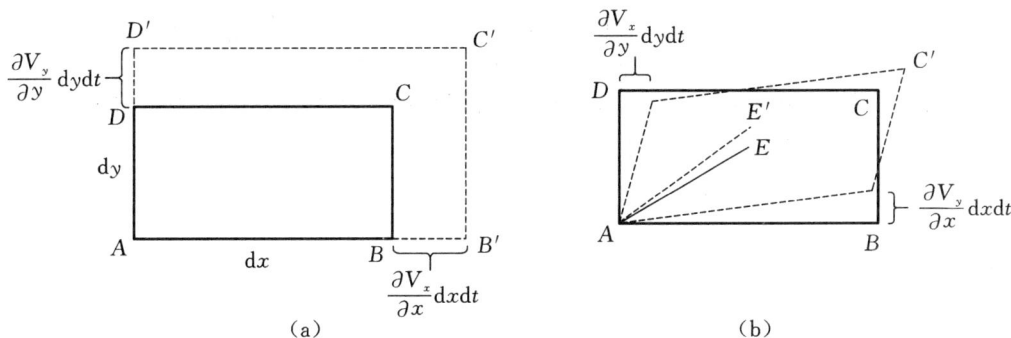

图 1.6　流体微团的变形与旋转

应变率。

2. $\gamma_x = \dfrac{1}{2}\left(\dfrac{\partial V_z}{\partial y} + \dfrac{\partial V_y}{\partial z}\right)$，$\gamma_y = \dfrac{1}{2}\left(\dfrac{\partial V_x}{\partial z} + \dfrac{\partial V_z}{\partial x}\right)$，$\gamma_z = \dfrac{1}{2}\left(\dfrac{\partial V_y}{\partial x} + \dfrac{\partial V_x}{\partial y}\right)$ 的意义

$\dfrac{\partial V_x}{\partial y}\mathrm{d}y$ 表示 x 方向的速度分量在 CD 和 AB 层处的速度差，而 $\dfrac{\partial V_y}{\partial x}\mathrm{d}x$ 表示 y 方向的速度分量在 BC 和 AD 层处的速度差。这些速度差的存在使得相邻两层流体产生剪切变形。如图 1.6(b)所示，在 $\mathrm{d}t$ 时间内，速度差 $\dfrac{\partial V_y}{\partial x}\mathrm{d}x$ 使得点 B 与点 C 向上移动的距离为 $\dfrac{\partial V_y}{\partial x}\mathrm{d}x\,\mathrm{d}t$。速度差 $\dfrac{\partial V_x}{\partial y}\mathrm{d}y$ 使得点 D 与点 C 向右移动的距离为 $\dfrac{\partial V_x}{\partial y}\mathrm{d}y\,\mathrm{d}t$。显然 AB 边在 $\mathrm{d}t$ 时间内转动的角度为

$$\mathrm{d}\beta_1 = \frac{\dfrac{\partial V_y}{\partial x}\mathrm{d}x\,\mathrm{d}t}{\mathrm{d}x} = \frac{\partial V_y}{\partial x}\mathrm{d}t$$

其对应的角速度为

$$\frac{\mathrm{d}\beta_1}{\mathrm{d}t} = \frac{\partial V_y}{\partial x}$$

同样，AD 边在 $\mathrm{d}t$ 时间内转动的角度为

$$\mathrm{d}\beta_2 = \frac{\dfrac{\partial V_x}{\partial y}\mathrm{d}y\,\mathrm{d}t}{\mathrm{d}y} = \frac{\partial V_x}{\partial y}\mathrm{d}t$$

其对应的角速度为

$$\frac{\mathrm{d}\beta_2}{\mathrm{d}t} = \frac{\partial V_x}{\partial y}$$

由此得剪切变形的平均角速度为

$$\frac{\mathrm{d}\beta}{\mathrm{d}t} = \frac{1}{2}\left(\frac{\mathrm{d}\beta_1}{\mathrm{d}t} + \frac{\mathrm{d}\beta_2}{\mathrm{d}t}\right) = \frac{1}{2}\left(\frac{\partial V_y}{\partial x} + \frac{\partial V_x}{\partial y}\right) = \gamma_z$$

即 $\gamma_z = \dfrac{1}{2}\left(\dfrac{\partial V_y}{\partial x} + \dfrac{\partial V_x}{\partial y}\right)$ 表示流体微团在 xy 平面内剪切变形的平均角速度，或称为 xy 平面上的剪切应变率。同理可发现，$\gamma_x = \dfrac{1}{2}\left(\dfrac{\partial V_z}{\partial y} + \dfrac{\partial V_y}{\partial z}\right)$ 和 $\gamma_y = \dfrac{1}{2}\left(\dfrac{\partial V_x}{\partial z} + \dfrac{\partial V_z}{\partial x}\right)$ 分别表示流体微团在 yz 和 zx 平面上的剪切应变率。

3. $\omega_x = \dfrac{1}{2}\left(\dfrac{\partial V_z}{\partial y} - \dfrac{\partial V_y}{\partial z}\right), \omega_y = \dfrac{1}{2}\left(\dfrac{\partial V_x}{\partial z} - \dfrac{\partial V_z}{\partial x}\right), \omega_z = \dfrac{1}{2}\left(\dfrac{\partial V_y}{\partial x} - \dfrac{\partial V_x}{\partial y}\right)$ **的意义**

在图 1.6(b)中,用流体微团的角平分线 AE 的旋转角速度来代表流体微团的平均旋转角速度。设在 $\mathrm{d}t$ 时间内 AE 的旋转角速度是 $\mathrm{d}\alpha$,则

$$\mathrm{d}\alpha = \mathrm{d}\beta_1 + \frac{90° - (\mathrm{d}\beta_1 + \mathrm{d}\beta_2)}{2} - 45° = \frac{1}{2}(\mathrm{d}\beta_1 - \mathrm{d}\beta_2) = \frac{1}{2}\left(\frac{\partial V_y}{\partial x} - \frac{\partial V_x}{\partial y}\right)\mathrm{d}t$$

所以微团角平分线的旋转角速度为

$$\frac{\mathrm{d}\alpha}{\mathrm{d}t} = \frac{1}{2}\left(\frac{\partial V_y}{\partial x} - \frac{\partial V_x}{\partial y}\right) = \omega_z$$

由此可知,$\omega_z = \dfrac{1}{2}\left(\dfrac{\partial V_y}{\partial x} - \dfrac{\partial V_x}{\partial y}\right)$ 代表流体微团绕过点 A 并平行于 z 轴的轴线旋转的平均角速度。同理可发现,$\omega_x = \dfrac{1}{2}\left(\dfrac{\partial V_z}{\partial y} - \dfrac{\partial V_y}{\partial z}\right)$ 和 $\omega_y = \dfrac{1}{2}\left(\dfrac{\partial V_x}{\partial z} - \dfrac{\partial V_z}{\partial x}\right)$ 分别代表流体微团绕过点 A 平行于 x 轴和 y 轴的轴线旋转的平均角速度。

流体微团的 AB 边和 CD 边以角速度 ω_z 随着角平分线旋转,同时以 γ_z 的剪切变形速度向角平分线靠拢,经过 $\mathrm{d}t$ 时间,分别转动 $\mathrm{d}\beta_1$ 和 $\mathrm{d}\beta_2$ 而达到最终位置。

综上所述,流体微团的运动由如下三部分组成:

(1) 以速度 $\boldsymbol{V}(V_x, V_y, V_z)$ 做平移运动;

(2) 过点 A 的瞬时以角速度 $\boldsymbol{\omega}(\omega_x, \omega_y, \omega_z)$ 做旋转运动;

(3) 变形运动,包括应变率为 $\varepsilon_x, \varepsilon_y, \varepsilon_z$ 的线变形运动以及变形角速度为 $\gamma_x, \gamma_y, \gamma_z$ 的剪切变形运动。前者使六面体微团体积扩大或缩小,后者改变六面体微团的形状。

将式(1.14)中的 $\omega_x, \omega_y, \omega_z$ 写成矢量形式,则为

$$\boldsymbol{\omega} = \omega_x \boldsymbol{i} + \omega_y \boldsymbol{j} + \omega_z \boldsymbol{k} = \frac{1}{2}\mathbf{rot}\,\boldsymbol{V} = \frac{1}{2}\boldsymbol{\nabla} \times \boldsymbol{V}$$

式中:$\mathbf{rot}\,\boldsymbol{V}$ 为速度的旋度,表示微团旋转的程度。$\boldsymbol{\omega}$ 的方向规定以逆时针方向为正。

再将式(1.14)中的线变形速度 $\varepsilon_x, \varepsilon_y, \varepsilon_z$ 和角变形速度 $\gamma_x, \gamma_y, \gamma_z$ 写成张量形式:

$$\boldsymbol{S} = \begin{bmatrix} \varepsilon_x & \gamma_z & \gamma_y \\ \gamma_z & \varepsilon_y & \gamma_x \\ \gamma_y & \gamma_x & \varepsilon_z \end{bmatrix}$$

或写成标量函数:

$$\Phi = \frac{1}{2}(\varepsilon_x \mathrm{d}x^2 + \varepsilon_y \mathrm{d}y^2 + \varepsilon_z \mathrm{d}z^2 + \gamma_z \mathrm{d}x\mathrm{d}y + \gamma_x \mathrm{d}y\mathrm{d}z + \gamma_y \mathrm{d}z\mathrm{d}x)$$

并将 $\overrightarrow{MM_1} = \mathrm{d}\boldsymbol{r}$ 写成

$$\mathrm{d}\boldsymbol{r} = \mathrm{d}x\boldsymbol{i} + \mathrm{d}y\boldsymbol{j} + \mathrm{d}z\boldsymbol{k}$$

则亥姆霍兹速度分解定理式(1.15)可写成

$$\boldsymbol{V}' = \boldsymbol{V} + \frac{1}{2}\mathbf{rot}\,\boldsymbol{V} \times \mathrm{d}\boldsymbol{r} + \boldsymbol{S}\mathrm{d}\boldsymbol{r} = \boldsymbol{V} + \frac{1}{2}\mathbf{rot}\,\boldsymbol{V} \times \mathrm{d}\boldsymbol{r} + \mathbf{grad}\,\Phi$$

1.5　质量守恒方程

连续性方程式是质量守恒定律在流体力学中的表现形式。所谓质量守恒,就是流体在连

续流动过程中,质量既不能产生,也不能消失。

如图 1.7 所示,在直角坐标系中,以点 $A(x,y,z)$ 为顶点取微元六面体作为控制体,六个微元面分别和三个坐标面平行,三个边长分别为 dx,dy,dz。设点 $A(x,y,z)$ 的速度为 $\boldsymbol{V}(V_x,V_y,V_z)$,则在单位时间内从左边界面流入的流体质量为 $\rho V_x \, dy \, dz$,从右边界面流出的流体质量是 $\left[\rho V_x + \dfrac{\partial(\rho V_x)}{\partial x} dx\right] dy \, dz$。故在单位时间内,在 x 方向从控制体中净流出的质量应为

$$\left[\rho V_x + \frac{\partial(\rho V_x)}{\partial x} dx\right] dy \, dz - \rho V_x \, dy \, dz = \frac{\partial(\rho V_x)}{\partial x} dx \, dy \, dz$$

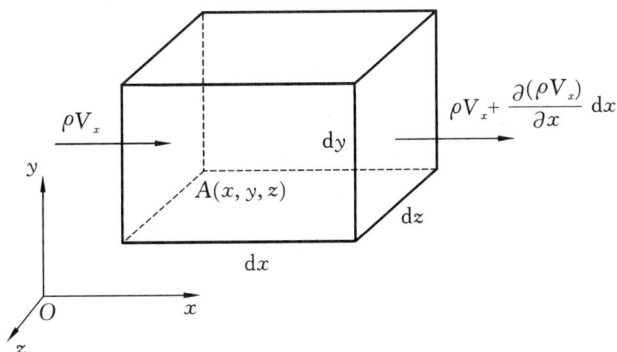

图 1.7　微元控制体的质量守恒

同理,在 y 方向和 z 方向从控制体中净流出的质量分别为 $\dfrac{\partial(\rho V_y)}{\partial y} dx \, dy \, dz$ 和 $\dfrac{\partial(\rho V_z)}{\partial z} dx \, dy \, dz$。将以上三部分质量加在一起,得到单位时间内控制体中所减少的流体质量为

$$\left[\frac{\partial(\rho V_x)}{\partial x} + \frac{\partial(\rho V_y)}{\partial y} + \frac{\partial(\rho V_z)}{\partial z}\right] dx \, dy \, dz \tag{1.16a}$$

控制体中流体的质量减少,必然要反映到控制体中流体的密度上。也就是说,控制体中流体的密度将随时间而变化。因为 $\rho = \rho(x,y,z,t)$,所以密度随时间的变化可表示为 $\dfrac{\partial \rho}{\partial t}$。当 $\dfrac{\partial \rho}{\partial t} < 0$ 时,密度下降。由于密度降低,在单位时间内控制体中流体质量的减少量为

$$-\frac{\partial \rho}{\partial t} dx \, dy \, dz \tag{1.16b}$$

根据质量守恒定律,式(1.16a)与式(1.16b)应完全相等,故有

$$\frac{\partial(\rho V_x)}{\partial x} + \frac{\partial(\rho V_y)}{\partial y} + \frac{\partial(\rho V_z)}{\partial z} = -\frac{\partial \rho}{\partial t}$$

即

$$\frac{\partial \rho}{\partial t} + \frac{\partial(\rho V_x)}{\partial x} + \frac{\partial(\rho V_y)}{\partial y} + \frac{\partial(\rho V_z)}{\partial z} = 0 \tag{1.17}$$

这就是可压缩流体流动的连续性方程式。用矢量形式可写成

$$\frac{\partial \rho}{\partial t} + \text{div}(\rho \boldsymbol{V}) = 0 \tag{1.18}$$

式(1.18)又可写为

$$\frac{\partial \rho}{\partial t}+V_x\frac{\partial \rho}{\partial x}+V_y\frac{\partial \rho}{\partial y}+V_z\frac{\partial \rho}{\partial z}+\rho\left(\frac{\partial V_x}{\partial x}+\frac{\partial V_y}{\partial y}+\frac{\partial V_z}{\partial z}\right)=0$$

或

$$\frac{\mathrm{d}\rho}{\mathrm{d}t}+\rho\,\mathrm{div}(\boldsymbol{V})=0$$

对于定常流动，$\frac{\partial \rho}{\partial t}=0$，于是式(1.18)变为

$$\frac{\partial(\rho V_x)}{\partial x}+\frac{\partial(\rho V_y)}{\partial y}+\frac{\partial(\rho V_z)}{\partial z}=0$$

或

$$\mathrm{div}(\rho\boldsymbol{V})=0$$

上式就是可压缩流体定常流动的连续性方程式。

对于不可压缩流体，ρ 为常数，连续性方程式为

$$\frac{\partial V_x}{\partial x}+\frac{\partial V_y}{\partial y}+\frac{\partial V_z}{\partial z}=0 \tag{1.19}$$

或

$$\mathrm{div}(\boldsymbol{V})=0$$

式(1.19)是不可压缩流体的连续性方程式。显然，无论对于定常流动还是非定常流动，该式都是成立的。上式表明，不可压缩流体流动时，速度分量 V_x,V_y,V_z 沿各自坐标轴的变化率互相约束，不能随意变化。式(1.19)同时还指出，不可压缩流体在流动过程中形状虽然有变化，但体积却保持不变(体积膨胀率为零)。

空间各点的流动速度的分布必须满足连续性方程式，如不满足则流体内部将产生不连续现象。连续性方程式是判断流体质量是否连续分布的条件。

1.6　动　量　方　程

1.6.1　欧拉方程

理想流体动力学的基本方程于 1775 年由欧拉给出。这个方程根据理论力学中的牛顿第二定律建立。

在理想流体中某瞬时取一边长为 $\mathrm{d}x,\mathrm{d}y,\mathrm{d}z$ 的平行六面体，如图 1.8 所示。它的一个顶点是 $A(x,y,z)$。设该处的速度是 $\boldsymbol{V}(x,y,z)$，压力是 $p(x,y,z)$。根据牛顿第二定律，作用于微团上的所有外力在某轴上的投影之和等于加速度在该轴上的投影乘以质量，即

$$F_i=ma_i \quad (i=x,y,z) \tag{1.20}$$

现以 x 方向为例来推导方程。

(1) 表面力　作用在该微元体左侧面上的压力是 $p(x,y,z)$，作用在右侧面上的压力是 $p(x+\mathrm{d}x,y,z)$，根据泰勒级数展开，并略去高阶小量后可得到

$$p(x+\mathrm{d}x,y,z)=p(x,y,z)+\frac{\partial p}{\partial x}\mathrm{d}x$$

故沿 x 方向作用的表面力的合力是

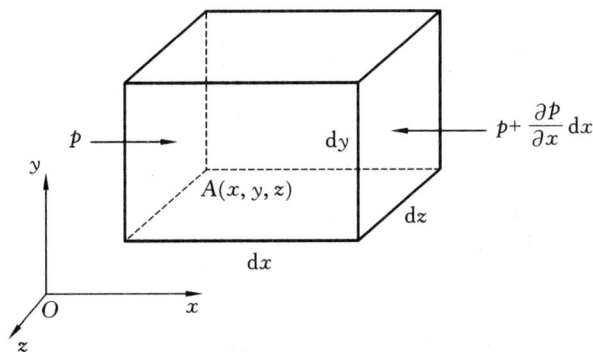

图 1.8   理想流体中的平行六面体微元

$$p\,\mathrm{d}y\,\mathrm{d}z - \left(p + \frac{\partial p}{\partial x}\mathrm{d}x\right)\mathrm{d}y\,\mathrm{d}z = -\frac{\partial p}{\partial x}\mathrm{d}x\,\mathrm{d}y\,\mathrm{d}z$$

因为流体是理想流体,所以各个面上没有切应力的作用。

（2）质量力   设流体单位质量的质量力在 x,y,z 轴上的投影是 X,Y,Z,则微团受到的质量力在 x 轴上的投影是

$$\rho X\,\mathrm{d}x\,\mathrm{d}y\,\mathrm{d}z$$

（3）微元体的质量   微元体的质量是 $\rho\,\mathrm{d}x\,\mathrm{d}y\,\mathrm{d}z$。

（4）微元体的加速度   由运动学中的式(1.10)可知,加速度在 x 方向的投影是

$$a_x = \frac{\mathrm{D}V_x}{\mathrm{D}t} = \frac{\partial V_x}{\partial t} + V_x\frac{\partial V_x}{\partial x} + V_y\frac{\partial V_x}{\partial y} + V_z\frac{\partial V_x}{\partial z}$$

将以上各式代入式(1.20)中,并取 $i=x$,得到式(1.21a)中的第一式,同理可以得到其余两式,有

$$\begin{cases}\dfrac{\partial V_x}{\partial t} + V_x\dfrac{\partial V_x}{\partial x} + V_y\dfrac{\partial V_x}{\partial y} + V_z\dfrac{\partial V_x}{\partial z} = X - \dfrac{1}{\rho}\dfrac{\partial p}{\partial x} \\[2mm] \dfrac{\partial V_y}{\partial t} + V_x\dfrac{\partial V_y}{\partial x} + V_y\dfrac{\partial V_y}{\partial y} + V_z\dfrac{\partial V_y}{\partial z} = Y - \dfrac{1}{\rho}\dfrac{\partial p}{\partial y} \\[2mm] \dfrac{\partial V_z}{\partial t} + V_x\dfrac{\partial V_z}{\partial x} + V_y\dfrac{\partial V_z}{\partial y} + V_z\dfrac{\partial V_z}{\partial z} = Z - \dfrac{1}{\rho}\dfrac{\partial p}{\partial z}\end{cases} \tag{1.21a}$$

用矢量表示,则为

$$\frac{\mathrm{D}\boldsymbol{V}}{\mathrm{D}t} = \boldsymbol{F} - \frac{1}{\rho}\boldsymbol{\nabla} p \tag{1.21b}$$

式(1.21)即为理想流体的欧拉运动微分方程式。欧拉运动方程共有 3 个方程式,再加上连续性方程式 $\frac{\partial V_x}{\partial x} + \frac{\partial V_y}{\partial y} + \frac{\partial V_z}{\partial z} = 0$,就可得到由 4 个方程式组成的方程组,刚好可求解 4 个未知函数 V_x,V_y,V_z 和 p。求解方程时,如果要使所求得的 V_x,V_y,V_z 和 p 是某个实际问题的解,还要满足对应的边界条件和初始条件。

1.6.2   欧拉方程的积分

欧拉方程(1.21)可表示为

$$\frac{\partial \boldsymbol{V}}{\partial t} + (\boldsymbol{V}\cdot\boldsymbol{\nabla})\boldsymbol{V} = \boldsymbol{F} - \frac{1}{\rho}\boldsymbol{\nabla} p \tag{1.22}$$

有

$$(\boldsymbol{V} \cdot \boldsymbol{\nabla})V_x = V_x \frac{\partial V_x}{\partial x} + V_y \frac{\partial V_x}{\partial y} + V_z \frac{\partial V_x}{\partial z}$$

$$= V_x \frac{\partial V_x}{\partial x} + V_y \frac{\partial V_y}{\partial x} + V_z \frac{\partial V_z}{\partial x} + V_y \left(\frac{\partial V_x}{\partial y} - \frac{\partial V_y}{\partial x} \right) + V_z \left(\frac{\partial V_x}{\partial z} - \frac{\partial V_z}{\partial x} \right)$$

$$= \frac{\partial}{\partial x} \left(\frac{V^2}{2} \right) + 2(V_z \omega_y - V_y \omega_z)$$

同样可得

$$(\boldsymbol{V} \cdot \boldsymbol{\nabla})V_y = \frac{\partial}{\partial y} \left(\frac{V^2}{2} \right) + 2(V_x \omega_z - V_z \omega_x)$$

$$(\boldsymbol{V} \cdot \boldsymbol{\nabla})V_z = \frac{\partial}{\partial z} \left(\frac{V^2}{2} \right) + 2(V_y \omega_x - V_x \omega_y)$$

所以

$$(\boldsymbol{V} \cdot \boldsymbol{\nabla})\boldsymbol{V} = \boldsymbol{\nabla} \left(\frac{V^2}{2} \right) + 2(\boldsymbol{\omega} \times \boldsymbol{V}) = \boldsymbol{\nabla} \left(\frac{V^2}{2} \right) + \boldsymbol{\Omega} \times \boldsymbol{V}$$

$$= \boldsymbol{\nabla} \left(\frac{V^2}{2} \right) + \boldsymbol{\nabla} \times \boldsymbol{V} \times \boldsymbol{V} \tag{1.23}$$

将式(1.23)代入式(1.22),得格罗米柯-兰姆方程:

$$\frac{\partial \boldsymbol{V}}{\partial t} + \boldsymbol{\nabla} \left(\frac{V^2}{2} \right) + \boldsymbol{\nabla} \times \boldsymbol{V} \times \boldsymbol{V} = \boldsymbol{F} - \frac{1}{\rho} \boldsymbol{\nabla} p$$

这种形式的方程把有关涡量的项显示出来了,便于处理无旋的问题。若流体是正压的,则有压力函数 $\boldsymbol{\nabla} \mathcal{P} = \boldsymbol{\nabla} p / \rho$,若质量力有势,则质量力可写成势函数 Π 的梯度,即 $\boldsymbol{F} = \boldsymbol{\nabla} \Pi$,那么格罗米柯-兰姆方程可以写成

$$\frac{\partial \boldsymbol{V}}{\partial t} + \boldsymbol{\nabla} \left(\frac{V^2}{2} + \mathcal{P} - \Pi \right) + \boldsymbol{\nabla} \times \boldsymbol{V} \times \boldsymbol{V} = \boldsymbol{0} \tag{1.24}$$

这个方程可以分两种情况进行积分。

1. 定常、沿流线积分——伯努利积分

在流线上取线元 $\mathrm{d}\boldsymbol{l}$,由于 $(\boldsymbol{\nabla} \times \boldsymbol{V}) \times \boldsymbol{V} \cdot \mathrm{d}\boldsymbol{l} = 0$,式(1.24)的等号左边第三项的积分为零,第一项也为零,所以有

$$\int \boldsymbol{\nabla} \left(\frac{V^2}{2} + \mathcal{P} - \Pi \right) \cdot \mathrm{d}\boldsymbol{l} = \int \mathrm{d} \left(\frac{V^2}{2} + \mathcal{P} - \Pi \right) = 0$$

沿流线积分,得伯努利积分方程:

$$\frac{V^2}{2} + \mathcal{P} - \Pi = C \tag{1.25}$$

式中: C 为沿流线的常数。

2. 无旋流的积分——柯西-拉格朗日积分

如果流动无旋,则有

$$\frac{\partial \boldsymbol{V}}{\partial t} = \frac{\partial}{\partial t} (\boldsymbol{\nabla} \Phi) = \boldsymbol{\nabla} \frac{\partial \Phi}{\partial t}$$

式(1.24)的等号左边第三项等于零,因此,该方程可以写成

$$\boldsymbol{\nabla} \left(\frac{\partial \Phi}{\partial t} + \frac{V^2}{2} + \mathcal{P} - \Pi \right) = 0$$

上式中圆括号内的函数的梯度为零,说明函数不随空间坐标(x,y,z)变化,只可能是时间的函数,故全场积分得

$$\frac{V^2}{2}+\mathcal{P}-\Pi+\frac{\partial \Phi}{\partial t}=C(t) \tag{1.26}$$

积分常数$C(t)$仅和时间有关,与空间坐标无关。对于定常无旋流动,$C(t)$和时间也无关,这时柯西-拉格朗日积分和伯努利积分在形式上就完全一样了,而且积分常数全场通用,也不随时间的变化而改变。

在重力场中,$\Pi=-gz$,对于不可压缩流体,$\mathcal{P}=p/\rho$,代入式(1.26)得

$$\frac{V^2}{2}+\frac{p}{\rho}+gz+\frac{\partial \Phi}{\partial t}=C(t)$$

这个积分公式在第 3 章推导波浪运动方程时会用到。

1.6.3　纳维-斯托克斯方程

推导黏性流体运动微分方程的方法原则上和建立欧拉方程的相同,区别在于作用于流体微团上的力除质量力和压力之外,还需计入黏性切应力。

如图 1.9 所示,在流体中取一六面体微团,它的顶点是$A(x,y,z)$,其 3 个边长分别是 dx,dy,dz。现在考虑作用于该微元体上的力。

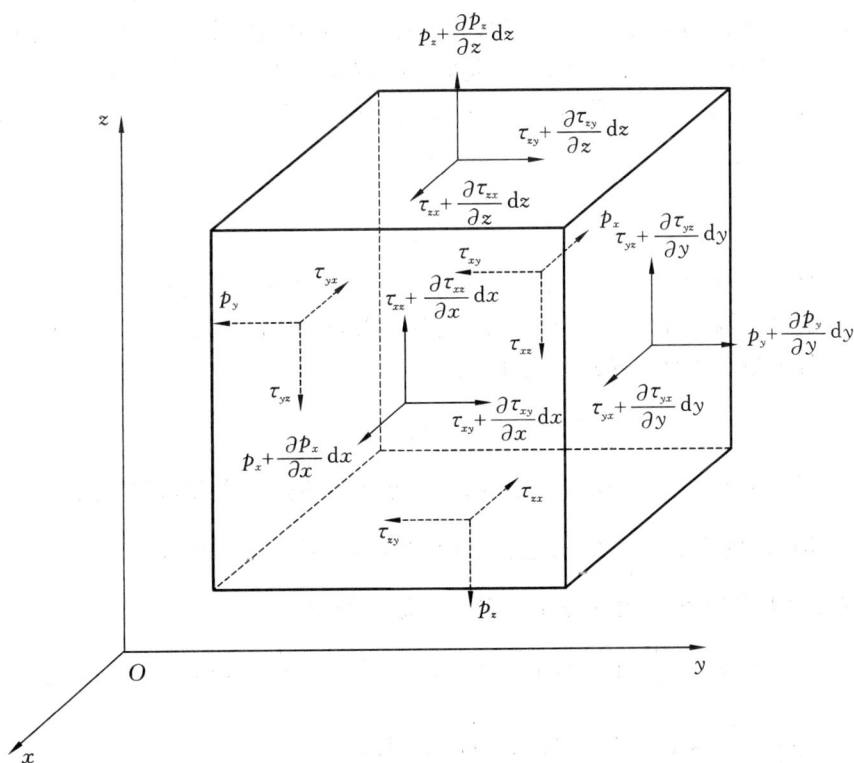

图 1.9　黏性流体中的平行六面体微元

先考虑其 6 个侧面上的力,即面力。由于流体具有黏性,因此每个侧面上不但有法向应力,而且有切应力,而每个侧面上的切应力又可以沿着两个坐标轴的方向分解。这样,在每个侧面上的面力就有 3 个分力:一个法向应力、两个切应力。

假定 p_x，p_y 及 p_z 代表作用在经过点 A 的 3 个互相垂直的微面上的法向应力。其中 p_x 表示作用于和 x 轴垂直的面上，即 $\mathrm{d}y\mathrm{d}z$ 面上的法向应力，它本身沿着 x 方向。p_y、p_z 的表述与此相似。同时还假定它们都沿着作用面的外法线方向（实际上在流体中的法向应力是压力，所以这里的 p_x，p_y，p_z 本身是负值）；切应力用两个下标来表示，即 τ_{xy}，τ_{xz}，τ_{yz}，τ_{yx}，τ_{zx}，τ_{zy}。其中第一个下标表示该切应力所作用的面的方向，第二个下标表示切应力本身的方向。例如 τ_{yx} 就表示作用在过点 A 并和 y 轴垂直的面上沿着 x 方向的切应力。其他类推。同时假定，经过点 A 的 3 个面上的切应力沿着坐标轴的负方向，而相对的 3 个面上的切应力则沿着坐标轴的正方向，即该面上法向应力的方向沿着坐标轴的负方向时，该面上的切应力也都沿着坐标轴的负方向。反之亦然。

在黏性流体中，点 A 的应力状态将由 9 个应力分量，即 p_x，p_y，p_z，τ_{xy}，τ_{xz}，τ_{yz}，τ_{yx}，τ_{zx}，τ_{zy} 来表示，它们构成点的应力张量，可表示成

$$\begin{bmatrix} p_x & \tau_{xy} & \tau_{xz} \\ \tau_{yx} & p_y & \tau_{yz} \\ \tau_{zx} & \tau_{zy} & p_z \end{bmatrix}$$

其中，横行的 3 个分量表示作用于同一个面上的 3 个应力，而纵列的 3 个分量则表示作用于同一方向上的 3 个应力。

可以证明，经过点 A 的任意方位的面上的应力（也由法向应力及切应力构成）完全取决于该面的方向余弦及上述的应力张量。因此，上面的 9 个量完全确定了点 A 的应力状态。在另外 3 个面上，由于坐标有了微小的变化，因此应力也有微小变化，如图 1.9 所示。另外，上面 9 个应力分量并不完全是独立的，其中 6 个切应力两两相等，即

$$\tau_{xy} = \tau_{yx}$$
$$\tau_{yz} = \tau_{zy}$$
$$\tau_{zx} = \tau_{xz}$$

所以上述应力张量只有 6 个分量是独立的，应力张量关于主对角线对称。

下面考虑作用于流体微团上的质量力，它们以 X，Y，Z 表示，在流体力学中是空间坐标 (x, y, z) 的已知函数。根据牛顿运动定律，有

$$F_i = m\frac{\mathrm{d}V_i}{\mathrm{d}t} \quad (i = x, y, z)$$

式中：F_i 是作用于流体微团上的所有外力在一个方向上的投影之和，即合力在一个方向上的投影；m 是流体微团的质量；$\dfrac{\mathrm{d}V_i}{\mathrm{d}t}$ 是该流体微团的加速度沿同一方向的投影。

以 x 方向的平衡为例，这时凡是第二个下标是 x 的应力都应考虑在 F_x 之内。于是

$$-p_x\mathrm{d}y\mathrm{d}z + \left(p_x + \frac{\partial p_x}{\partial x}\mathrm{d}x\right)\mathrm{d}y\mathrm{d}z - \tau_{yx}\mathrm{d}z\mathrm{d}x + \left(\tau_{yx} + \frac{\partial \tau_{yx}}{\partial y}\mathrm{d}y\right)\mathrm{d}z\mathrm{d}x - \tau_{zx}\mathrm{d}y\mathrm{d}x +$$
$$\left(\tau_{zx} + \frac{\partial \tau_{zx}}{\partial z}\mathrm{d}z\right)\mathrm{d}y\mathrm{d}x + \rho X\mathrm{d}x\mathrm{d}y\mathrm{d}z = \rho\mathrm{d}x\mathrm{d}y\mathrm{d}z\,a_x$$

稍加整理，消去 $\rho\mathrm{d}x\mathrm{d}y\mathrm{d}z$ 得 x 方向的方程，同理可得 y 方向和 z 方向的方程，有

$$\begin{cases} \dfrac{\mathrm{d}V_x}{\mathrm{d}t}=X+\dfrac{1}{\rho}\left(\dfrac{\partial p_x}{\partial x}+\dfrac{\partial \tau_{yx}}{\partial y}+\dfrac{\partial \tau_{zx}}{\partial z}\right) \\[2mm] \dfrac{\mathrm{d}V_y}{\mathrm{d}t}=Y+\dfrac{1}{\rho}\left(\dfrac{\partial \tau_{xy}}{\partial x}+\dfrac{\partial p_y}{\partial y}+\dfrac{\partial \tau_{zy}}{\partial z}\right) \\[2mm] \dfrac{\mathrm{d}V_z}{\mathrm{d}t}=Z+\dfrac{1}{\rho}\left(\dfrac{\partial \tau_{xz}}{\partial x}+\dfrac{\partial \tau_{yz}}{\partial y}+\dfrac{\partial p_z}{\partial z}\right) \end{cases} \tag{1.27}$$

式(1.27)是以应力形式表示的黏性流体的运动微分方程。方程中 3 个速度分量、6 个应力分量都为未知数。而只有 3 个运动微分方程和 1 个连续性方程,共 4 个,远不能解出这 9 个未知量。为解决这一问题,需建立应力与变形速度之间的关系。在弹性力学中,切应力与剪切变形成正比,正应力与线变形成正比。流体力学实验表明,流体微团上的应力与微团的变形速度成正比。例如,由牛顿平板剪切流实验可知

$$\tau=\mu\,\frac{\mathrm{d}V_x}{\mathrm{d}y}$$

如果在某一瞬时考察一方形微团,经过时间 $\mathrm{d}t$ 后其变为图 1.10 所示的棱形,微团的剪切变形速度为 $\dfrac{\mathrm{d}\gamma}{\mathrm{d}t}=\dfrac{\mathrm{d}V_x\,\mathrm{d}t}{\mathrm{d}y}\Big/\mathrm{d}t=\dfrac{\mathrm{d}V_x}{\mathrm{d}y}$,所以牛顿内摩擦定律暗示切应力与剪切变形速度成正比,比例系数为流体的黏度 μ。

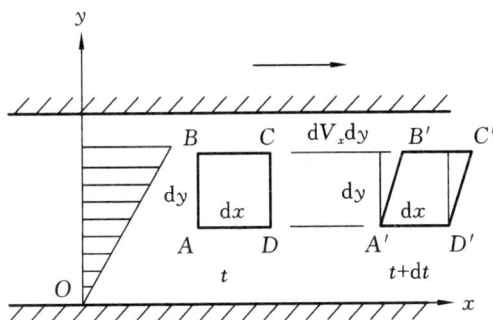

图 1.10　平板剪切流中的方形微团变形

把牛顿内摩擦定律推广应用于图 1.11 所示的一般的平面剪切变形,有

$$\tau=\tau_{xy}=\tau_{yx}=\mu\,\frac{\mathrm{d}\gamma}{\mathrm{d}t}=\mu\left(\frac{\mathrm{d}\gamma_1}{\mathrm{d}t}+\frac{\mathrm{d}\gamma_2}{\mathrm{d}t}\right)$$

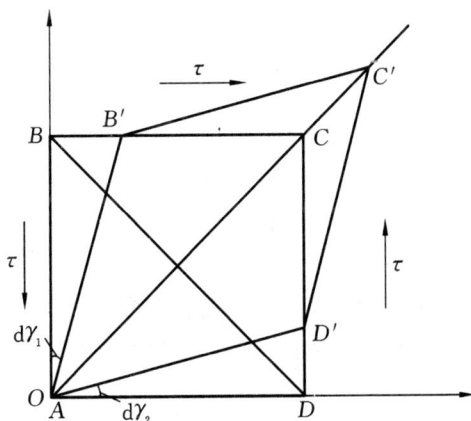

图 1.11　一般的平面剪切变形

即
$$\begin{cases} \tau_{xy} = \tau_{yx} = \mu\left(\dfrac{\partial V_x}{\partial y} + \dfrac{\partial V_y}{\partial x}\right) = 2\mu\gamma_z \\ \tau_{yz} = \tau_{zy} = \mu\left(\dfrac{\partial V_y}{\partial z} + \dfrac{\partial V_z}{\partial y}\right) = 2\mu\gamma_x \\ \tau_{xz} = \tau_{zx} = \mu\left(\dfrac{\partial V_z}{\partial x} + \dfrac{\partial V_x}{\partial z}\right) = 2\mu\gamma_y \end{cases} \tag{1.28}$$

现在讨论法向应力与线变形速度之间的关系。对于理想流体,同一点各方向的法向应力(即压力)是相等的,即 $p_x = p_y = p_z = -p$。但是在黏性流体中,由于黏性的影响,流体微团除发生角变形外还发生线变形,即在流体微团的法线方向上有相对线变形速度 $\varepsilon_x = \dfrac{\partial V_x}{\partial x}$, $\varepsilon_y = \dfrac{\partial V_y}{\partial y}$ 和 $\varepsilon_z = \dfrac{\partial V_z}{\partial z}$。这些线变形速度将使黏性流体中的法向应力有所改变(与理想流体相比),产生附加的法向应力。在此将牛顿内摩擦定律推广应用,假设附加法向应力等于动力黏度与两倍线变形速度的积,因此得

$$\begin{cases} p_x = -p + 2\mu\dfrac{\partial V_x}{\partial x} = -p + 2\mu\varepsilon_x \\ p_y = -p + 2\mu\dfrac{\partial V_y}{\partial y} = -p + 2\mu\varepsilon_y \\ p_z = -p + 2\mu\dfrac{\partial V_z}{\partial z} = -p + 2\mu\varepsilon_z \end{cases} \tag{1.29}$$

这就是黏性流体中法向应力的表达式。

由此可见,在黏性流体中,同一点任意 3 个互相垂直的法向应力是不相等的,它们的总和为

$$p_x + p_y + p_z = -3p + 2\mu\left(\frac{\partial V_x}{\partial x} + \frac{\partial V_y}{\partial y} + \frac{\partial V_z}{\partial z}\right)$$

根据不可压缩流体的连续性方程,上式右边第二项为零,故有

$$p = -\frac{1}{3}(p_x + p_y + p_z)$$

这说明黏性不可压缩流体中,3 个互相垂直的法向应力的算术平均值恰好等于理想流体的压力。

现将切应力和法向应力的关系式式(1.28)和式(1.29)代入黏性流体应力形式的运动微分方程式(1.27),可得

$$\begin{cases} \dfrac{\partial V_x}{\partial t} + V_x\dfrac{\partial V_x}{\partial x} + V_y\dfrac{\partial V_x}{\partial y} + V_z\dfrac{\partial V_x}{\partial z} = X - \dfrac{1}{\rho}\dfrac{\partial p}{\partial x} + \nu\,\boldsymbol{\nabla}^2 V_x + \dfrac{\nu}{3}\dfrac{\partial}{\partial x}(\mathrm{div}\,\boldsymbol{V}) \\ \dfrac{\partial V_y}{\partial t} + V_x\dfrac{\partial V_y}{\partial x} + V_y\dfrac{\partial V_y}{\partial y} + V_z\dfrac{\partial V_y}{\partial z} = Y - \dfrac{1}{\rho}\dfrac{\partial p}{\partial y} + \nu\,\boldsymbol{\nabla}^2 V_y + \dfrac{\nu}{3}\dfrac{\partial}{\partial y}(\mathrm{div}\,\boldsymbol{V}) \\ \dfrac{\partial V_z}{\partial t} + V_x\dfrac{\partial V_z}{\partial x} + V_y\dfrac{\partial V_z}{\partial y} + V_z\dfrac{\partial V_z}{\partial z} = Z - \dfrac{1}{\rho}\dfrac{\partial p}{\partial z} + \nu\,\boldsymbol{\nabla}^2 V_z + \dfrac{\nu}{3}\dfrac{\partial}{\partial z}(\mathrm{div}\,\boldsymbol{V}) \end{cases} \tag{1.30}$$

式(1.30)就是用笛卡儿直角坐标系表示的纳维-斯托克斯(N-S)方程式。

对于不可压缩流体,根据连续性方程式,式(1.30)中的最后一项为零,因此其可简化为

$$\begin{cases} \dfrac{\partial V_x}{\partial t}+V_x\dfrac{\partial V_x}{\partial x}+V_y\dfrac{\partial V_x}{\partial y}+V_z\dfrac{\partial V_x}{\partial z}=X-\dfrac{1}{\rho}\dfrac{\partial p}{\partial x}+\nu\left(\dfrac{\partial^2 V_x}{\partial x^2}+\dfrac{\partial^2 V_x}{\partial y^2}+\dfrac{\partial^2 V_x}{\partial z^2}\right) \\[2mm] \dfrac{\partial V_y}{\partial t}+V_x\dfrac{\partial V_y}{\partial x}+V_y\dfrac{\partial V_y}{\partial y}+V_z\dfrac{\partial V_y}{\partial z}=Y-\dfrac{1}{\rho}\dfrac{\partial p}{\partial y}+\nu\left(\dfrac{\partial^2 V_y}{\partial x^2}+\dfrac{\partial^2 V_y}{\partial y^2}+\dfrac{\partial^2 V_y}{\partial z^2}\right) \\[2mm] \dfrac{\partial V_z}{\partial t}+V_x\dfrac{\partial V_z}{\partial x}+V_y\dfrac{\partial V_z}{\partial y}+V_z\dfrac{\partial V_z}{\partial z}=Z-\dfrac{1}{\rho}\dfrac{\partial p}{\partial z}+\nu\left(\dfrac{\partial^2 V_z}{\partial x^2}+\dfrac{\partial^2 V_z}{\partial y^2}+\dfrac{\partial^2 V_z}{\partial z^2}\right) \end{cases} \tag{1.31}$$

可以用矢量形式来表示 N-S 方程。对于可压缩流体,式(1.30)可表示为

$$\frac{\partial \boldsymbol{V}}{\partial t}+(\boldsymbol{V}\cdot\boldsymbol{\nabla})\boldsymbol{V}=\boldsymbol{F}-\frac{1}{\rho}\boldsymbol{\nabla}p+\nu\,\boldsymbol{\nabla}^2\boldsymbol{V}+\frac{\nu}{3}\boldsymbol{\nabla}(\boldsymbol{\nabla}\cdot\boldsymbol{V}) \tag{1.32}$$

对于不可压缩流体,式(1.31)可表示为

$$\frac{\partial \boldsymbol{V}}{\partial t}+(\boldsymbol{V}\cdot\boldsymbol{\nabla})\boldsymbol{V}=\boldsymbol{F}-\frac{1}{\rho}\boldsymbol{\nabla}p+\nu\,\boldsymbol{\nabla}^2\boldsymbol{V} \tag{1.33}$$

式(1.33)即为黏性不可压缩流体的 N-S 方程式。

式(1.31)常与连续性方程式联合求解,形成具有 4 个方程的偏微分方程组,在物面无滑移边界条件(切向速度 $V_\tau=0$,法向速度 $V_n=0$)下求解出 V_x,V_y,V_z,p 4 个未知数。

习　　题

1.1　黏性流体在静止时有没有切应力?理想流体在运动时有没有切应力?若流体静止时没有切应力,那么它们是不是都没有黏性?

1.2　设流体运动方程以欧拉法给出:

$$V_x=ax+t^2,\quad V_y=by-t^2,\quad V_z=0,\quad a+b=0$$

将此转换到拉格朗日法中,并用两种方法分别求加速度。

1.3　一不可压缩流体流动,x 方向的速度分量为 $V_x=ax^2+by$,z 方向的速度分量为零,求 y 方向的速度分量 V_y,其中 a 和 b 为常数。已知 $y=0$ 时 $V_y=0$。

1.4　二维、定常、不可压缩流体流动,x 方向的速度分量为 $V_x=\mathrm{e}^{-x}\cosh(hy)+1$,求 y 方向的速度分量 V_y。设 $y=0$ 时 $V_y=0$。

1.5　下述不可压缩流体的运动是否可能存在:

(1) $V_x=2x^2+y$,$V_y=2y^2+z$,$V_z=-4(x+y)z+xy$;

(2) $V_x=x$,$V_y=y$,$V_z=z$;

(3) $V_x=-\dfrac{2xyz}{(x^2+y^2)^2}$,$V_y=\dfrac{(x^2-y^2)z}{(x^2+y^2)^3}$,$V_z=\dfrac{y}{x^2+y^2}$;

(4) $V_x=yzt$,$V_y=xzt$,$V_z=xyt$。

1.6　已知流体质点在坐标系原点上的速度为 0,且速度分量为 $V_x=5x$,$V_y=-3y$,问能构成不可压缩流体运动的第三个分量 V_z 是什么?

1.7　下列速度场成为不可压缩流体流动的条件是什么?

(1) $V_x=a_1x+b_1y+c_1z$,$V_y=a_2x+b_2y+c_2z$,$V_z=a_3x+b_3y+c_3z$;

(2) $V_x=axy$,$V_y=byz$,$V_z=cyz+\mathrm{d}z^2$;

(3) $V_x=kxyzt$,$V_y=-kxyzt^2$,$V_z=k\dfrac{z^2}{2}(xt^2-yt)$。

1.8　设某一流体流动方程为 $V_x=2y+3z$,$V_y=3z+x$,$V_z=2x+4y$。该流体的黏度

$\mu=0.008$ N·s/m²,求其切应力。

1.9　如题图1.9所示,已知黏性流体在圆管中做层流流动时的速度分布为$V_x=c(r_0^2-r^2)$,其中c为常数,r_0是圆管半径,求:

（1）单位长度圆管对流体的阻力;

（2）在管内$r=r_0/2$处沿圆管单位长度内流体的内摩擦力。

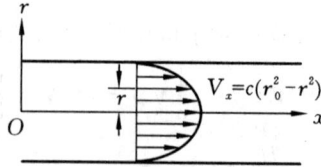

题图 1.9

1.10　一长度为l、宽度为b的平板,完全浸没于黏度为μ的流体中,流体以速度V_0沿平板平行流过。假定流体质点在平板两面上任何一点的速度分布如题图1.10所示。求:

（1）平板上的总阻力;

（2）$y=h/2$处流体的内摩擦力;

（3）$y=3h/2$处流体的内摩擦力。

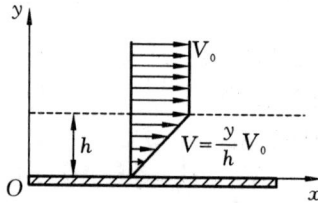

题图 1.10

第 2 章　理想流体流动

2.1　旋涡运动的基本概念

2.1.1　涡量

速度场的旋度称为涡量场。涡量 $\boldsymbol{\Omega}$ 的数学定义是

$$\boldsymbol{\Omega} = \nabla \times \boldsymbol{V}$$

流场按涡量是否为零划分成两类：$\boldsymbol{\Omega} \neq \boldsymbol{0}$ 的流场称为有旋流场；$\boldsymbol{\Omega} = \boldsymbol{0}$ 的流场称为无旋流场。有

$$\nabla \times \boldsymbol{V} = \begin{vmatrix} \boldsymbol{i} & \boldsymbol{j} & \boldsymbol{k} \\ \partial/\partial x & \partial/\partial y & \partial/\partial z \\ V_x & V_y & V_z \end{vmatrix} = \left(\frac{\partial V_z}{\partial y} - \frac{\partial V_y}{\partial z}\right)\boldsymbol{i} + \left(\frac{\partial V_x}{\partial z} - \frac{\partial V_z}{\partial x}\right)\boldsymbol{j} + \left(\frac{\partial V_y}{\partial x} - \frac{\partial V_x}{\partial y}\right)\boldsymbol{k} = 2\boldsymbol{\omega}$$

$$(2.1)$$

其中 $\boldsymbol{\omega}$ 是流体微团的平均旋转角速度。

例 2.1　已知 $V_r = 0, V_\theta = \Gamma/(2\pi r), \Gamma$ 为常数，求流线和流场的涡量。

解　极坐标的流线方程为

$$\frac{\mathrm{d}r}{V_r} = \frac{r\,\mathrm{d}\theta}{V_\theta}$$

将已知条件代入上式并积分得

$$r = C$$

式中：C 为积分常数。

这说明流线是以坐标原点为圆心的同心圆族，流动沿逆时针方向进行。

极坐标系中的涡量为

$$\Omega = \frac{\partial V_\theta}{\partial r} + \frac{V_\theta}{r} - \frac{\partial V_r}{r\partial \theta} = 0$$

这说明流动是无旋的。图 2.1 所示为这种流动的一个几何说明，带标记的流体微团在做圆周运动，但自身没有旋转，流动是无旋的。

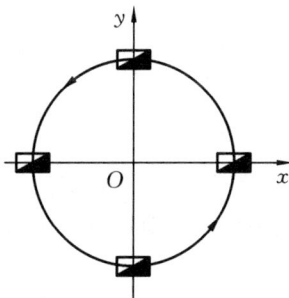

图 2.1　无旋流动

2.1.2　涡线、涡管和旋涡强度

在速度场中,我们用流线、流管等概念使流动图形化。同样,涡量场是一个矢量场,类似于速度场,可以定义涡线为某时刻处处与涡量相切的曲线(见图 2.2)。涡线方程可以写成

$$\frac{\mathrm{d}x}{\Omega_x}=\frac{\mathrm{d}y}{\Omega_y}=\frac{\mathrm{d}z}{\Omega_z} \tag{2.2}$$

圆柱坐标系中,涡线方程为

$$\frac{\mathrm{d}r}{\Omega_r}=\frac{r\,\mathrm{d}\theta}{\Omega_\theta}=\frac{\mathrm{d}z}{\Omega_z} \tag{2.3}$$

在平面流动中,涡线在速度平面内的投影只是一个点。换一个角度,平面绕流可看作三维无穷长柱状物体的绕流,其涡线与流线处处正交。

由涡线的概念可以引申出涡面和涡管的概念:某一时刻通过给定的曲线(不是此刻的涡线)C 上每一点的涡线所构成的曲面称为涡面;如果曲线 C 是一条封闭的可缩曲线,则构成的涡面是管状曲面,其称为涡管(见图 2.3)。

涡面和涡管由涡线组成,因此,涡面上任意一点的法向量 **n** 和当地的涡量 **Ω** 垂直,即

$$\boldsymbol{\Omega} \cdot \boldsymbol{n}=0 \tag{2.4}$$

通过以曲线 C 为边界的任意曲面 S 的涡通量定义为

$$J=\int_S \boldsymbol{\omega} \cdot \boldsymbol{n}\,\mathrm{d}S=\int_S \omega_n\,\mathrm{d}S \tag{2.5}$$

式中:**n** 为曲面 S 的法线单位矢量,如图 2.4 所示。如果 S 是涡管截面,则 J 又称为涡管强度。

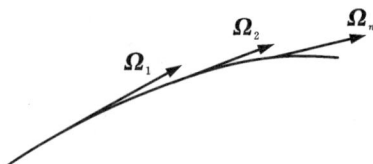

图 2.2　涡线

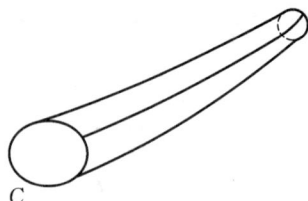

图 2.3　涡管

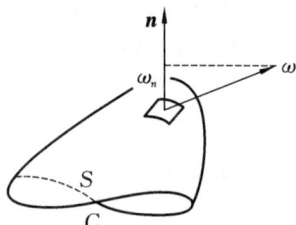

图 2.4　涡通量

2.1.3　速度环量和斯托克斯定理

速度环量是从另一个角度来度量旋涡强度的物理量,它是速度向量的切向分量沿某一封闭周线 C 的线积分,即

$$\Gamma_C=\oint_C \boldsymbol{V} \cdot \mathrm{d}\boldsymbol{l}=\oint_C (V_x\,\mathrm{d}x + V_y\,\mathrm{d}y + V_z\,\mathrm{d}z) \tag{2.6}$$

Γ_C 称为绕该周线的速度环量。

斯托克斯定理指出任意曲面上的涡通量的两倍等于该曲面周线上的速度环量,即

$$2\int_S \boldsymbol{\omega} \cdot \boldsymbol{n}\,\mathrm{d}S =\oint_C \boldsymbol{V} \cdot \mathrm{d}\boldsymbol{l} \tag{2.7}$$

式中:**n** 和 d**l** 沿周线的取向符合右手定则(右手四指沿周线方向,拇指指向法线方向)。

式(2.7)很容易用微积分理论或场论中的斯托克斯公式证明,也可以用流体力学中的速度环量、涡通量概念来直接证明,在此证明从略。

斯托克斯定理适用于单连通域。所谓单连通域,指封闭曲线 C 可在该区域内任意缩为一

点,即 C 为可缩曲线;否则为多连通域。图 2.5 所示的平面周线 C 所围区域 S 是一个双连通域,因为它里面包围着一个翼剖面,周线 C 无法绕过翼剖面缩为一点。如果将翼剖面边界作为内周线 C',在内、外周线之间用两条无限靠近的平行线(隔线)AB 和 $A'B'$ 连接起来,那么 $ABDB'A'EA$ 所围区域就是单连通域,它将翼剖面排除在外。对这个单连通域,速度环量应分成四部分,即

$$\oint_{ABDB'A'EA} \boldsymbol{V} \cdot \mathrm{d}\boldsymbol{l} = \Gamma_{AB} + \Gamma_{BDB'} + \Gamma_{B'A'} + \Gamma_{A'EA}$$

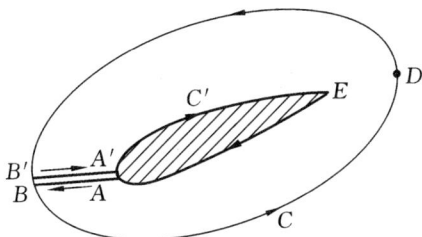

图 2.5　双连通域

因为 AB 和 $A'B'$ 无限靠近,积分方向 $A{\to}B$ 与 $B'{\to}A'$ 正好相反,所以

$$\Gamma_{AB} = -\Gamma_{B'A'}$$

又

$$\Gamma_{BDB'} = \Gamma_C$$
$$\Gamma_{A'EA} = \Gamma_{C'}$$

所以

$$\oint_{A{\to}A} \boldsymbol{V} \cdot \mathrm{d}\boldsymbol{l} = \Gamma_C + \Gamma_{C'}$$

注意,沿周线积分方向左边都是定义域。将这一结果用于式(2.7)即得双连通域的斯托克斯公式:

$$2\int_S \boldsymbol{\omega} \cdot \boldsymbol{n}\,\mathrm{d}S = \oint_C \boldsymbol{V} \cdot \mathrm{d}\boldsymbol{l} + \oint_{C'} \boldsymbol{V} \cdot \mathrm{d}\boldsymbol{l} \qquad (2.8)$$

例 2.2　如图 2.6 所示,设流场的速度分布为 $V_r = 0$,$V_\theta = r\omega$。其中,r、θ 为极坐标,ω 为常数,求涡线方程。

解

$$\begin{cases} V_x = -V_\theta \sin\theta = -r\omega\sin\theta = -\omega y \\ V_y = V_\theta \cos\theta = r\omega\cos\theta = \omega r \end{cases}$$

很容易验证

$$\omega_x = \omega_y = 0, \quad \omega_z = \frac{1}{2}\left(\frac{\partial V_y}{\partial x} - \frac{\partial V_x}{\partial y}\right) = \omega$$

涡线方程为

$$\frac{\mathrm{d}x}{\omega_x} = \frac{\mathrm{d}y}{\omega_y} = \frac{\mathrm{d}z}{\omega_z}$$

积分得

$$x = C_1, y = C_2$$

式中:C_1,C_2 均为常数,说明涡线为过点 (C_1, C_2) 并垂直于 Oxy 平面的直线。

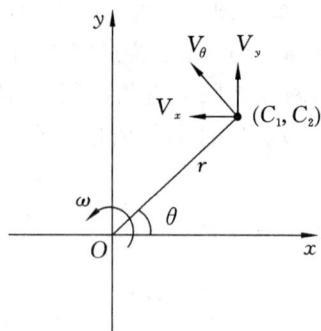

图 2.6　速度分布

例 2.3　已知如下速度分布：

在 $r \leqslant 5$ 范围内，$V_x = -\dfrac{1}{5}y$，$V_y = \dfrac{1}{5}x$；

在 $r \geqslant 5$ 范围内，$V_x = -5y/(x^2 + y^2)$，$V_y = 5x/(x^2 + y^2)$。

试分别求出半径为 $r = 3,5$ 和 10 的三个圆周上的速度环量 Γ_3，Γ_5 和 Γ_{10}。

解　如图 2.7 所示，半径 $r = 5$ 圆内区域记为 S_1，圆外区域记为 S_2。

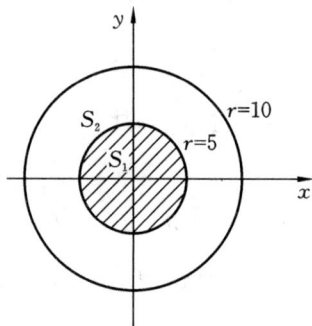

图 2.7　圆上速度环量

在 S_1 内，因为

$$\omega_z = \frac{1}{2}\left(\frac{\partial V_y}{\partial x} - \frac{\partial V_x}{\partial y}\right) = \frac{1}{5}$$

所以，当 $r \leqslant 5$ 时，以 r 为半径的圆上速度环量为

$$\Gamma_r = 2\int_{S_1(r)} \omega_z \,\mathrm{d}S = 2\int_0^r \frac{1}{5} \times 2\pi r\,\mathrm{d}r = \frac{2\pi}{5}r^2$$

因而可得

$$\Gamma_3 = \frac{18\pi}{5}$$

$$\Gamma_5 = 10\pi$$

在 S_2 内，$\omega_z = 0$，所以 $\displaystyle\int_S \omega_z \,\mathrm{d}S = 0$，$r = 5$ 和 $r = 10$ 的环形区域是双连通的，因此，

$$\Gamma_{10} + \Gamma_5' = 2\int_{S_2} \omega_z \,\mathrm{d}S = 0$$

故有

$$\Gamma_{10} = -\Gamma_5' = \Gamma_5 = 10\pi$$

式中：Γ_5' 是顺时针积分的，而 Γ_5 是逆时针积分的，二者符号相反。$r \geqslant 5$ 以外区域是无旋的，因此任何包围 $r=5$ 这个圆在内的封闭曲线上速度环量为 10π。

例 2.4　已知 $V_x = a\sqrt{y^2 + z^2}$，$V_y = V_z = 0$，a 为常数。试求涡线方程和沿封闭曲线

$$\begin{cases} x^2 + y^2 = b^2 \\ z = 0 \end{cases}$$

的速度环量。式中 b 为常数。

解　由已知条件可得

$$\omega_x = 0$$

$$\omega_y = \frac{a}{2}\frac{z}{\sqrt{y^2 + z^2}}$$

$$\omega_z = -\frac{a}{2}\frac{y}{\sqrt{y^2 + z^2}}$$

将此结果代入涡线方程，有

$$\frac{\mathrm{d}x}{0} = \frac{\mathrm{d}y}{z} = \frac{\mathrm{d}z}{-y}$$

积分得涡线方程：

$$\begin{cases} x = C_1 \\ y^2 + z^2 = C_2 \end{cases}$$

如图 2.8 所示，涡线是平行于 Oyz 平面的同心圆族，圆心在 x 轴上。

如图 2.9 所示，积分曲线 C 是圆心在原点、半径为 b 的 Oxy 平面上的圆。根据斯托克斯公式，有

$$\Gamma_C = 2\int_S \omega_z \mathrm{d}S = 2\int_{S_{\text{上}}} \omega_z \mathrm{d}S + 2\int_{S_{\text{下}}} \omega_z \mathrm{d}S$$

在上半圆区域，$\omega_z = -\dfrac{a}{2}$；在下半圆区域，$\omega_z = \dfrac{a}{2}$，所以

$$\Gamma_C = 0$$

这并不能说明圆内流动是无旋的，只是上、下半圆内涡量大小相等、符号相反相抵消而已。结合图 2.8 所示的涡线情况，很容易看到这一点。

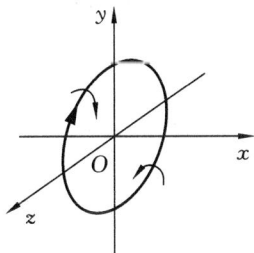

图 2.8　Oyz 面上的一条涡线

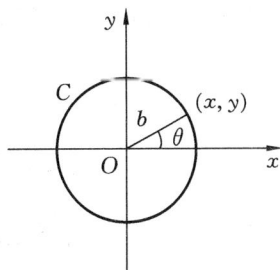

图 2.9　积分曲线

例 2.5　已知速度场 $V_x = \dfrac{-y}{x^2 + y^2}$，$V_y = \dfrac{x}{x^2 + y^2}$，求绕圆心的速度环量。

解　将速度场转换到极坐标系下，有

$$\begin{cases} V_x = -\dfrac{\sin\theta}{r} \\ V_y = \dfrac{\cos\theta}{r} \end{cases}$$

在 $r = R$ 上,有

$$\begin{cases} \mathrm{d}x = -R\sin\theta\,\mathrm{d}\theta \\ \mathrm{d}y = R\cos\theta\,\mathrm{d}\theta \end{cases}$$

所以

$$\Gamma_S = \oint_{r=R} \boldsymbol{V}\,\mathrm{d}S = \oint_{r=R} (V_x\,\mathrm{d}x + V_y\,\mathrm{d}y)$$

$$\oint_0^{2\pi} \left(\frac{R^2\sin^2\theta}{R^2} + \frac{R^2\cos^2\theta}{R^2} \right)\mathrm{d}\theta = \int_0^{2\pi}\mathrm{d}\theta = 2\pi$$

2.2　旋涡的性质

2.2.1　开尔文定理

假设三种条件:①理想流体;②质量力有势;③正压流体(流体密度仅为压力的函数)。下面在以上三种条件下,讨论沿封闭流体周线的速度环量随时间的变化。定义流体周线为由相同流体质点组成的连续曲线。流体周线随流体质点移动而转移、变形。

首先引入定理:沿封闭流体周线 C 的速度环量的导数等于加速度环量,即

$$\frac{\mathrm{D}}{\mathrm{D}t} \oint_C \boldsymbol{V} \cdot \delta\boldsymbol{l} = \oint_C \frac{\mathrm{D}\boldsymbol{V}}{\mathrm{D}t} \cdot \delta\boldsymbol{l} \tag{2.9}$$

式中:积分是在瞬时 t 对流体周线进行的,空间中的微分符号用 δ 表示。

证明如下:速度环量的微商由两部分组成,即

$$\frac{\mathrm{D}\Gamma}{\mathrm{D}t} = \frac{\mathrm{D}}{\mathrm{D}t} \oint_C \boldsymbol{V} \cdot \delta\boldsymbol{l} = \oint_C \frac{\mathrm{D}\boldsymbol{V}}{\mathrm{D}t} \cdot \delta\boldsymbol{l} + \oint_C \boldsymbol{V} \cdot \frac{\mathrm{D}(\delta\boldsymbol{l})}{\mathrm{D}t} \tag{2.10}$$

可见,如果能证明式(2.10)最后一项为零,本定理就得证。为此,首先考察 $\delta\boldsymbol{l}$ 随时间的变化情况。如图 2.10 所示,在瞬时 t 流体周线 C 上的微分线段 $\delta\boldsymbol{l}$,在 $t + \mathrm{d}t$ 瞬时,变为周线 C' 上的 $\delta\boldsymbol{l}'$,它们之间有如下关系:

$$\delta\boldsymbol{l}' = \delta\boldsymbol{l} + \mathrm{d}\boldsymbol{r}_2 - \mathrm{d}\boldsymbol{r}_1 = \delta\boldsymbol{l} + \boldsymbol{V}_2\,\mathrm{d}t - \boldsymbol{V}_1\,\mathrm{d}t = \delta\boldsymbol{l} + (\boldsymbol{V}_2 - \boldsymbol{V}_1)\,\mathrm{d}t = \delta\boldsymbol{l} + \delta\boldsymbol{V} \cdot \mathrm{d}t$$

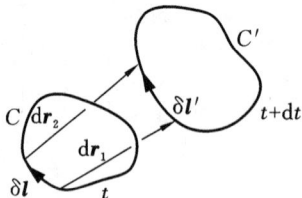

图 2.10　封闭周线

因此

$$\frac{\mathrm{D}}{\mathrm{D}t}(\delta\boldsymbol{l}) = \lim_{\mathrm{d}t \to 0} \frac{\delta\boldsymbol{l}' - \delta\boldsymbol{l}}{\mathrm{d}t} = \delta\boldsymbol{V}$$

于是

$$\oint_C \boldsymbol{V} \cdot \frac{\mathrm{D}(\delta \boldsymbol{l})}{\mathrm{D}t} = \oint_C \boldsymbol{V} \cdot \delta \boldsymbol{V} = \oint_C \delta\left(\frac{V^2}{2}\right) = 0$$

显然,这是一个封闭周线上的全微分的积分,应等于零,这样就证明了式(2.9)成立。

开尔文定理:理想正压流体在势力场中运动时,沿封闭流体周线的速度环量不随时间变化而变化,即

$$\frac{\mathrm{D}}{\mathrm{D}t} \oint_C \boldsymbol{V} \cdot \delta \boldsymbol{l} = 0 \tag{2.11}$$

如果能证明式(2.9)的加速度环量此时为零,本定理就得证。理想正压流体在势力场中运动,其欧拉运动方程为

$$\frac{\mathrm{D}V_i}{\mathrm{D}t} = f_i - \frac{1}{\rho} \cdot \frac{\partial p}{\partial x_i} \quad (i=1,2,3)$$

它的矢量形式为

$$\frac{\mathrm{D}\boldsymbol{V}}{\mathrm{D}t} = \boldsymbol{F} - \frac{1}{\rho} \cdot \nabla p \tag{2.12}$$

设质量力势函数为 Π,则 $\boldsymbol{F} = \nabla \Pi$;正压流体的压力函数 $\mathcal{P} = \int \mathrm{d}p/\rho$,于是 $\nabla p/\rho = \nabla \mathcal{P}$。此时欧拉方程可写成

$$\frac{\mathrm{D}\boldsymbol{V}}{\mathrm{D}t} = \nabla \Pi - \nabla \mathcal{P} = \nabla(\Pi - \mathcal{P})$$

因而加速度环量为

$$\oint_C \frac{\mathrm{D}\boldsymbol{V}}{\mathrm{D}t} \cdot \delta \boldsymbol{l} = \oint_C \nabla(\Pi - \mathcal{P}) \cdot \delta \boldsymbol{l} = \oint_C \delta(\Pi - \mathcal{P}) = 0$$

因此,开尔文定理式(2.10)得证。

开尔文定理和斯托克斯定理表明,在理想流体中速度环量和旋涡都不能自行产生,也不能自行消灭。这是由于在理想流体中不存在切应力,不能传递旋转运动,既不能使不旋转的流体微团产生旋转,也不能使已旋转的流体微团停止旋转。由此可见,流场中原来有旋涡和速度环量的,永远有旋涡和保持原有的环量;原来没有旋涡和速度环量的,就永远没有旋涡和速度环量。

若理想、有势力场、正压三个前提条件不满足,则无旋流动就不能维持下去。由此,可以推断涡的产生至少有三种可能的诱发因素:①流体黏性;②非正压性;③非有势质量力的作用。此外,在超声速流场中,弯曲的激波后面也会产生涡。

2.2.2 亥姆霍兹定理

在理想流体的旋涡运动中,涡线或涡管的特性可以用亥姆霍兹定理来阐明。

第一定理:沿涡管涡的强度不变。

在涡管上任取两个截面 S 和 S',两截面间的涡管侧壁为 S''(见图 2.11),S 截面的边沿周线为 C,根据斯托克斯定理,有

$$\oint_C \boldsymbol{V} \cdot \mathrm{d}\boldsymbol{l} = 2\int_S \boldsymbol{\omega} \cdot \boldsymbol{n} \mathrm{d}S = 2\int_{S'+S''} \boldsymbol{\omega} \cdot \boldsymbol{n} \mathrm{d}S$$

因为 S'' 是涡管侧壁,在 S'' 上处处有 $\boldsymbol{\omega} \cdot \boldsymbol{n} = 0$,所以由上式可得

$$\int_S \boldsymbol{\omega} \cdot \boldsymbol{n} \mathrm{d}S = \int_{S'} \boldsymbol{\omega} \cdot \boldsymbol{n} \mathrm{d}S$$

定理得证。

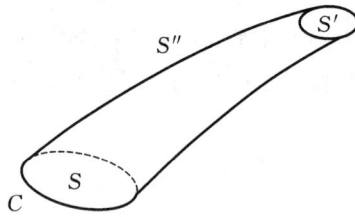

图 2.11　涡管

根据第一定理,涡管截面若趋于零,则涡量必趋于无限大,显然这在物理上不可能。因此,涡管不能在流体内部终止,它们或者形成闭合的涡环(见图 2.12(a)),或者伸到两种流体的界面(见图 2.12(b)),或者(理论上)延伸到无限远处。此外,涡管不能在非旋转固壁上终止,否则涡管强度将在那里消失,这违背了第一定理。靠近非旋转壁面,涡管将呈喇叭状扩张,其截面在固壁处趋向无限大(见图 2.12(c)),只有这样,固壁上的无滑移条件和第一定理才能相容。

（a）涡环　　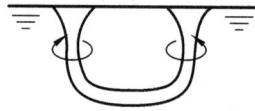（b）终止于流体界面上的涡管　　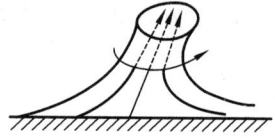（c）非旋转固壁上的涡管

图 2.12　涡环与涡管

第二定理:理想正压流体在势力场中运动时,组成涡管的流体质点始终组成涡管。

在涡管侧壁上任取一条封闭流体线,它的初始环量为零。根据开尔文定理,由同一组流体质点组成的封闭流体线的环量在后面时刻仍将是零,因此,这条封闭曲线仍在涡管壁上,由于封闭曲线是任意取的,因此可知涡管侧壁总是由一些相同的流体质点组成。这样第二定理就得证。

第三定理:理想正压流体在势力场中运动时,任何涡管的强度都不随时间变化,永远保持定值。

该定理也称涡管的旋涡强度守恒定理。根据斯托克斯定理,围绕涡管的速度环量等于涡管的旋涡强度。又根据开尔文定理,该速度环量不随时间变化,所以涡管的旋涡强度也不随时间变化。

以上三个定理中,第一定理是运动学方面的定理,只要流体无黏性,该定理就能成立。后两个定理则要求运动是环量守恒的,也就是要求流体是理想正压的、质量力有势。满足这三个条件,环量就守恒(开尔文定理)。

2.3　旋涡的诱导速度

2.3.1　点涡

旋涡是涡量聚集的涡结构,或者说是集中涡。流体的黏性是形成旋涡的主要因素,在工程和自然界中有广泛的实例。例如,桥墩后面会拖曳出一个个旋涡;急驶的小汽车后面会卷出一

对向内旋转的旋涡;三角前缘发生流动分离会形成脱体涡;火山口边缘因摩擦形成涡环;等等。地球上大范围旋涡的生成通常是流体的斜压性和地球自转引起的科氏力(非有势力或非保守力)综合作用的结果,例如台风、气旋和反气旋、北大西洋环流等。

旋涡和旋涡之间,或者说旋涡对它周围的无旋流场的影响,是通过旋涡的诱导速度体现出来的。下面先讨论最简单的问题——点涡,然后借助量纲分析的办法导出旋涡诱导速度的一般公式。为方便起见,先给出如下定义:

(1) 涡索是无旋流场所包围的横截面充分小的细长涡管;

(2) 线涡是横截面积趋于零,但强度沿轴线保持不变的涡管;

(3) 点涡是无限长的直线涡。

注意,线涡和涡索是两个不同的概念。涡索上各点的涡量大小可以不等,线涡上各点的涡量为常量。

设位于坐标原点的点涡强度为 Γ,根据斯托克斯定理,有

$$\Gamma = 2\int_A \boldsymbol{\omega} \cdot \boldsymbol{n}\,\mathrm{d}A = \oint_C \boldsymbol{V} \cdot \mathrm{d}\boldsymbol{l} = \int_0^{2\pi} V_\theta r\,\mathrm{d}\theta = 2\pi r V_\theta$$

如果在原点处只有点涡,则 $V_r = 0$,因此,点涡周围的速度场就是

$$\begin{cases} V_\theta = \dfrac{\Gamma}{2\pi r} \\ V_r = 0 \end{cases} \tag{2.13}$$

例 2.1 讨论过这种流动。由于原点处有点涡,在它周围($r=0$ 除外)产生的速度场(见式(2.13)),称为点涡的诱导速度场。因这个速度场是无旋的,点涡也称为势涡。为什么做圆周运动的流体是无旋的呢? 算一算它的公转角速度 ω_1 和自转角速度 ω_2 就知道了。在半径为 r 的圆周上运动的流体微团,它的公转角速度(按刚体旋转计算)为

$$\omega_1 = \frac{V_\theta}{r} = \frac{\Gamma}{2\pi r^2} \tag{2.14a}$$

而自转角速度为

$$\omega_2 = \frac{\mathrm{d}V_\theta}{\mathrm{d}r} = -\frac{\Gamma}{2\pi r^2} \tag{2.14b}$$

所以,它的总旋转角速度为

$$\omega = \omega_1 + \omega_2 = 0$$

这就是点涡是势涡的物理原因。

2.3.2　诱导速度公式

现在讨论区域 H 内由涡量产生的诱导速度。如图 2.13 所示,如果来流做平面流动,在点 A 有一个点涡,它在点 M 产生的诱导速度(见式(2.14a))$V \propto \Gamma r$,在一般情况下,由涡量产生的诱导速度可以用比例关系写成

$$\boldsymbol{V} \propto \boldsymbol{\Omega} \times \boldsymbol{r}$$

微元体积 $\mathrm{d}H$ 中由涡量产生的诱导速度可写成

$$\mathrm{d}\boldsymbol{V} \propto \frac{(\boldsymbol{\Omega} \times \boldsymbol{r})\mathrm{d}H}{r^3}$$

这里除以 r^3 是量纲齐次性所要求的,上式可用一个待定常数 C 写成如下等式:

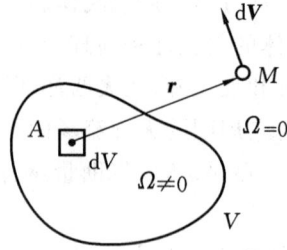

图 2.13 涡量产生的诱导速度

$$\mathrm{d}\boldsymbol{V}=C\frac{\boldsymbol{\Omega}\times\boldsymbol{r}}{r^3}\mathrm{d}H \tag{2.15}$$

因此,诱导速度为

$$\boldsymbol{V}=C\int_H\frac{\boldsymbol{\Omega}\times\boldsymbol{r}}{r^3}\mathrm{d}H \tag{2.16}$$

对于图 2.14 所示的涡索,有

$$\mathrm{d}H=S\mathrm{d}l$$

式中:S 为涡索的截面积。

涡索的旋涡强度 $2\omega\cdot S=\Gamma$,所以

$$\boldsymbol{\Omega}\mathrm{d}H=2\omega S\mathrm{d}l=\Gamma\mathrm{d}l \tag{2.17}$$

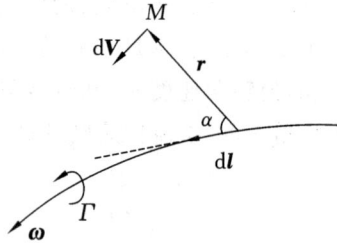

图 2.14 涡索

又因为 $\mathrm{d}\boldsymbol{l}\times\boldsymbol{r}=r\mathrm{d}l\sin\alpha$(见图 2.14),利用这些关系,式(2.15)可以写成

$$\mathrm{d}\boldsymbol{V}=C\Gamma\frac{\sin\alpha\,\mathrm{d}\boldsymbol{l}}{r^2} \tag{2.18}$$

对于直涡索(见图 2.15),有如下几何关系:

$$\frac{r\cdot\mathrm{d}\alpha}{\mathrm{d}l}=\sin(\alpha+\mathrm{d}\alpha)\approx\sin\alpha=\frac{R}{r}$$

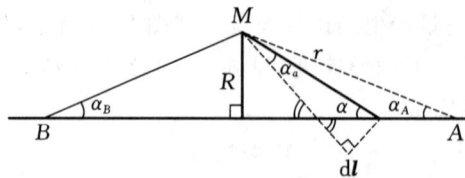

图 2.15 直涡索

将上式代入式(2.18),有

$$dV = C\Gamma \frac{\sin\alpha \, d\alpha}{R} \tag{2.19}$$

如果直线涡为图 2.15 所示的 AB，则它在点 M 产生的诱导速度可按如下积分公式来计算：

$$V = \frac{C\Gamma}{R} \int_{\alpha_A}^{180° - \alpha_B} \sin\alpha \, d\alpha = C\Gamma \frac{\cos\alpha_A + \cos\alpha_B}{R} \tag{2.20}$$

当 A 和 B 延伸到无限远时，$\alpha_A = 0°$，$\alpha_B = 0°$，于是得到无限长直线涡的诱导速度为

$$V = C\Gamma \frac{2}{R} \tag{2.21}$$

比较式（2.21）和式（2.13），可知

$$C = \frac{1}{4\pi} \tag{2.22}$$

将此常数回代到式（2.16），得到毕奥-萨伐尔（Biot-Savart）公式：

$$\boldsymbol{V} = \frac{1}{4\pi} \int_H \frac{\boldsymbol{\Omega} \times \boldsymbol{r}}{r^3} dH \tag{2.23}$$

这是诱导速度的一般公式。对于涡索，用式（2.18）的积分曲线得

$$\boldsymbol{V} = \frac{\Gamma}{4\pi} \int_l \frac{\sin\alpha \, d\boldsymbol{l}}{r^2} \tag{2.24}$$

对于有限长直线涡，有

$$V = \frac{\Gamma}{4\pi R}(\cos\alpha_A + \cos\alpha_B) \tag{2.25}$$

对于半无限长直线涡，有

$$V = \frac{\Gamma}{4\pi R} \tag{2.26}$$

对于无限长直线涡，有

$$V = \frac{\Gamma}{2\pi R} \tag{2.27}$$

直线涡在自身轴及其延长线上各点不产生诱导速度，因为 $R \to 0$ 时，$V \to \infty$，物理上是不可能的。式（2.25）至式（2.27）中速度的方向可以根据给定的环量方向来判定。

例 2.6 两点涡的初始位置如图 2.16 所示，它们的强度的绝对值相等。试就下面（a）、（b）两种情况，确定两个点涡的运动。

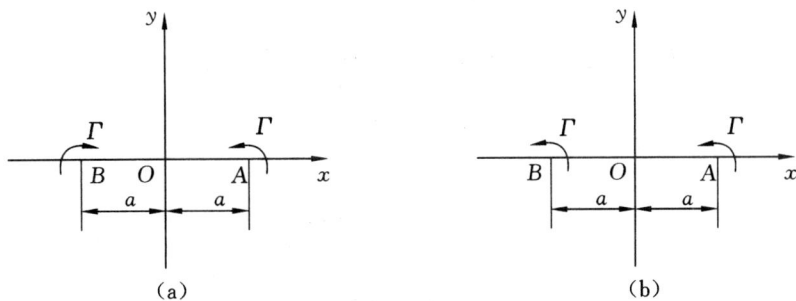

图 2.16 点涡分布

解 （1）情况（a）：A、B 两点的情况可由毕奥-萨伐尔公式求出。

点 A：

$$V_{xA}=0, \quad V_{yA}=-\frac{\Gamma}{2\pi(2a)}$$

点 B：

$$V_{xB}=0, \quad V_{yB}=-\frac{\Gamma}{2\pi(2a)}$$

积分得

$$x_A=C_1, \quad y_A=-\frac{\Gamma}{4\pi a}t+C_2$$

$$x_B=C_3, \quad y_B=-\frac{\Gamma}{4\pi a}t+C_4$$

令 $t=0$ 时，有

$$x_A=a, \quad y_A=0, \quad x_B=-a, \quad y_B=0$$

则可得

$$C_1=a, \quad C_2=0, \quad C_3=-a, \quad C_4=0$$

故 A、B 两点的运动方程为

点 A：

$$x_A=a, \quad y_A=-\frac{\Gamma}{4\pi a}t$$

点 B：

$$x_B=-a, \quad y_B=-\frac{\Gamma}{4\pi a}t$$

在情况（a）中，两个点涡大小相等、方向相反。两点涡的相对位置保持不变，它们同时沿 y 方向等速向下移动。

（2）情况（b）：A、B 两点的诱导速度为

点 A：

$$V_{xA}=0, \quad V_{yA}=\frac{\Gamma}{2\pi(2a)}$$

点 B：

$$V_{xB}=0, \quad V_{yB}=-\frac{\Gamma}{2\pi(2a)}$$

可见，开始时点向上运动，点 A，B 向下运动，形成围绕坐标原点、沿半径为 a 的圆周的等速转动。其切线速度的大小由上式确定。转动的角速度为

$$\omega=\frac{V}{a}=\frac{\Gamma}{4\pi a^2}$$

因此旋涡中心点 A 和点 B 的运动方程可以用极坐标分别表示为

点 A：

$$r_A=a, \quad \theta_A=\frac{\Gamma}{4\pi a^2}t$$

点 B：

$$r_B=a, \quad \theta_B=\pi+\frac{\Gamma}{4\pi a^2}t$$

2.4　兰金组合涡

点涡的速度场只能模拟集中涡外围的运动情况，真实的旋涡有涡核存在，而且核心的旋转线速度几乎为零。兰金（Rankine）涡就是有核旋涡的一个简化模型。

兰金提出的旋涡模型是:涡核是半径为 R 的无限长圆柱形流体,涡量均匀分布;涡核以外的流体按点涡流场的规律运动。由于旋涡的诱导速度场是无旋的,因此我们在讨论整个流场的速度和压力分布时,亦须将旋涡内部和外部分开。

2.4.1　速度分布

在旋涡内部,即 $r \leqslant R$ 时,由于流体像刚体一样绕中心转动,因此在极坐标系中的速度分布为

$$V_r = 0, \quad V_\theta = \omega r \quad (r \leqslant R) \tag{2.28}$$

在旋涡中心,$r = 0$,$V_\theta = 0$。可见,在 $0 < r < R$ 范围内,V_θ 呈线性分布。

在旋涡外部,即 $r \geqslant R$ 时,根据前述无限长直涡的诱导速度公式,有

$$V_r = 0, \quad V_\theta = \frac{\Gamma}{2\pi r} = \frac{R^2 \omega}{r} \quad (r \geqslant R) \tag{2.29}$$

式中:$\Gamma = \pi R^2 \cdot 2\omega = 2\pi R^2 \omega = \text{const}$。可见,外部流速与 r 成反比。

2.4.2　压力分布

下面确定重力场中兰金涡的压力分布。圆柱坐标系中的运动方程为

$$\frac{\partial V_r}{\partial t} + (V \cdot \nabla)V_r - \frac{V_\theta^2}{r} = f_r - \frac{1}{\rho}\frac{\partial p}{\partial r} \tag{2.30}$$

兰金涡的 $V_r = 0$,重力场的 $f_r = 0$,所以式(2.30)可简化为

$$\frac{V_\theta^2}{r} = \frac{1}{\rho}\frac{\partial p}{\partial r} \tag{2.31}$$

在旋涡外部,式(2.31)的积分为

$$p = -\frac{1}{2}\rho\frac{R^4}{r^2}\omega^2 + C_1$$

根据边界条件,$r \to \infty$ 时 $p = p_\infty$,可得 $C_1 = p_\infty$,于是

$$p = p_\infty - \frac{1}{2}\rho\frac{R^4}{r^2}\omega^2 \quad (r \geqslant R) \tag{2.32}$$

在旋涡内部,可得

$$p - \frac{1}{2}\rho r^2 \omega^2 + C_2$$

根据边界条件,$r = R$ 时 p 满足式(2.32),可得

$$C_2 = p_\infty - \rho R^2 \omega^2$$

所以有

$$p = p_\infty - \rho\omega^2\left(R^2 - \frac{r^2}{2}\right) \quad (r \leqslant R) \tag{2.33}$$

式(2.32)和式(2.33)的曲线如图 2.17 所示,越靠近中心,压力越低,形成吸力,所以物体卷入旋涡很难自拔。

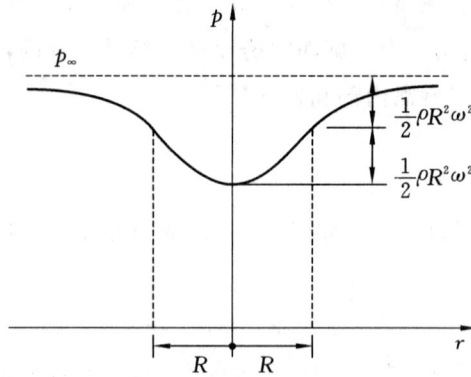

图 2.17　兰金组合涡的压力分布

2.4.3　有自由面的情形

液体中的兰金涡有自由面,下面讨论自由面的形状问题。考虑到液体的重力影响,此时压力分布式中应加上一项 $\rho g z$,按图 2.18 所示的坐标系,压力分布应写成

$$p=\begin{cases} p_a-\dfrac{1}{2}\rho\dfrac{R^4}{r^2}\omega^2-\rho g z & (r\geqslant R) \\[2mm] p_a-\rho\omega^2\left(R^2-\dfrac{r^2}{2}\right)-\rho g z & (r\leqslant R) \end{cases} \tag{2.34}$$

式中:p_a 为自由面上的大气压力。

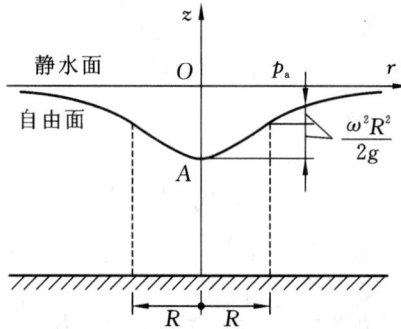

图 2.18　兰金组合涡的自由面形状

当式(2.34)左边的 $p=p_a$ 时,就可得到自由面的坐标 z,因此自由面的方程为

$$z=\begin{cases} -\dfrac{\omega^2 R^2}{2g}\left(\dfrac{R}{r}\right)^2 & (r\geqslant R) \\[2mm] -\dfrac{\omega^2 R^2}{2g}\left(2-\dfrac{r^2}{R^2}\right) & (r\leqslant R) \end{cases} \tag{2.35}$$

2.5　无旋流动和速度势

不可压缩流体势流指的是理想流体的无旋运动。自然界和工程实际中某些流动,像波浪运动和船体外部的绕流,可以认为或近似认为是理想流体的无旋运动。

流体无旋流动的条件是

$$\boldsymbol{\Omega}=\nabla\times\boldsymbol{V}=\boldsymbol{0} \tag{2.36}$$

利用场论可证明:标量函数 Φ 的梯度的旋度必为零,即

$$\nabla\times\nabla\Phi\equiv0 \tag{2.37}$$

因此,速度 $\boldsymbol{V}$ 可以用标量函数的梯度 $\nabla\Phi$ 表示,即

$$\boldsymbol{V}=\nabla\Phi \tag{2.38}$$

由式(2.38)定义的标量函数 Φ 称为速度势。具有速度势函数的流动称为势流。由于无旋流动存在速度势,故也被称为势流。下面用斯托克斯公式(2.7)来证明无旋流动与势函数间的关系:

$$\int_S\boldsymbol{\Omega}\cdot\boldsymbol{n}\mathrm{d}S=\oint_C\boldsymbol{V}\cdot\mathrm{d}\boldsymbol{l}$$

由于场中处处有 $\Omega=0$,因此,

$$\oint_C\boldsymbol{V}\cdot\mathrm{d}\boldsymbol{l}=0$$

因为封闭周线 C 是任意曲线,所以 $\oint_C\boldsymbol{V}\cdot\mathrm{d}\boldsymbol{l}$ 和积分路线无关,流场中任意两点间的积分只是空间点 (x,y,z) 的函数,即

$$\Phi(x,y,z,t)-\Phi(x_0,y_0,z_0,t)=\int_{(x_0,y_0,z_0)}^{(x,y,z)}(V_x\mathrm{d}x+V_y\mathrm{d}y+V_z\mathrm{d}z) \tag{2.39}$$

将式(2.39)写成全微分的形式:

$$\mathrm{d}\Phi=V_x\mathrm{d}x+V_y\mathrm{d}y+V_z\mathrm{d}z$$

由此可得

$$V_x=\frac{\partial\Phi}{\partial x},\quad V_y=\frac{\partial\Phi}{\partial y},\quad V_z=\frac{\partial\Phi}{\partial z} \tag{2.40}$$

这就是要证明的式(2.38)的三个分量的关系式。

式(2.40)表明,速度势在 x,y,z 上的方向导数等于速度的三个分量。容易证明: Φ 在任意指定的 n 方向上的导数等于速度在该方向的分量,即

$$\frac{\partial\Phi}{\partial n}=V_n \tag{2.41}$$

因为方向导数

$$\frac{\partial\Phi}{\partial n}=\frac{\partial\Phi}{\partial x}\cos(n,x)+\frac{\partial\Phi}{\partial y}\cos(n,y)+\frac{\partial\Phi}{\partial z}\cos(n,z)$$
$$=V_x\cos(n,x)+V_y\cos(n,y)+V_z\cos(n,z)$$

根据矢量的投影关系,上式的最后结果就是速度分量 V_n,所以式(2.41)成立。根据这一性质,可以得到圆柱坐标系中速度的三个分量:

$$V_r=\frac{\partial\Phi}{\partial r},\quad V_\theta=\frac{\partial\Phi}{r\partial\theta},\quad V_z=\frac{\partial\Phi}{\partial z} \tag{2.42}$$

速度势的另一个性质是:等势面 $\Phi=C$(常数)和流线正交。因为在等势面上,有

$$\mathrm{d}\Phi=\frac{\partial\Phi}{\partial x}\mathrm{d}x+\frac{\partial\Phi}{\partial y}\mathrm{d}y+\frac{\partial\Phi}{\partial z}\mathrm{d}z=0$$

即

$$V_x\mathrm{d}x+V_y\mathrm{d}y+V_z\mathrm{d}z=0$$

或

$$\boldsymbol{V} \cdot \mathrm{d}\boldsymbol{l} = 0$$

这说明,等势面上任意一点的速度矢量与通过该点的等势面上的有向线段正交,这也就是所要证明的 $\Phi = C$ 和流线正交。

2.6 二维流动和流函数

流动参数只依赖于两个空间坐标的流动称为二维流动。有两类二维流动:平面平行流动(简称平面流动)和轴对称流动。本节介绍平面流动。

所谓平面平行流动,指流体质点在平行的平面上运动,并且每个平面上的流动情况都相同。例如在垂直于轴线绕无限长直圆柱体的流动中,各横截面上的绕流情况均相同,因此,整个流动就可以简化为一个平面上的绕圆截面的流动。

不可压缩流体做平面运动时必须满足质量守恒方程,即

$$\frac{\partial V_x}{\partial x} + \frac{\partial V_y}{\partial y} = 0 \tag{2.43}$$

由这个方程可知,一定存在一个函数可以取代 V_x 和 V_y,它们之间的关系是

$$V_x = \frac{\partial \Psi}{\partial y}, \quad V_y = -\frac{\partial \Psi}{\partial x} \tag{2.44}$$

将式(2.44)代入式(2.43)即可证明式(2.43)成立。因为

$$\frac{\partial V_x}{\partial x} = \frac{\partial^2 \Psi}{\partial x \partial y}, \quad \frac{\partial V_y}{\partial y} = -\frac{\partial^2 \Psi}{\partial x \partial y}$$

二者之和恒等于零。

式(2.44)定义的 Ψ 称为流函数。如果找到了某个平面流动的流函数,则只需要对式(2.44)求偏导数就可得出速度 V_x 和 V_y。下面讨论流函数的一些性质。

(1)流函数和流线的关系:$\Psi = $const 的曲线和流线重合。

平面运动的流线方程式为

$$\frac{\mathrm{d}x}{V_x} = \frac{\mathrm{d}y}{V_y}$$

将流函数与速度的关系式(2.44)代入上式,得

$$\frac{\partial \Psi}{\partial x}\mathrm{d}x + \frac{\partial \Psi}{\partial y}\mathrm{d}y = 0$$

即

$$\mathrm{d}\Psi = 0$$

积分后便得

$$\Psi = \text{const} \tag{2.45}$$

这就是说,$\Psi = $const 就是流线方程的解。因此 $\Psi = $const 的曲线和流线重合。

值得注意的是,流函数是由连续性方程式引入和定义的,而流线则是按速度矢量的方向来定义的。在任何情况下都有流线存在,但流函数却只在少数几种情况(平面流动、空间轴对称流动等)下才存在。所以流函数和流线的定义是相互独立的,不能混淆二者。

(2)流函数和流量的关系:通过任意两条流线之间的流管的流量等于此两流线的流函数之差。

　　先考虑两条邻近的流线,其上流函数的值分别为 Ψ 和 $\Psi+\mathrm{d}\Psi$,求它们之间通过的流量 $\mathrm{d}Q$。由图 2.19(a)可知,此流量为

$$\mathrm{d}Q=V\mathrm{d}n=V_x\mathrm{d}y+(-V_y)\mathrm{d}x=\frac{\partial\Psi}{\partial y}\mathrm{d}y+\frac{\partial\Psi}{\partial x}\mathrm{d}x=\mathrm{d}\Psi \tag{2.46}$$

如果 Ψ_B 和 Ψ_A 是相对距离有限的两条流线,如图 2.19(b)所示,则我们可用积分法计算流量。

$$Q=\int\mathrm{d}Q=\int_{\Psi_A}^{\Psi_B}\mathrm{d}\Psi=\Psi_B-\Psi_A \tag{2.47}$$

也就是说,两条流线中间的流量等于此两流线的流函数之差。

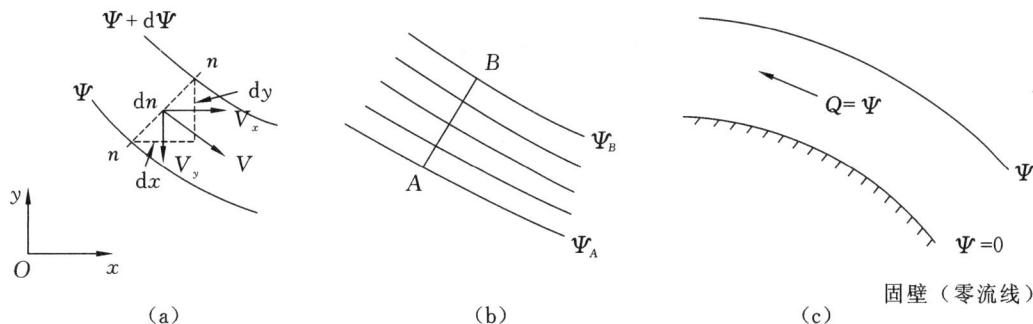

图 2.19　平面两点间的流量

　　(3) 流函数和速度势的关系:对于平面无旋运动,速度势和流函数的存在条件同时满足时,速度势和流函数就同时存在。它们之间的关系可通过速度投影关系得到

$$\begin{cases}\dfrac{\partial\Phi}{\partial x}=\dfrac{\partial\Psi}{\partial y}(=V_x)\\[2mm]\dfrac{\partial\Phi}{\partial y}=-\dfrac{\partial\Psi}{\partial x}(=V_y)\end{cases} \tag{2.48}$$

此关系式在数学中称为柯西-黎曼条件。应用这个关系,如果知道了 Φ 和 Ψ 中的一个,就可以通过积分运算把另一个求出来。

　　在几何图形方面,令 $\Phi=\mathrm{const}$ 的曲线为等势线,$\Psi=\mathrm{const}$ 的曲线为流线,可以证明等势线和流线互相垂直。

　　设在 $\Phi=\mathrm{const}$ 曲线上任意点 A 处沿切线方向取一微量 $\mathrm{d}\boldsymbol{S}$。因为 $\mathrm{d}\boldsymbol{S}$ 近似在等势线上,所以 $\mathrm{d}\Phi=0$,即

$$\mathrm{d}\Phi=\frac{\partial\Phi}{\partial x}\mathrm{d}x+\frac{\partial\Phi}{\partial y}\mathrm{d}y=V_x\mathrm{d}x+V_y\mathrm{d}y$$

$$=(V_x,V_y)\cdot(\mathrm{d}x,\mathrm{d}y)=\boldsymbol{V}\cdot\mathrm{d}\boldsymbol{S}=0$$

由此可知,$\boldsymbol{V}\perp\mathrm{d}\boldsymbol{S}$,即等势线与速度方向垂直。

　　另外,流线与速度方向平行,则等势线与流线互相垂直,即 $\Phi\perp\Psi$,如图 2.20 所示。

　　(4) 无旋流动中,流函数也满足拉普拉斯方程式。

　　对于平面无旋运动,有

$$\omega_z=\frac{1}{2}\left(\frac{\partial V_y}{\partial x}-\frac{\partial V_x}{\partial y}\right)=0$$

将速度与流函数的关系式(2.44)代入上式,有

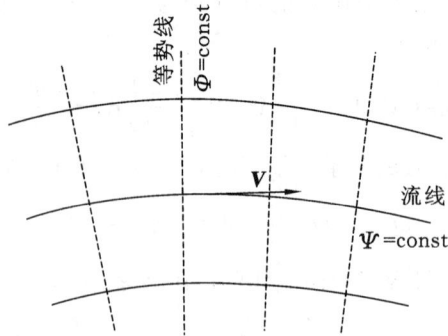

图 2.20　等势线与流线

$$\frac{\partial}{\partial x}\left(-\frac{\partial \Psi}{\partial x}\right)-\frac{\partial}{\partial y}\left(\frac{\partial \Psi}{\partial y}\right)=0$$

即

$$\frac{\partial^2 \Psi}{\partial x^2}+\frac{\partial^2 \Psi}{\partial y^2}=0 \tag{2.49}$$

因此,在平面势流中,流函数和速度势一样也满足拉普拉斯方程式。因此流函数也可以看成某个流动的速度势,而且速度势为 Ψ 的流动速度刚好与速度势为 Φ 的流动速度正交,但是速度大小相同。

例 2.7　已知速度场为

$$V_x=-2y \qquad V_y=-2x$$

是否存在势函数? 如存在,求出势函数并画出等势线。

解　因为旋转角速度公式为

$$\omega_z=\frac{1}{2}\left(\frac{\partial V_y}{\partial x}-\frac{\partial V_x}{\partial y}\right)=\frac{1}{2}\left[-2-(-2)\right]=0$$

所以该流场为无旋流动,存在势函数。下面求势函数:

$$\frac{\partial \Phi}{\partial x}=V_x=-2y$$

对上式积分得

$$\Phi=-2xy+f(y)$$

又

$$\frac{\partial \Phi}{\partial y}=-2x+f'(y)=V_y$$

所以

$$-2x+f'(y)=-2x$$

即

$$f(y)=C_1$$

于是所求的势函数为

$$\Phi=-2xy+C_1$$

令 $\Phi=$const,则

$$xy=C_2$$

等势线如图 2.21 所示。

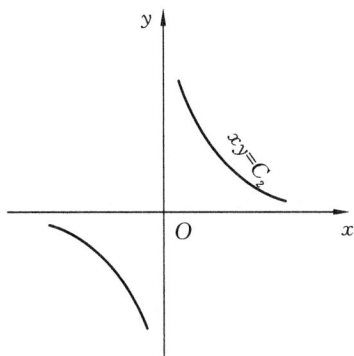

图 2.21　流场等势线

2.7　复势和复速度

由以上讨论我们知道,平面势流的速度势 $\Phi(x,y)$ 和流函数 $\Psi(x,y)$ 正好满足柯西-黎曼条件。用 $\Phi(x,y)$ 作实部、$\Psi(x,y)$ 作虚部来构造一个复变解析函数:

$$W(z)=\Phi(x,y)+\mathrm{i}\Psi(x,y) \tag{2.50}$$

式中:

$$z=x+\mathrm{i}y=r\cos\theta+\mathrm{i}r\sin\theta=r\,\mathrm{e}^{\mathrm{i}\theta} \tag{2.51}$$

自变量如图 2.22 所示。

$W(z)$ 称为复速度势,简称复势。

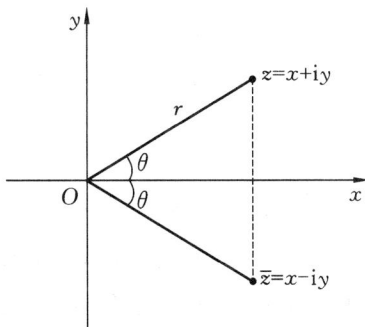

图 2.22　复平面中的自变量

复势是研究平面势流的有力工具。如果求出了流动的复势 $W(z)$,则

(1) 将 $W(z)$ 的实部和虚部分开,实部就是速度势 $\Phi(x,y)$,虚部就是流函数 $\Psi(x,y)$。

(2) 对复势求导数,得

$$\frac{\mathrm{d}W}{\mathrm{d}z}=\frac{\partial\Phi}{\partial x}+\mathrm{i}\frac{\partial\Psi}{\partial x}=V_x-\mathrm{i}V_y \tag{2.52}$$

将 $V=V_x+\mathrm{i}V_y$ 称为复速度,则 $\overline{V}=V_x-\mathrm{i}V_y$ 为共轭复速度,即 $\dfrac{\mathrm{d}W}{\mathrm{d}z}$ 就是流场的共轭复速度,亦即

$$\begin{cases} V_x = \mathrm{Re}\left(\dfrac{\mathrm{d}W}{\mathrm{d}z}\right) \\ V_y = \mathrm{Im}\left(-\dfrac{\mathrm{d}W}{\mathrm{d}z}\right) \end{cases} \tag{2.53}$$

利用如下速度关系:

$$V_x = V_r \cos\theta - V_\theta \sin\theta$$

$$V_y = V_r \sin\theta - V_\theta \cos\theta$$

可得到极坐标下的复速度公式:

$$\frac{\mathrm{d}W}{\mathrm{d}z} = (V_r - \mathrm{i}V_\theta)\mathrm{e}^{-\mathrm{i}\theta} \tag{2.54}$$

(3) 将 $\dfrac{\mathrm{d}W}{\mathrm{d}z}$ 沿曲线段 l 积分,得

$$\int_l \left(\frac{\mathrm{d}W}{\mathrm{d}z}\right)\mathrm{d}z = \int_l \mathrm{d}W = \int_l \mathrm{d}\Phi + \mathrm{i}\int_l \mathrm{d}\Psi$$

式中:

$$\int_l \mathrm{d}\Phi = \int_l (V_x\,\mathrm{d}x + V_y\,\mathrm{d}y) = \Gamma_l$$

$$\int_l \mathrm{d}\Psi = \Psi_2 - \Psi_1 = Q_l$$

因此

$$\int_l \left(\frac{\mathrm{d}W}{\mathrm{d}z}\right)\mathrm{d}z = \Gamma_l + \mathrm{i}Q_l \tag{2.55}$$

即共轭复速度 $\dfrac{\mathrm{d}W}{\mathrm{d}z}$ 沿某一曲线段的线积分,实部为沿这一线段的速度环量,虚部为通过这一线段的流量。如果积分曲线是不可压缩的封闭曲线,这种情况对应有封闭周线的平面无旋绕流,由于在绕流物面上流函数是常数,因而 $\oint \mathrm{d}\Psi = 0$,复速度绕封闭物面周线的积分就等于绕物面的速度环量:

$$\oint_l \frac{\mathrm{d}W}{\mathrm{d}z}\mathrm{d}z = \oint_l \mathrm{d}\Phi = \Gamma \tag{2.56}$$

现在有三种方法可用于求解不可压缩平面势流:第一,速度势拉普拉斯方程的边值问题;第二,流函数拉普拉斯方程的边值问题;第三,已知边值求复势。因为任意两个或两个以上的解析函数的线性组合仍然是解析函数,因此,复势的线性组合仍然是某个势流的复势。基于这种特性,可用简单的复势叠加来满足具体问题的边界条件从而获得解。

2.8　平面基本势流

下面介绍平面势流的基本解,用这些解叠加来满足边界条件,可得到有实际意义的绕物体的流动。

2.8.1　直匀流

图 2.23 所示的是沿 x 轴方向的均匀直线流动,简称直匀流。它的速度场为

$$V_x = V_\infty, \quad V_y = 0$$

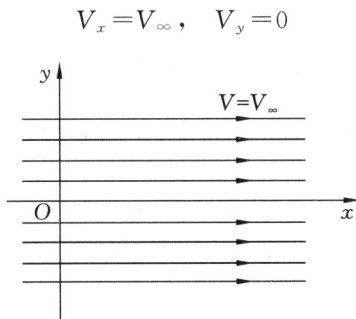

图 2.23　直匀流

这个流动满足质量守恒方程和无旋条件,是势流。对于势流的基本解,要得到它的速度势、流函数和复势的表达式。有两种求解方法:(1)先求 Φ、Ψ,再组成 $W(z)$;(2)由复速度积分求 $W(z)$,再分虚、实部得到 Φ、Ψ。

(1) 由 Φ、Ψ 求 $W(z)$。

根据式(2.40)的第一式,有

$$\Phi = \int V_x \mathrm{d}x + C_1(y) = V_\infty x + C_1(y) \tag{2.57}$$

求 Φ 对 y 的偏导数,并令其等于 V_y,由此可确定 $C_1(y)$,由

$$\frac{\partial \Phi}{\partial y} = \frac{\partial C_1(y)}{\partial y} = V_y = 0$$

有

$$C_1(y) = C$$

式中:C 为常数。因此,速度势为

$$\Phi = V_\infty x + C$$

常数项对速度场没有影响,通常可不写,所以最后结果是

$$\Phi = V_\infty x \tag{2.58}$$

根据式(2.44)求 Ψ,有

$$\Psi = \int V_x \mathrm{d}y + C_2(x) = V_\infty y + C_2(x)$$

再将 Ψ 对 x 求导,得

$$\frac{\partial \Psi}{\partial x} = \frac{\partial C_2(x)}{\partial x} = -V_y = 0$$

所以

$$C_2(x) = C$$

常数项可不写,故有

$$\Psi = V_\infty y \tag{2.59}$$

由 Φ、Ψ 组成复势,得

$$W(z) = \Phi + \mathrm{i}\Psi = V_\infty x + \mathrm{i}V_\infty y = V_\infty (x + \mathrm{i}y) = V_\infty z \tag{2.60}$$

(2) 由 $W(z)$ 求 Φ、Ψ。

对复速度积分可求得复势。复速度为

$$\frac{\mathrm{d}W}{\mathrm{d}z} = V_x - \mathrm{i}V_y = V_\infty$$

所以

$$W(z) = \int \left(\frac{\mathrm{d}W}{\mathrm{d}z} \right) \mathrm{d}z = \int \mathrm{d}W = \int V_\infty \, \mathrm{d}z = V_\infty z \tag{2.61}$$

这里的积分常数照样可省略,结果和式(2.60)是一样的,分开实部和虚部,即得式(2.58)和式(2.59)两个调和函数。

与 x 轴成 α 角的直匀流如图 2.24 所示,其复势为

$$W(z) = V_\infty z \mathrm{e}^{-\mathrm{i}\alpha} \tag{2.62}$$

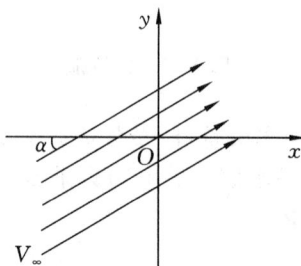

图 2.24 斜向直均流

2.8.2 源和汇

流体由平面上坐标原点流出,流向各个方向,称为源;反之,流体从各个方向流过来汇聚于一点,谓之汇。

设由原点流出的体积流量为 Q,速度以原点为中心沿矢径方向向外,沿圆周切线方向的速度分量为零。现以原点为中心、r 为半径作一圆,则根据不可压缩流体的连续性方程,每秒通过此圆的流体体积就等于从原点流出的体积流量 Q,即

$$Q = 2\pi r V_r$$

由于流动是中心对称的,$V_\theta = 0$,所以极坐标下的速度场为

$$\begin{cases} V_\theta = 0 \\ V_r = \dfrac{Q}{2\pi r} \end{cases} \tag{2.63}$$

可以证明,此速度场满足质量守恒方程和无旋条件,是一个平面势流场。

根据式(2.54),复速度为

$$\frac{\mathrm{d}W}{\mathrm{d}z} = \left(\frac{Q}{2\pi r} - \mathrm{i}0 \right) \mathrm{e}^{-\mathrm{i}\theta} = \frac{Q}{2\pi r \mathrm{e}^{\mathrm{i}\theta}} = \frac{Q}{2\pi z}$$

对上式积分,得

$$W = \frac{Q}{2\pi} \ln z \tag{2.64}$$

因为

$$W(z) = \frac{Q}{2\pi} \ln z = \frac{Q}{2\pi} \ln(r \mathrm{e}^{\mathrm{i}\theta}) = \frac{Q}{2\pi} (\ln r + \mathrm{i}\theta)$$

所以分开虚部与实部,有

$$\Phi = \mathrm{Re}W = \frac{Q}{2\pi} \ln r \tag{2.65}$$

$$\Psi = \mathrm{Im}W = \frac{Q}{2\pi} \theta \tag{2.66}$$

如果点源位于点 z_0，那么根据式(2.64)，用坐标平移的方法可以直接得出：

$$W(z) = \frac{Q}{2\pi}\ln(z - z_0) \tag{2.67}$$

如果 $Q > 0$，则 $V_r > 0$，这意味着流体从原点流出，因此坐标原点为源点（点源）；如果 $Q < 0$，则 $V_r < 0$，这时流体向原点汇合，坐标原点是汇点（点汇），如图 2.25 所示。

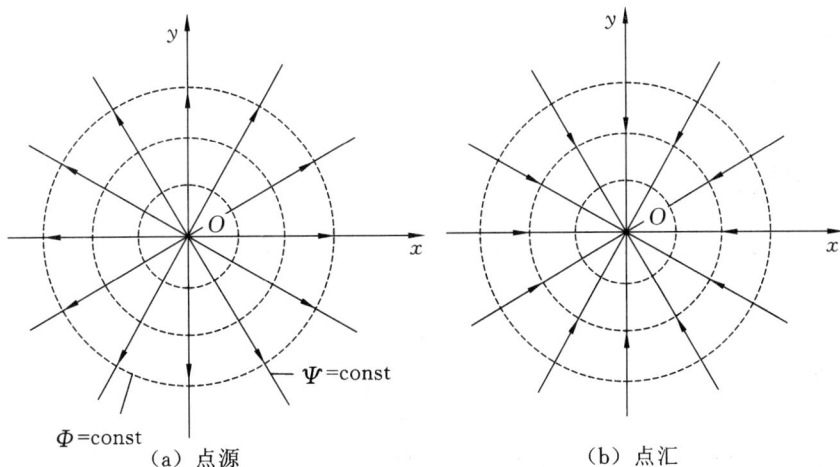

图 2.25　点源和点汇

2.8.3　点涡

位于原点的点涡，其流线是圆心在原点的同心圆族，根据等势线与流线正交的性质可知，等势线就是过原点的射线，图 2.26 所示为点涡的流动示意图，其速度场为

$$\begin{cases} V_\theta = \dfrac{\Gamma}{2\pi r} \\ V_r = 0 \end{cases} \tag{2.68}$$

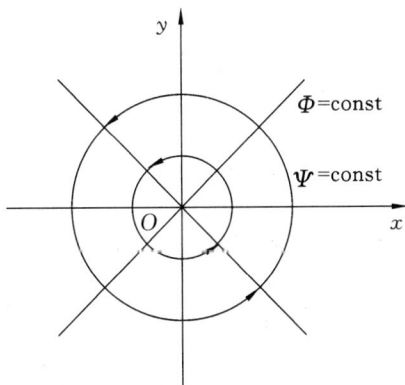

图 2.26　点涡

点涡的复速度为

$$\frac{\mathrm{d}W}{\mathrm{d}z} = \left(0 - \mathrm{i}\,\frac{\Gamma}{2\pi r}\right)\mathrm{e}^{-\mathrm{i}\theta} = -\mathrm{i}\,\frac{\Gamma}{2\pi r\,\mathrm{e}^{\mathrm{i}\theta}} = -\mathrm{i}\,\frac{\Gamma}{2\pi z}$$

对上式积分得

$$W(z) = \Phi + \mathrm{i}\Psi = -\frac{\mathrm{i}\Gamma}{2\pi}\ln z \tag{2.69}$$

$$\Phi = \frac{\Gamma}{2\pi}\theta \tag{2.70}$$

$$\Psi = -\frac{\Gamma}{2\pi}\ln r \tag{2.71}$$

位于点 z_0 的点涡复势为

$$W(z) = -\frac{\mathrm{i}\Gamma}{2\pi}\ln(z - z_0) \tag{2.72}$$

2.8.4　偶极子

把流量相等的源和汇无限靠近,随着其间距 $\Delta x \to 0$,其流量 $Q \to \infty$,它们的乘积将趋于一个有限数值,即

$$M = \lim_{\Delta x \to 0} Q\Delta x \tag{2.73}$$

这种流动的极限状态称为偶极子,M 称为偶极矩,它代表了偶极子的强度。

偶极子有方向,一般规定从汇到源的方向为偶极子的方向。

将图 2.27 中源和汇叠加,其 Φ 和 Ψ 为(见式(2.65)和式(2.66)):

$$\Phi = \frac{Q}{2\pi}(\ln r_1 - \ln r) = \frac{Q}{2\pi}\ln\left(\frac{\sqrt{(x-\Delta x)^2 + y^2}}{\sqrt{x^2 + y^2}}\right) \tag{2.74}$$

$$\Psi = \frac{Q}{2\pi}(\theta_1 - \theta) \tag{2.75}$$

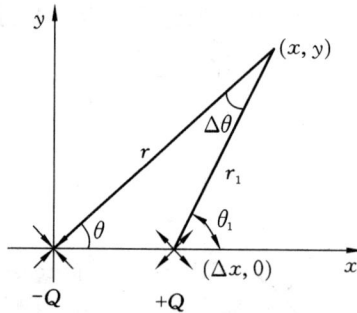

图 2.27　偶极子

现在考察 $\Delta x \to 0$ 的情况。$\Delta x \to 0$ 时,Q 随之增大,保证式(2.73)成立。这时

$$\begin{aligned}
\Phi(x, y) &= \lim_{\Delta x \to 0}\left[\frac{Q}{4\pi}\ln\left(\frac{x^2 + y^2 - 2x \cdot \Delta x + \Delta x^2}{x^2 + y^2}\right)\right] \\
&= \lim_{\Delta x \to 0}\frac{Q}{4\pi}\ln\left[1 + \frac{\Delta x(\Delta x - 2x)}{x^2 + y^2}\right]
\end{aligned} \tag{2.76}$$

将式(2.76)中的对数按公式

$$\ln(1 + x_1) = x_1 - \frac{1}{2}x_1^2 + \frac{1}{3}x_1^3 - \cdots$$

展开,可得

$$\Phi(x,y)=\lim_{\Delta x\to0}\frac{Q}{4\pi}\left[\frac{\Delta x(\Delta x-2x)}{x^2+y^2}+O(\Delta x^2)\right]=\frac{M}{4\pi}\lim_{\Delta x\to0}\left(\frac{\Delta x-2x}{x^2+y^2}\right)$$

因此,偶极子的速度势为

$$\Phi(x,y)=-\frac{M}{2\pi}\cdot\frac{x}{x^2+y^2}=-\frac{M}{2\pi}\cdot\frac{\cos\theta}{r} \tag{2.77}$$

对于流函数,$\Delta x\to0$ 时,有

$$\Psi(x,y)=\lim_{\Delta x\to0}\frac{Q}{2\pi}(\theta_1-\theta)=\lim_{\Delta x\to0}\frac{Q\cdot\Delta x}{2\pi}\cdot\frac{\Delta\theta}{\Delta x}=\frac{M}{2\pi}\lim_{\Delta x\to0}\left(\frac{\Delta\theta}{\Delta x}\right) \tag{2.78}$$

由图 2.27 所示的几何关系可知:

$$\lim_{\Delta x\to0}r_1\Delta\theta=\lim_{\Delta x\to0}\Delta x\sin\theta$$

所以

$$\lim_{\Delta x\to0}\frac{\Delta\theta}{\Delta x}=\lim_{\Delta x\to0}\frac{\sin\theta}{r_1}=\frac{\sin\theta}{r}$$

因此可将式(2.78)写成

$$\Psi(x,y)=\frac{M}{2\pi}\cdot\frac{\sin\theta}{r}=\frac{M}{2\pi}\cdot\frac{y}{x^2+y^2} \tag{2.79}$$

用式(2.77)的 Φ 和式(2.79)的 Ψ 组成复势,得

$$W=\Phi+\mathrm{i}\Psi=\frac{M}{2\pi}\left(\frac{-\cos\theta+\mathrm{i}\sin\theta}{r}\right)=-\frac{M}{2\pi}\cdot\frac{\mathrm{e}^{-\mathrm{i}\theta}}{r}=-\frac{M}{2\pi z} \tag{2.80}$$

它代表位于坐标原点指向正 x 方向的偶极子流动,偶极矩为 M。此流动的流线和等势线如图 2.28 所示。

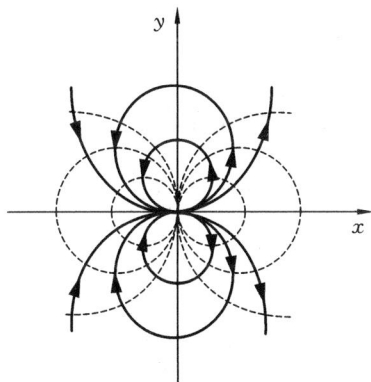

图 2.28　偶极子的流线和等势线

位于点 z_0 与 x 轴成 α 角的偶极子复势(见图 2.29)为

$$W(z)=-\frac{M}{2\pi}\frac{\mathrm{e}^{\mathrm{i}\alpha}}{z-z_0} \tag{2.81}$$

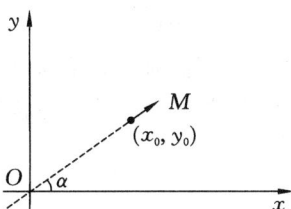

图 2.29　位于点(x_0,y_0)任意指定方向的偶极子

式(2.81)可用移轴、转轴公式由式(2.80)导出。

以上 4 种基本解的复势的表达式和符号列于表 2.1 中,以便比较。

表 2.1　基本解的复势、符号与说明

名称	直匀流	点源	点涡	偶极子
符号	$\longrightarrow$ V_∞	✕ Q	Γ	$\longleftarrow$ M
复势	$W=z$	$W=\ln z$	$W=-\mathrm{i}\ln z$	$W=-\dfrac{1}{z}$
说明	$V_\infty=1$ x 轴正方向	$Q=2\pi$ 位于原点	$\Gamma=2\pi$ 位于原点, 逆时针旋转	$M=2\pi$ 位于原点, 沿 x 轴负方向

2.8.5　叠加的例子

1. 直匀流＋点源

沿 x 轴正方向的直匀流和原点处的点源叠加,其流函数为

$$\Psi=V_\infty y+\frac{Q}{2\pi}\theta=V_\infty y+\frac{Q}{2\pi}\arctan\frac{y}{x} \tag{2.82}$$

叠加的速度场为

$$\begin{cases} V_x=\dfrac{\partial \Psi}{\partial y}=V_\infty+\dfrac{Q}{2\pi}\cdot\dfrac{x}{x^2+y^2} \\[3mm] V_y=-\dfrac{\partial \Psi}{\partial x}=\dfrac{Q}{2\pi}\cdot\dfrac{y}{x^2+y^2} \end{cases} \tag{2.83}$$

流场中的驻点可由 $V_x=V_y=0$ 的条件确定,结果为

$$\begin{cases} x_S=-\dfrac{Q}{2\pi V_\infty} \\[3mm] y_S=0 \end{cases}$$

或

$$\begin{cases} r_S=\dfrac{Q}{2\pi V_\infty} \\[3mm] \theta_S=\pi \end{cases} \tag{2.84}$$

式中:x_S,y_S 为驻点 S 的坐标。

过驻点的流线方程记为 $\Psi=C_S$,将式(2.84)代入式(2.82),令其等于 C_S,即得 $C_S=Q/2$,所以过驻点的流线方程为

$$y=\frac{Q}{2\pi V_\infty}(\pi-\theta) \tag{2.85}$$

图 2.30 所示是直匀流、点源以及它们叠加以后的流线图。如果将过驻点的流线视为物面,该流线以外的流场相当于直匀流绕过一半无限长柱状物体的流场。在无穷远($\theta=0$)处,$y_{\max}=Q/(2V_\infty)$。

2. 点汇＋点涡

将在坐标原点的点汇和逆时针转向的点涡叠加,流函数为

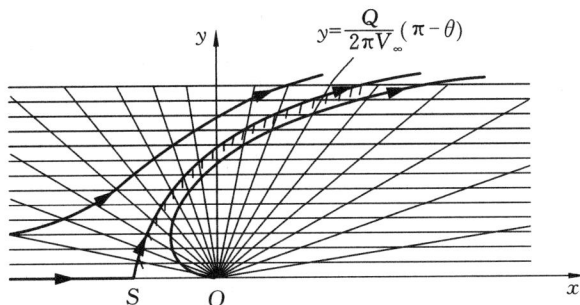

图 2.30 Rangine 半体(直匀流＋点源的几条典型流线)

$$\Psi=-\frac{Q}{2\pi}\theta-\frac{\Gamma}{2\pi}\ln r \tag{2.86}$$

流线方程为 $\Psi=C_1$,即

$$C_1=-\frac{Q}{2\pi}\theta-\frac{\Gamma}{2\pi}\ln r \tag{2.87}$$

整理简化后得

$$r=C\mathrm{e}^{-(Q\theta/\Gamma)} \tag{2.88}$$

这说明流线为对数螺线,其流线也可用叠加的方法画出,如图 2.31 所示。

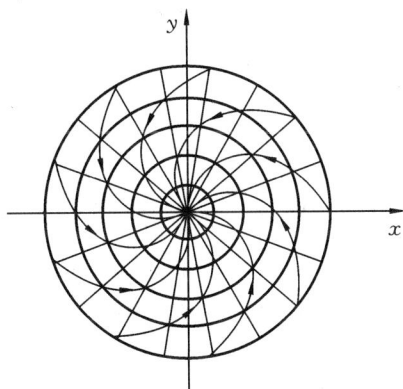

图 2.31 点汇＋点涡

2.9 绕圆柱体流动

2.9.1 绕圆柱体的无环量流动

1. 绕圆柱体无环量流动的复势

直匀流和平面偶极子叠加可以模拟绕物体的平面无旋流动。这种流动的复势为

$$W(z)=V_\infty z+\frac{M}{2\pi z} \tag{2.89}$$

这里偶极子位于原点,方向指向 x 轴负方向,和来流方向相反。式(2.89)可以分成虚部、实部,写成

$$W(z) = V_\infty z + \frac{M\bar{z}}{2\pi z\bar{z}} = V_\infty x + \frac{Mx}{2\pi(x^2+y^2)} + i\left[V_\infty y - \frac{My}{2\pi(x^2+y^2)}\right] \qquad (2.90)$$

$W(z)$ 的虚部是流函数 Ψ，当 $\Psi=0$ 时,有流线方程:

$$V_\infty y - \frac{My}{2\pi(x^2+y^2)} = 0 \qquad (2.91)$$

这个方程的解是

$$\begin{cases} y=0 \\ x^2+y^2 = \dfrac{M}{2\pi V_\infty} \end{cases} \qquad (2.92)$$

可见,这条零流线(对应于 $\Psi=0$ 的流线)由 x 轴和中心在原点的圆周组成,圆周半径为

$$a = \sqrt{M/(2\pi V_\infty)}$$

如果模拟直匀流绕半径为 a 的无限长圆柱流动,则偶极子的强度应该是

$$M = 2\pi V_\infty a^2 \qquad (2.93)$$

因此,圆柱绕流的复势可以写成

$$W(z) = V_\infty z + \frac{a^2 V_\infty}{z} \qquad (2.94)$$

速度势和流函数分别为

$$\Phi = V_\infty x + \frac{a^2 V_\infty x}{x^2+y^2} = V_\infty \cos\theta\left(r + \frac{a^2}{r}\right) \qquad (2.95)$$

$$\Psi = V_\infty y - \frac{a^2 V_\infty y}{x^2+y^2} = V_\infty \sin\theta\left(r - \frac{a^2}{r}\right) \qquad (2.96)$$

圆柱绕流的流线方程为

$$V_\infty y - \frac{a^2 V_\infty y}{x^2+y^2} = C \qquad (2.97)$$

圆外流动示意图如图 2.32 所示。x、y 轴都是对称轴,物面上的前驻点在 $(-a,0)$ 点,后驻点在 $(a,0)$ 点。绕圆柱面的速度环量为零,这可以由流动的对称性来判断,也可以由式(2.56)计算得出:

$$\Gamma = \oint \frac{dW}{dz}dz = \oint\left(V_\infty - \frac{a^2 V_\infty}{z^2}\right)dz = 0$$

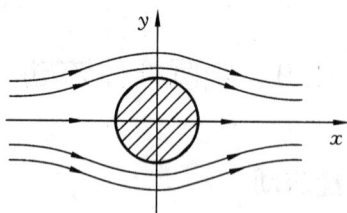

图 2.32 绕圆柱体的无环量流动

2. 圆柱面上的速度分布

圆柱表面的速度可通过复速度求出。因为

$$\frac{dW}{dz} = \frac{d}{dz}\left(V_\infty z + \frac{a^2 V_\infty}{z}\right) = V_\infty\left[1 - \frac{a^2}{(re^{i\theta})^2}\right] = V_\infty\left(e^{i\theta} - \frac{a^2}{r^2}e^{-i\theta}\right)e^{-i\theta}$$

即
$$\frac{\mathrm{d}W}{\mathrm{d}z}=V_\infty\left[\cos\theta\left(1-\frac{a^2}{r^2}\right)+\mathrm{i}\,\sin\theta\left(1+\frac{a^2}{r^2}\right)\right]\mathrm{e}^{-\mathrm{i}\theta}$$

和式(2.54)对比,即得速度场:

$$\begin{cases}V_r=V_\infty\cos\theta\left(1-\dfrac{a^2}{r^2}\right)\\[2mm]V_\theta=-V_\infty\sin\theta\left(1+\dfrac{a^2}{r^2}\right)\end{cases}\tag{2.98}$$

令 $r=a$,即得圆柱面上的速度分布:

$$\begin{cases}V_r=0\\V_\theta=-2V_\infty\sin\theta\end{cases}\tag{2.99}$$

在 $\theta=\pm\pi/2$ 处,圆柱面上的速度达到最大值:

$$|V_{\theta\max}|=2V_\infty\tag{2.100}$$

3. 圆柱面上的压力分布

现在来确定圆柱表面的压力分布。运动是定常的,如果假设无限远均匀流中的压力为 p_∞,则忽略了质量力的拉格朗日积分式为

$$p+\frac{\rho V^2}{2}=p_\infty+\frac{\rho V_\infty^2}{2}\tag{2.101}$$

在流体力学中,物体表面的压力分布往往用下式定义的无因次系数来表示:

$$C_p=\frac{p-p_\infty}{\dfrac{1}{2}\rho V_\infty^2}\tag{2.102}$$

式中:C_p 为压力系数。

采用 C_p 的好处是它与 ρ、V_∞ 无关。将式(2.101)代入式(2.102)中,可得

$$C_p=1-\left(\frac{V}{V_\infty}\right)^2\tag{2.103}$$

将式(2.99)代入式(2.103),可得

$$C_p=1-4\sin^2\theta\tag{2.104}$$

由式(2.104)表示的压力系数分布绘于图 2.33 中。根据 $\sin^2\theta$ 的性质,压力分布既对称于 x 轴也对称于 y 轴。图中箭头由圆柱中心向外时表示 $p<p_\infty$,相对压力 $p-p_\infty$ 为负值;箭头向内时,则表示 $p>p_\infty$,相对压力为正值。根据式(2.104)可知:

(1) 在 A、C 两点压力最大,$C_p=1$;

(2) 在 B、D 两点压力最小,$C_p=-3$。

可见沿 $\Psi=0$ 这一条流线的压力变化为:在左方无限远处,$C_p=0$;当流体流向圆柱体时,压力逐渐增大,到点 A 时压力为极大值,$C_p=1$;流体由点 A 分为两支分别流向点 B、D,压力逐渐减小,到这两点时压力为极小值,$C_p=-3$;流体由点 B、D 流向点 C 时,压力逐渐增大,到点 C 时压力恢复到极大值,$C_p=1$;流体由点 C 流向右方无限远处时压力又再次减小,最后重新降至 p_∞,$C_p=0$。

由图 2.33 所示的压力系数分布的对称性可知,圆柱上的流体动力和力矩均为零。这一势流理论与实验结果相矛盾,被称为达朗贝尔佯谬。在实验中,物面存在摩擦损失,而且下游物面会产生流动分离,压力不能恢复到理论值(见图 2.34),所以迎风面和背风面有压力差,这就是压差阻力(或形状阻力)的来源。图 2.34 所示的三条典型曲线:曲线①对应圆柱无环量理想

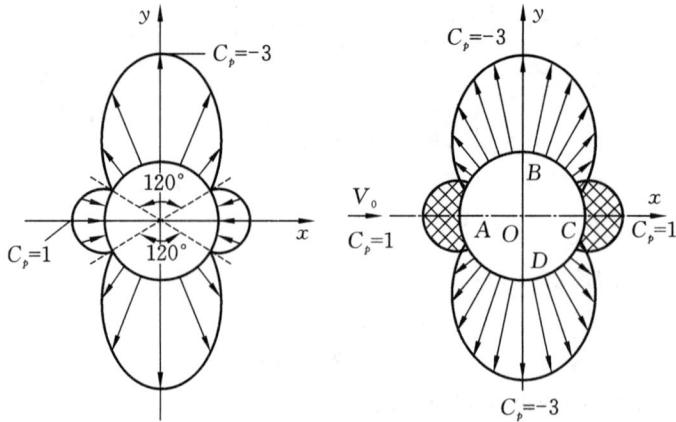

图 2.33 圆柱绕流无环量流动的 C_p 分布

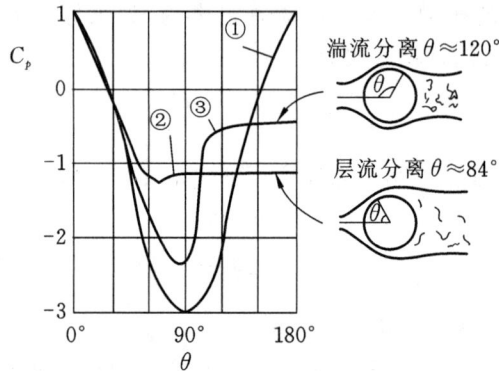

图 2.34 圆柱绕流无环量流动的压力系数曲线

绕流；曲线②对应有分离的绕流，分离点的位置为 $\theta \approx 84°$，称为层流分离；曲线③对应有分离的绕流，分离点的位置为 $\theta \approx 120°$，称为湍流分离。由图中曲线的比较可以得出两点结论：①在流动分离以前，理想绕流的压力分布与实际情况较为符合；②分离形成了大的压差阻力，分离区压力为常数。这两点结论具有普遍性。

2.9.2 绕圆柱体的有环量流动

现在考虑直匀流中圆柱以等角速度 ω 绕自身轴线顺时针旋转的情形（见图 2.35）。这种情况可在圆柱无环量绕流的基础上，在原点叠加一个点涡来模拟。这个新绕流的复势为

$$W(z) = V_\infty \left(z + \frac{a^2}{z} \right) + \frac{\mathrm{i}\Gamma}{2\pi} \ln z \qquad (2.105)$$

可以看出，所加点涡的转向和图 2.35 所示的 ω 的转向是一致的。因为

$$\oint \frac{\mathrm{d}W}{\mathrm{d}z} \mathrm{d}z = \oint \left[V_\infty \left(1 - \frac{a^2}{z^2} \right) + \frac{\mathrm{i}\Gamma}{2\pi} \frac{1}{z} \right] \mathrm{d}z = 2\pi \mathrm{i} \left(\frac{\mathrm{i}\Gamma}{2\pi} \right) = -\Gamma \qquad (2.106)$$

这说明绕圆柱的环量在数值上等于点涡的强度 Γ（参看式(2.56)），所以，式(2.105)的复势可用来模拟圆柱体有环量的绕流。为了满足圆柱面上旋转线速度等于 $a\omega$ 的要求，点涡的强度 Γ 应为

$$\Gamma = 2\pi a(a\omega) = 2\pi a^2 \omega \qquad (2.107)$$

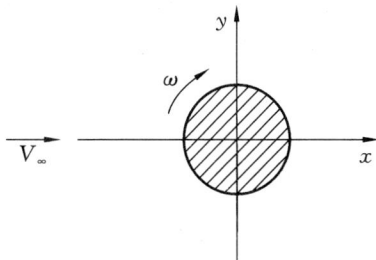

图 2.35　直匀流中的旋转圆柱

绕流的速度场可以通过复速度公式(2.54)求得,结果是

$$\begin{cases} V_r = V_\infty \cos\theta \left(1 - \dfrac{a^2}{r^2}\right) \\ V_\theta = -V_\infty \sin\theta \left(1 + \dfrac{a^2}{r^2}\right) - \dfrac{\Gamma}{2\pi r} \end{cases} \tag{2.108}$$

令 $r=a$ 就可得到圆柱表面上的速度分布:

$$\begin{cases} V_r = 0 \\ V_\theta = -2V_\infty \sin\theta - \dfrac{\Gamma}{2\pi a} \end{cases} \tag{2.109}$$

令式(2.109)中 $V_\theta = 0$,可以得到物面上驻点的位置:

$$\sin\theta = \frac{-\Gamma}{4\pi V_\infty a} \tag{2.110}$$

由式(2.110)可知,在来流 V_∞ 和圆柱半径 a 给定的条件下,环量 Γ 越大则其驻点越下移。进一步分析式(2.110)可得如下结论。

(1) 小环量情形,$\Gamma < 4\pi a V_\infty$,则 $|\sin\theta| < 1$,又 $\sin(-\theta) = \sin[-(\pi-\theta)]$,则两个驻点在圆柱面上,并左右对称,位于第三和第四象限内,如图 2.36(a)所示,而且 A、B 两个驻点随着 Γ 值的增大而向下移动,并互相靠拢。

(2) $\Gamma = 4\pi a V_\infty$,则 $\sin\theta = -1$。这就是说两个驻点重合为一点,位于圆柱面的最下端,如图 2.36(b)所示。

(3) $\Gamma > 4\pi a V_\infty$,则 $|\sin\theta| > 1$。这时在圆柱面上不存在驻点,驻点脱离圆柱面沿 y 轴向下移动到相应的位置。它的位置可这样确定:令式(2.108)中的 $V_r = 0$ 和 $V_\theta = 0$,便可得到两个位于 y 轴上的驻点,一个在圆柱体内,另一个在圆柱体外。在这种流动中,只有一个在圆柱体外的自由驻点,如图 2.36(c)所示。

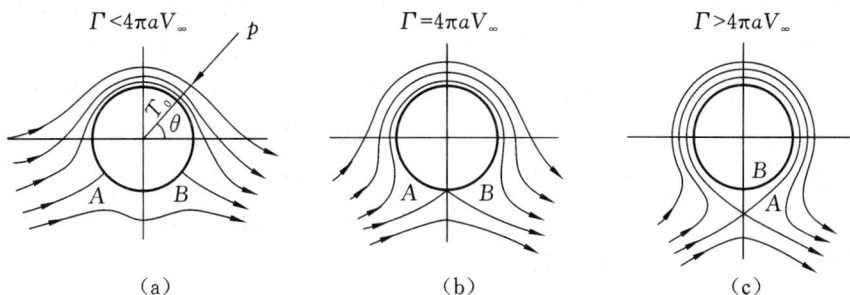

图 2.36　三种典型的圆柱有环量绕流

由以上的流动图形可知,合成流动关于 y 轴对称,所以圆柱仍将不受阻力;但环量的存在使圆柱体上表面增速减压,而下表面则减速增压,结果就使得流动图形不再关于 x 轴对称,而产生了向上的升力。

现在来计算升力的大小。

将式(2.109)代入式(2.103),可得物面上的压力系数:

$$C_p = 1 - \left(2\sin\theta + \frac{\Gamma}{2\pi V_\infty a} \right)^2 \tag{2.111}$$

物面上的压力分布为

$$p = p_\infty + \frac{\rho V_\infty^2}{2} \left[1 - \left(2\sin\theta + \frac{\Gamma}{2\pi V_\infty a} \right)^2 \right] \tag{2.112}$$

将压力沿圆柱面积分得合力 $\boldsymbol{F}$,如图 2.37 所示,设 $\boldsymbol{n} = \cos\theta \boldsymbol{i} + \sin\theta \boldsymbol{j}$,于是有

$$
\begin{aligned}
\boldsymbol{F} &= \int_0^{2\pi} -p\boldsymbol{n}a\,\mathrm{d}\theta \\
&= -a \int_0^{2\pi} \left[p_\infty + \frac{\rho V_\infty^2}{2} \left(1 - 4\sin^2\theta - \frac{2\Gamma\sin\theta}{\pi V_\infty a} - \frac{\Gamma^2}{4\pi^2 V_\infty^2 a^2} \right) \right] (\cos\theta \boldsymbol{i} + \sin\theta \boldsymbol{j})\,\mathrm{d}\theta \\
&= \rho V_\infty \Gamma \boldsymbol{j}
\end{aligned}
\tag{2.113}
$$

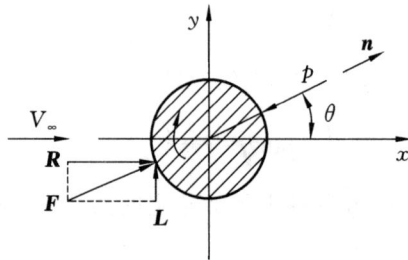

图 2.37 有环量绕流的合力

结果表明:合力 $\boldsymbol{F}$ 在垂直于来流方向的分力称为升力($\boldsymbol{L}$);平行于来流方向的分力称为阻力($\boldsymbol{R}$),阻力为零。如果将涡的旋转矢量方向作为环量的方向,来流用矢量表示,则升力的公式可以写成

$$\boldsymbol{L} = \rho \boldsymbol{V}_\infty \times \boldsymbol{\Gamma} \tag{2.114}$$

式(2.114)揭示了升力和环量之间的一个重要关系,即升力的大小和环量 Γ 成正比,此外还与流体密度 ρ 和来流速度 V_∞ 成正比。这个关系称为库塔-茹科夫斯基升力定理。它在绕流问题中具有普遍意义,不仅适用于圆柱体,而且适用于有尖后缘的任意翼型体。

来复线使炮弹在飞行过程中旋转,这改善了炮弹飞行的方向稳定性,但也影响炮弹的命中率,马格努斯(Heinrich Gustav Magnus)最早注意到这个问题,炮兵们称这种现象为马格努斯效应。后来,瑞利(John William Strutt,3rd Baron Rayleigh)研究了圆柱体绕流问题,发现旋转圆柱体在运动过程中有升力(或侧向力)产生。这就能很好说明马格努斯效应产生的原因:这种升力(实际是一种侧向力)改变了弹着点,使之偏离了瞄准目标。现在马格努斯效应有着更广泛的含义,它指的是旋转物体在运动过程中产生升力(或侧向力)的现象。现代球类运动普遍利用这种效应,产生了奇妙的效果。

2.10　机翼升力定理

2.10.1　机翼的几何特性

机翼剖面的基本形状称为翼型。翼型具有一种特殊的体形,以使它所产生的升力与阻力相比尽可能大。一般说来,要求将翼型的前缘适当修圆,而且整体具有优良的流线型,使气体能顺着表面尽可能无分离地向尖后缘流去。翼型的厚度与它顺着气流方向的长度(翼弦)相比小得多,而机翼的横向展长(翼展)在许多实用场合中又比翼弦大得多。翼型迎流的一端称为前缘或导边(leading edge),另一端称为后缘或随边(trailing edge)。翼型迎向来流的一面称为翼面,另一面称为翼背。翼面可以是凸的,也可以是凹的。如图 2.38 和图 2.39 所示,翼型有如下几个几何参数。

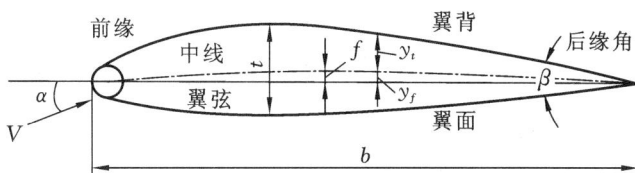

图 2.38　翼型基本概念

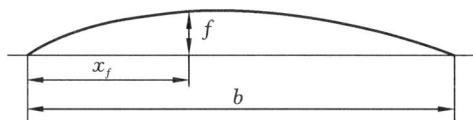

图 2.39　翼型剖面主要参数

(1) 中线(center line)　以后缘尖点为圆心,以各种长度为半径作圆弧,将翼型范围内的各圆弧的中点连接起来,就构成翼型的中线。

(2) 翼弦(chord)　中线两端的连线称为翼弦,其长度称为弦长,用 b 表示。翼弦通常被当作翼型的基线。

(3) 拱度(camber)　中线至翼弦距离的最大值称为拱度,用 f 表示。拱度与翼弦之比 $\bar{f} = \dfrac{f}{b}$ 称为相对拱度或拱度比。最大拱度位置至前缘的距离记为 x_f,$\bar{x}_f = \dfrac{x_f}{b}$,表示最大拱度的相对位置。$\dfrac{f}{b} = 0$ 的翼型称为对称翼型。

(4) 厚度(thickness)　翼弦的垂线与翼型上、下表面交点之间的距离称为局部厚度,局部厚度的最大值称为翼型的厚度,用 t 表示。翼厚与弦长之比 $\bar{t} = \dfrac{t}{b}$ 称为相对厚度或厚度比。

(5) 攻角(angle of attack)　来流与翼弦之间的夹角称为几何攻角,以 α 表示。它是表示机翼工况的一个参数。

完整地描述一个翼剖面形状,必须知道其上、下表面的坐标 y_u 和 y_l,但它们也可以用其拱度分布 y_f 和厚度分布 y_t 表示。取前缘为原点,翼弦为 x 轴,y 轴垂直于翼弦。令 y_f 为翼型中线弧的 y 方向坐标,y_t 为翼型局部厚度之半。设函数 $y_f = f_1(x)$,$y_t = f_2(x)$ 已知,则翼

剖面上、下表面坐标 $y_{u,l}(x)$ 与 y_f 和 y_t 的关系为

$$y_{u,l}(x)=y_f(x)\pm y_t(x) \tag{2.115}$$

目前舰船的舵和螺旋桨上用得较多的是 NACA 翼型系列,它是美国国家航空咨询委员会(National Advisory Committee for Aeronautics,NACA)设计发表的。下面介绍几种常见的翼型。

1. NACA 四位数字翼型

四位数字翼型的中线弧由两段抛物线组成,它们在最高点处相切,如图 2.40 所示。中线弧的方程是

$$\begin{cases} y_f=\dfrac{f}{x_f^2}(2x_f\cdot x-x^2) & (x\leqslant x_f) \\ y_f=\dfrac{f}{(1-x_f)^2}[(1-2x_f)+2x_fx-x^2] & (x>x_f) \end{cases} \tag{2.116}$$

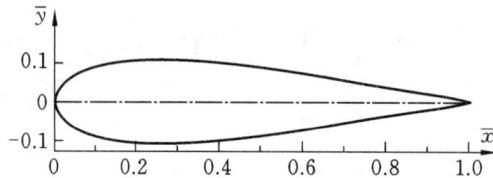

图 2.40 NACA 四位数字翼型

该翼型系列的厚度表达式为

$$y_t=t(1.4845\sqrt{x}-0.6300x-1.7580x^2+1.4215x^3-0.5075x^4) \tag{2.117}$$

该翼型系列的 $\bar{x}_t=30\%$,$\bar{x}_f=40\%$,前缘半径 $r_{前}=1.1019t^2$,如图 2.40 所示。翼型系列有九种相对厚度,即 6%、8%、9%、10%、12%、15%、18%、21%、24%;有三种相对拱度,即 0、1%、2%。

NACA 四位数字翼型的含义举例说明如下:如 NACA2412 翼型,第一位数字表示最大拱度为弦长的百分数的值,即 $\bar{f}=2\%$;第二位数字表示最大拱度位置离前缘的距离为弦长的十分数的值,即 $\bar{x}_f=40\%$;末尾两位数字表示最大厚度为弦长的百分数的值,即 $\bar{t}=12\%$。

2. NACA 五位数字翼型

如 NACA23012 翼型,第一位数字表示最大拱度 $\bar{f}=2\%$;第二和第三位数字表示最大拱度相对位置坐标百分数的两倍,即 $2\bar{x}_f=30\%$,$\bar{x}_f=15\%$;最后两位数字表示相对厚度的百分数值,即 $\bar{t}=12\%$。

五位数字翼型的厚度表达式仍与四位数字翼型相同,都是式(2.117);相对厚度 $\bar{t}$ 有 12%、15%、18%、21%、24% 五种;$\bar{x}_f$ 都是 15%;设计升力系数都是 0.3。

3. NACA 层流翼型

层流翼型的设计方针是尽量使翼剖面上最小压力点位置后移,以延长顺压梯度段的长度,努力保持其边界层为层流状态,以达到降低翼型总摩擦阻力的目的。目前应用最多的是 NACA6 系列层流翼型。例如 NACA64-208 翼型,第一个数字“6”表示“NACA”系列层流翼型;第二个数字“4”表示其最小压力点在离前缘位置 $0.4b$ 处;横线后面第一个数字“2”表示设计升力系数 $C_L=0.2$;最后两个数字“08”表示相对厚度 $\bar{t}=8\%$。NACA6 系列翼型的基本形状及最小压力点位置如图 2.41 所示。

层流翼型在航空工程中早已受到重视,其用于船舶螺旋桨时,减阻效益甚小,但对于延迟

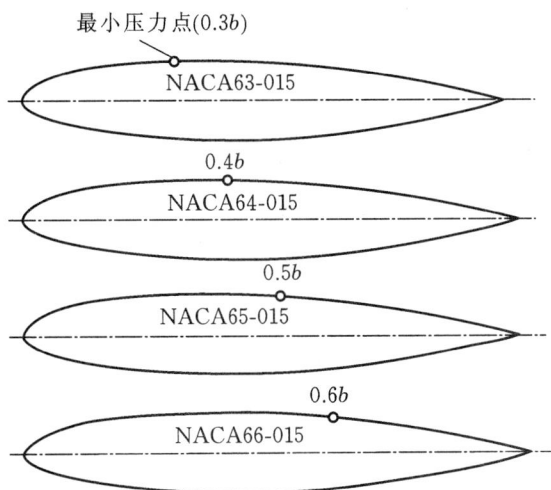

最小压力点(0.3b)

NACA63-015

0.4b

NACA64-015

0.5b

NACA65-015

0.6b

NACA66-015

图 2.41　NACA6 系列层流翼型

空泡的产生是有利的。

　　图 2.42 所示是应用于工程实际中的一些翼型的基本形状。可以看出,为了产生环量获得升力,后缘总是尖的。前缘则有圆的也有尖的,圆的是为了减小形状阻力,尖的是为了减小由压缩性引起的冲击波阻力或由自由表面引起的兴波阻力。

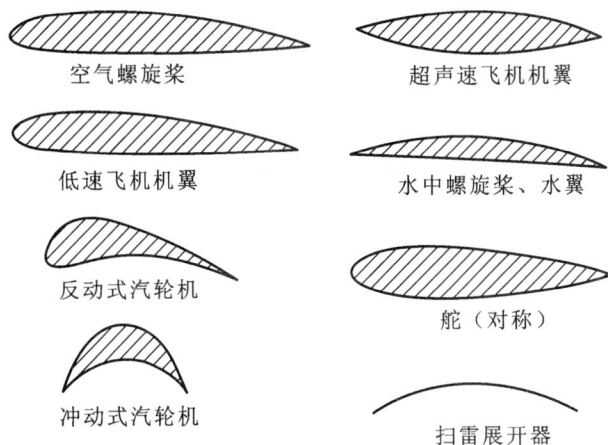

空气螺旋桨　　　　　　　　　超声速飞机机翼

低速飞机机翼　　　　　　　　水中螺旋桨、水翼

反动式汽轮机　　　　　　　　舵（对称）

冲动式汽轮机　　　　　　　　扫雷展开器

图 2.42　工程中常用翼型

　　机翼的平面图是多种多样的,图 2.43 所示的是常用的几种。机翼的一端到另一端的距离称为机翼的翼展,用 l 来表示。对于船用舵,舵高就是翼展。若将整个船体的水下部分看作一个机翼,则其吃水就是翼展。翼展的平方和机翼面积 S 之比称为展弦比,用 λ 来表示:

$$\lambda = \frac{l^2}{S} \tag{2.118}$$

对于矩形机翼,λ 等于翼展与弦长之比:

$$\lambda = \frac{l^2}{lb} = \frac{l}{b} \tag{2.119}$$

　　对于风洞试验用标准机翼,$\lambda=5$ 或 $\lambda=6$;战斗机 $\lambda=2\sim4$;轰炸机 $\lambda=7\sim12$;水翼 $\lambda=5\sim7$;船用舵 $\lambda=0.5\sim1.5$。不同展弦比的机翼,其流动特性有很大差别,其理论研究方法亦有很

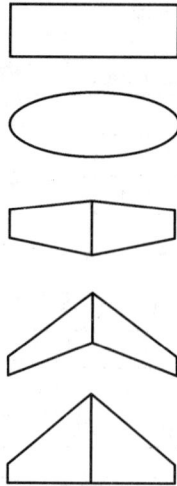

图 2.43　常用机翼平面图

大不同。通常将 $\lambda<2$ 的机翼称为小展弦比机翼；$\lambda>3$ 的机翼称为大展弦比机翼；$\lambda=\infty$ 的机翼为二元机翼（翼剖面）。

2.10.2　库塔-茹科夫斯基升力定理

1. 定理的证明

库塔-茹科夫斯基升力定理表明，作用于翼剖面上的升力（相当于无限长翼展机翼的单位长度上的升力），其大小 L 等于流体密度 ρ、来流速度 V_0 与绕翼剖面的速度环量 Γ 三者的乘积，而其方向由来流速度方向逆环流方向转 $90°$。

在 2.9.2 节中用压力积分的方法针对来流中的旋转圆柱对该定理进行了证明，现在用动量定理来证明该定理。

C 为翼剖面周线，C_r 为一包围着翼剖面且半径 r 很大的圆周，如图 2.44 所示。因为 r 很大，所以在 C_r 上由翼剖面引起的扰动速度 V_r、V_θ 为小量。将欧拉形式的动量定理应用于 C 与 C_r 之间的流体面积上。假定来流 V_0 沿 x 方向，流体作用于翼剖面上的升力沿 y 方向，不计质量力，对 y 方向列动量方程。

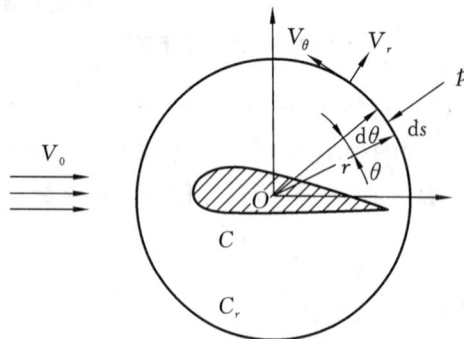

图 2.44　翼型的升力

通过控制面 C 的动量为零,这是因为 C 是翼剖面周线。通过控制面 C_r 的 y 方向的动量为 $\int_0^{2\pi}\rho r\,\mathrm{d}\theta(V_0\cos\theta+V_r)(V_r\sin\theta+V_\theta\cos\theta)$,忽略扰动速度 V_r 和 V_θ 的二阶以上小量,并求出积分,即得通过 C_r 边界在 y 方向的动量变化为

$$\rho\pi rV_0V_r \tag{a}$$

作用于控制体边界 C 上 y 方向的力为翼型的反作用力,即

$$-L \tag{b}$$

作用于控制体边界 C_r 上的流体压力在 y 方向分量的积分为

$$-\int_0^{2\pi}pr\sin\theta\,\mathrm{d}\theta$$

其中,压力 p 可用伯努利方程确定:

$$p+\frac{1}{2}\rho\left[(V_0\cos\theta+V_r)^2+(V_0\sin\theta+V_\theta)^2\right]=p_0+\frac{1}{2}\rho V_0^2$$

忽略扰动速度的二阶以上小量,得

$$p=p_0-\rho V_0V_r\cos\theta-\rho V_0V_\theta\sin\theta$$

代入压力积分表达式,可得 C_r 上所受 y 方向的力为

$$-\int_0^{2\pi}pr\sin\theta\,\mathrm{d}\theta=-\rho\pi rV_0V_\theta \tag{c}$$

将式(a)、式(b)、式(c)代入动量表达式得

$$-L-\rho\pi rV_0V_\theta=\rho\pi rV_0V_\theta$$

所以

$$L=-2\rho\pi rV_0V_\theta \tag{d}$$

令 C_r 上顺时针方向的速度环量为 Γ_{C_r},则有

$$\Gamma_{C_r}=-2\pi rV_\theta$$

在无旋流场中,绕周线 C_r 的速度环量 Γ_{C_r},等于绕翼剖面周线 C 的速度环量 Γ,因此,库塔-茹科夫斯基升力定理得证:

$$L=\rho V_0\Gamma \tag{2.120}$$

2. 机翼绕流环量形成的物理过程

现在讨论原静止流场中的机翼在加速到 V_0 的过程中,环量的产生机理。

如图 2.45 所示,首先在流场中作包围翼剖面并延伸到充分远的封闭流体周线 $CDFE$。机翼启动前,此封闭流体周线上的速度环量为零。根据开尔文定理,此流体周线上的环量将始终保持为零。

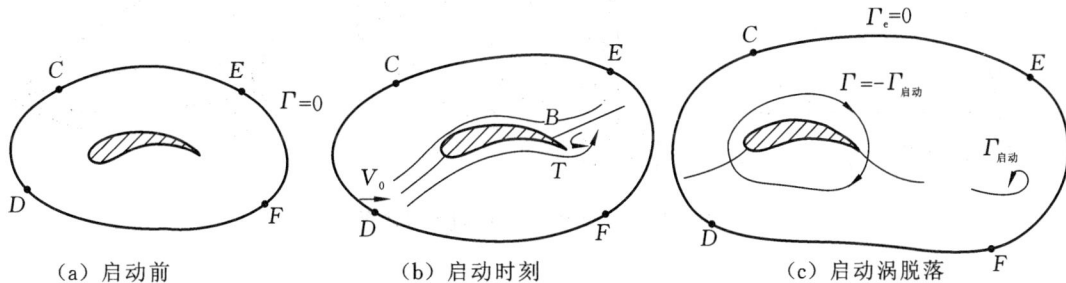

(a) 启动前　　　　　　(b) 启动时刻　　　　　(c) 启动涡脱落

图 2.45　翼型加速产生环量

机翼突然启动,其速度很快达到 V_0,这时流体运动到处是无旋的,绕翼型的环量为零。此时后驻点不在后缘上,通常在翼背上,如图 2.45(b)所示。流体从翼面绕过后缘尖点流到翼背上,在尖点 T 附近,流体流动速度将达到很大,且压力将降得很低。而在后驻点 B 处速度为零,压力很高。因流体由 T 流向 B 时,将遇到很大的逆压梯度,边界层将发生分离,形成图 2.45(b)所示的逆时针方向的旋涡,通常称为启动涡。启动涡随着流体向下游运动。根据开尔文定理,沿流体周线 $CDFE$ 的环量仍应为零,故绕翼剖面必将产生一速度环量,其大小与启动涡环量相等,而方向相反,如图 2.45(c)所示。由于绕翼剖面环量的作用,后驻点 B 将向后缘点移动。但是,在后驻点 B 到达后缘点之前,将继续出现上述现象,也就是不断有逆时针方向的旋涡流向下游。因此,绕机翼的环量 Γ 不断增大,驻点不断向后缘点推移,直到后驻点 B 推移到后缘点为止。机翼以速度 V_0 继续运动,后缘不再有旋涡脱落,环量 Γ 也不再变化,那么 Γ 就只与翼剖面的几何形状以及来流的速度大小和方向有关。

这时,翼剖面上、下两股流体将在翼剖面的后缘处汇合,其流动图形如图 2.46 所示。

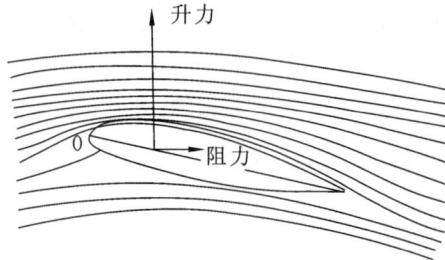

图 2.46 定常的翼型绕流

图 2.46 所示的流动图形对应飞行器正常飞行时的有利情况,既有利于工程应用,又便于解释升力产生的原因。由图可见,流体流过机翼时,上面的流线较密,下面的流线较稀,故上面流体的速度大、压力小,下面的流体速度小、压力大,因而产生升力。

很显然,这一观点改变了关于升力的物理概念。从前人们的直观印象是空气从下面冲击倾斜的翼表面,人们认为飞机由底下的空气顶在空中。现在我们才认识到,飞机机翼至少一部分是由流过上表面的空气吸起来的,而且上表面产生的负压力强度对全部升力的贡献比下表面正压力的贡献还要大。图 2.47 用一个椭圆表示机翼,并在各个剖面上绘出了压力分布曲线。x 轴的上方表示翼背吸力对升力的贡献,而 x 轴的下方则表示翼面压力的贡献。

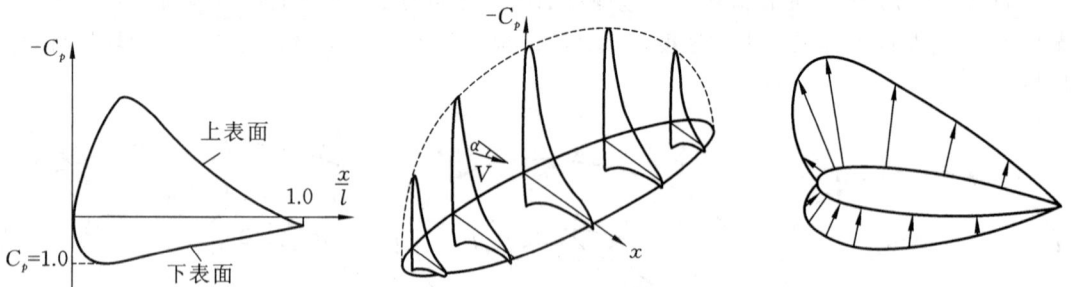

图 2.47 翼型上、下表面的压力分布

2.11　映　像　法

当流场的外边界离物体很远时,物体的运动或绕物体的流动可以当作在无界流场中进行的。如果流场中存在其他固壁,且固壁离物体较近,则固壁对物体运动的影响就得加以考虑。直壁和圆形壁是最常见的固壁,这两类固壁对流动的影响可以用映像法来研究。

2.11.1　直壁的干扰

如图 2.48 所示,点源附近有一道直壁存在,点源在壁面处的流动必须对称地顺着壁面向两侧进行。壁面的阻挡使得流体不能自如地流向壁面,同时整个流场都要受到影响,其流场与无壁面的情况是不同的。在理想流体中,一条流线的作用如同一道壁面。要产生图 2.48 所示的与 x 轴重合的流线,可以在 x 轴下面对称地放置一个等强度的点源,这个点源称为原来那个点源的映像。点源和它的映像在 x 轴上任意一点所引起的速度大小相等,合速度方向与 x 轴平行,因此,x 轴也就是一条流线,其作用如同一道固壁一样。于是,设置的映像源就起了直壁的作用,这种研究直壁的影响的方法称为映像法。

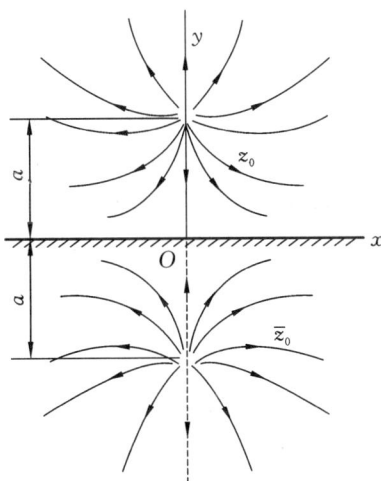

图 2.48　直壁附近的点源

如果点涡附近有一道直壁,则直壁的作用就如同在壁的另一侧对称位置上有一个反向旋转的等强度(环量)点涡一样(见图 2.49)。孤立的一个点涡不会产生自诱导运动,平面直壁的存在,等同于增加一个映像涡,这个映像涡的诱导速度会使原有点涡做平行于直壁的运动。

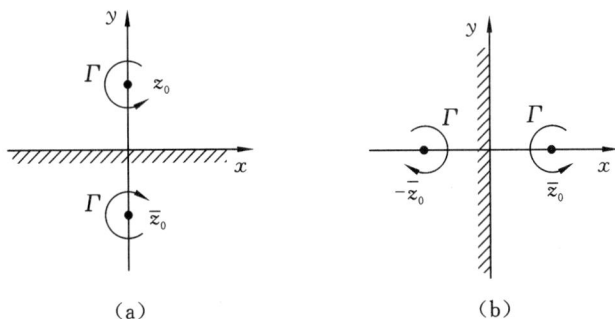

（a）　　　　　　　　　　（b）

图 2.49　直壁附近的点涡

下面先讨论水平直壁对点涡的影响,求出图 2.49(a)所示上半平面的复势。这个复势应该是原有点涡的复势 $W_1(z)$ 和映像涡的复势 $W_2(z)$ 的叠加。原有点涡的复势为

$$W_1(z)=\frac{\Gamma}{2\pi i}\ln(z-z_0)$$

映像涡的复势为

$$W_2(z)=-\frac{\Gamma}{2\pi i}\ln(z-\bar{z}_0)$$

所以

$$W(z)=W_1(z)+W_2(z)=\frac{\Gamma}{2\pi i}\ln\frac{z-z_0}{z-\bar{z}_0} \tag{2.121}$$

如果令 $W_1(z)=f(z)$, $W_2(z)=\bar{f}(z)$,则式(2.121)可写成

$$W(z)=f(z)+\bar{f}(z) \tag{2.122}$$

式中 $\bar{f}(z)$ 是对 $f(z)$ 中除 z 以外的各复数取共轭值得到的复势。式(2.122)不仅对点涡成立,而且对任意流体力学奇点(涡、源、偶极子……)叠加的流场都成立。因此,有如下平面定理。

平面定理 1 若 $y>0$ 的上半平面存在流体力学奇点,其复势为 $f(z)$,则当 $y=0$ 处的平面为固壁时,上半平面流场的复势为

$$W(z)=f(z)+\bar{f}(z) \tag{2.123}$$

证明 因为 $f(z)$ 的奇点位置 z_j 都在上半平面,故映像的奇点位置只能在下半平面的 $\bar{z}_j$ 点。若映像的复势为 $\bar{f}(z)$,则原奇点与其映像的总复势为 $W(z)=f(z)+\bar{f}(z)$。如果能证明其虚部(流函数)在 $y=0$ 时为常数,那就说明映像确实能起到水平固壁的作用,定理得到证明。由于 $y=0$ 时,$z=\bar{z}$,所以 $W(z)=f(z)+\bar{f}(z)=f(z)+\bar{f}(\bar{z})=f(z)+\overline{f(z)}$,其表明,$y=0$ 时,$\mathrm{Im}W(z)=\Psi=0$,所以 $y=0$ 是一条流线,说明所用映像正好取代水平固壁的作用。

平面定理 2 若 $x>0$ 的右半平面内存在流体力学奇点,其复势为 $f(z)$,当 $z=0$ 处是一道固壁时,则右半平面流场的复势为

$$W(z)=f(z)+\bar{f}(-z) \tag{2.124}$$

$\bar{f}(-z)$ 为将 $f(z)$ 中的 z 换成 $-z$,对其余复数取共轭值得到的复势。

证明 因为 $f(z)$ 的奇点位置 z_j 都在右半平面,故映像的奇点位置只能在左半平面的 $-\bar{z}_j$ 点。若映像的复势为 $\bar{f}(-z)$,则原奇点与映像的总复势为 $W(z)=f(z)+\bar{f}(-z)$。因为 $x=0$ 时,$z=-\bar{z}$,则 $W(z)=f(z)+\bar{f}(-z)=f(z)+\bar{f}(\bar{z})=f(z)+\overline{f(z)}$,其表明,$x=0$ 时,$\mathrm{Im}W(z)=\Psi=0$,因而 $x=0$ 是一条流线,说明所用的映像正好取代了垂直固壁的作用。

例 2.8 平面 z_0 处有一逆时针方向的点涡 Γ,$x=0$ 为固壁,求流场的复势。

解 点涡的复势为

$$f(z)=\frac{\Gamma}{2\pi i}\ln(z-z_0)$$

映像涡的复势为

$$\bar{f}(-z)=-\frac{\Gamma}{2\pi i}\ln(-z-\bar{z}_0)$$

两复势之和为

$$W(z)=f(z)+\bar{f}(-z)=\frac{\Gamma}{2\pi i}\left[\ln(z-z_0)-\ln(-z-\bar{z}_0)\right]$$

$$=\frac{\Gamma}{2\pi i}\left[\ln(z-z_0)-\ln(z+\bar{z}_0)\right]=\frac{\Gamma}{2\pi i}\ln\frac{z-z_0}{z+\bar{z}_0}$$

2.11.2　圆形壁的干扰

如果圆周线以外有奇点存在,则圆周边界对流场的影响可用圆周线以内的奇点映像来替代,有如下定理。

圆定理　若在 $|z|=R$ 的圆外无界流场中存在奇点,其复势为 $f(z)$,则当 $|z|=R$ 处为固壁时,流场的复势为

$$W(z)=f(z)+\bar{f}\left(\frac{R^2}{z}\right) \tag{2.125}$$

式中: $\bar{f}(R^2/z)$ 为将 $f(z)$ 中的 z 换成 R^2/z,对其余复数取共轭值得到的复势。

证明　由于在圆周上 $|z|=R$, $|z|^2=\bar{z}z=R^2$,所以

$$\bar{z}=\frac{R^2}{z}$$

圆周上复势为

$$W(z)=f(z)+\bar{f}\left(\frac{R^2}{z}\right)=f(z)+\bar{f}(\bar{z})=f(z)+\overline{f(z)}$$

这说明在圆周上, $\mathrm{Im}W(z)=\Psi=0$,圆周为一封闭的流线,其作用等同于圆形固壁。由于 $f(z)$ 的奇点满足 $|z_j|>R$,其映像奇点的位置为相应的反演点 $z=R^2/z_j$,因此圆周外并没有增加奇点,式(2.125)就是 $|z|=R$ 处圆形固壁以外无界流场的复势。

利用圆定理,可得到绕圆柱无环量流动的复势。因为圆外只有直匀流 $f(z)=V_\infty z$,当半径为 R 的圆周处为固壁时,按式(2.125),圆外流场的复势应为

$$W(z)=f(z)+\bar{f}\left(\frac{R^2}{z}\right)=V_\infty z+V_\infty\frac{R^2}{z}=V_\infty\left(z+\frac{R^2}{z}\right)$$

例 2.9　已知在 $|z|=R$ 圆形壁以外 $z=z_0$ 处有一强度为 Γ 的点涡,如图 2.50 所示,试求圆形壁外无界流场的复势。

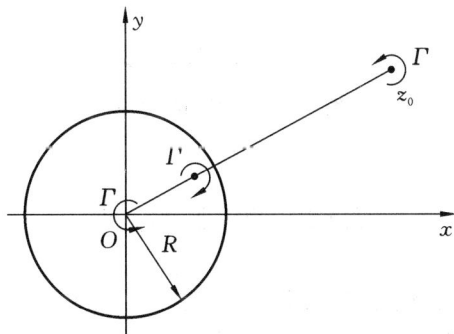

图 2.50　圆形壁外的点涡

解　圆外 $z=z_0$ 处点涡的复势为

$$f(z)=-\frac{i\Gamma}{2\pi}\ln(z-z_0)$$

所以
$$\bar{f}\left(\frac{R^2}{z}\right)=\frac{\mathrm{i}\Gamma}{2\pi}\ln\left(\frac{R^2}{z}-\bar{z}_0\right)$$

叠加后的复势为

$$W(z)=-\frac{\mathrm{i}\Gamma}{2\pi}\ln(z-z_0)+\frac{\mathrm{i}\Gamma}{2\pi}\ln\left(\frac{R^2}{z}-\bar{z}_0\right)$$

$$=-\frac{\mathrm{i}\Gamma}{2\pi}\ln(z-z_0)-\frac{\mathrm{i}\Gamma}{2\pi}\ln z+\frac{\mathrm{i}\Gamma}{2\pi}\ln\left(z-\frac{R^2}{\bar{z}_0}\right)$$

这表明,映像涡有两个,一个在原点处逆时针方向旋转,另一个在反演点($R^2/\bar{z}_0$)处顺时针方向旋转,环量大小均为Γ。

2.11.3　地面效应

飞机在起飞和降落过程中,当它离地面高度只有一两个翼展(两翼尖之间的距离)时,地面的存在对机翼的升力有显著的有利影响。最简单的飞机升力模型是用一个 Ⅱ 形涡代替机翼,如图 2.51 所示。两侧平行延伸到无限远处的涡线模拟翼梢拖出的自由涡,而中间那段涡线模拟机翼本身,称为附着涡。这个 Ⅱ 形涡的映像涡在地面以下的对称位置上,涡的旋转方向和原涡系相反。映像涡的两个自由涡在原涡系的附着涡处产生向上的诱导速度,使机翼的有效攻角增大,因而升力增大。离地面越近,这个影响越大。

利用地面效应提供升力的航行器称为地效飞行器或地效翼船,在贴近水面低空飞行时可获得升力增益。

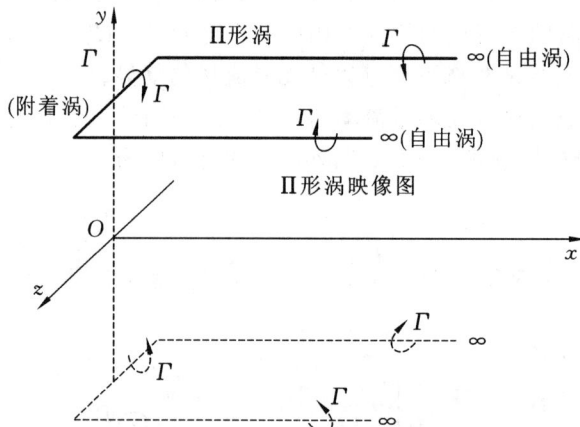

图 2.51　Ⅱ 形涡映像图

2.12　附加质量

下面讨论物体做非匀速直线运动的问题。在这个问题中,推动物体的力不仅要为增加物体的动能做功,还要为增加周围流体的动能做功。因此,质量为 m 的物体要获得加速度 $\boldsymbol{a}$,施加在它上面的力 $\boldsymbol{F}$ 要大于 $m\boldsymbol{a}$,写成等式

$$\boldsymbol{F}=(m+\lambda)\boldsymbol{a} \tag{2.126}$$

则称 λ 为该物体的附加质量。将式(2.126)改写成

$$\boldsymbol{F}-\lambda\boldsymbol{a}=m\boldsymbol{a}$$

式中：$-\lambda a$ 为周围流体对物体的反作用力，称为附加惯性力。此力方向和物体的加速度方向相反，因此，物体加速时，附加惯性力起阻力作用，物体减速时它起推力作用。

根据作用与反作用定律，物体加速运动时对流体的作用力就是 λa，或写成 $\lambda\,\mathrm{d}V/\mathrm{d}t$，其中，$\boldsymbol{V}=\boldsymbol{V}(t)$ 是物体的运动速度。在 $\mathrm{d}t$ 时间内，物体运动的距离是 $V\mathrm{d}t$，所做的功是 $(\lambda\,\mathrm{d}V/\mathrm{d}t)\times(V\mathrm{d}t)$。对于理想流体，这些功全部转化为流体的动能 $\mathrm{d}T$，因而

$$\mathrm{d}T=\left(\lambda\,\frac{\mathrm{d}V}{\mathrm{d}t}\right)\times(V\mathrm{d}t)=\lambda\,\mathrm{d}\left(\frac{V^2}{2}\right)$$

积分得

$$T=\frac{1}{2}\lambda V^2 \qquad\qquad (2.127)$$

式(2.127)表明，如果能够计算流体所获得的动能，也就得到了计算附加质量的公式。

下面计算流体的动能。先考虑一个半径足够大的空间域，球形界面记为 Σ，物体在此空间以速度 $V(t)$ 做变速直线运动，物面记作 S（见图 2.52）。物体加速运动，使流体微元 $\mathrm{d}\tau$ 获得的速度为 V，则空间 τ 中流体的动能就是

$$T=\int_\tau \frac{1}{2}\rho V^2\,\mathrm{d}\tau=\frac{\rho}{2}\int_\tau V^2\,\mathrm{d}\tau \qquad\qquad (2.128)$$

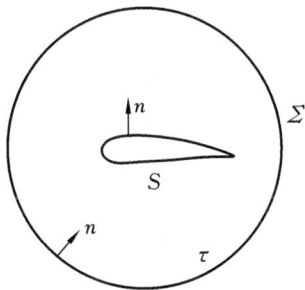

图 2.52　在空间域内做变速运动的物体

理想不可压缩流体在重力场中由静止启动，其运动是无旋的，所以存在速度势 Φ，因而有

$$V^2=(\boldsymbol{\nabla}\Phi)^2=\boldsymbol{\nabla}\cdot(\Phi\,\boldsymbol{\nabla}\Phi)-\Phi\,\boldsymbol{\nabla}^2\Phi=\boldsymbol{\nabla}\cdot(\Phi\,\boldsymbol{\nabla}\Phi)$$

即

$$V^2=\frac{\partial}{\partial x}\left(\Phi\,\frac{\partial\Phi}{\partial x}\right)+\frac{\partial}{\partial y}\left(\Phi\,\frac{\partial\Phi}{\partial y}\right)+\frac{\partial}{\partial z}\left(\Phi\,\frac{\partial\Phi}{\partial z}\right) \qquad (2.129)$$

将式(2.129)代入式(2.128)，应用高斯定理，有

$$\begin{aligned}
T&=\frac{\rho}{2}\int_\tau\left[\frac{\partial}{\partial x}\left(\Phi\,\frac{\partial\Phi}{\partial x}\right)+\frac{\partial}{\partial y}\left(\Phi\,\frac{\partial\Phi}{\partial y}\right)+\frac{\partial}{\partial z}\left(\Phi\,\frac{\partial\Phi}{\partial z}\right)\right]\mathrm{d}\tau\\
&=-\frac{\rho}{2}\int_{\Sigma+s}\left[\left(\Phi\,\frac{\partial\Phi}{\partial x}\right)\cos(n,x)+\left(\Phi\,\frac{\partial\Phi}{\partial y}\right)\cos(n,y)+\left(\Phi\,\frac{\partial\Phi}{\partial z}\right)\cos(n,z)\right]\mathrm{d}S\\
&=-\frac{\rho}{2}\int_{\Sigma+s}\Phi\,\frac{\partial\Phi}{\partial n}\,\mathrm{d}S \qquad\qquad (2.130)
\end{aligned}$$

式中：n 的方向均指向 τ 中的流体，因此，应用高斯定理时将出现负号。下面考虑 τ 的外部球形界面半径 $r\rightarrow\infty$ 时的情形，这时 Σ 上流体的运动速度趋于零，即 $\boldsymbol{\nabla}\Phi|_\Sigma$ 趋于 0，式(2.130)中 Σ 界面上的积分趋于零。这样一来，无界空间中流体的动能仅由物面的积分给出，即

$$T = -\frac{\rho}{2} \int_s \Phi \frac{\partial \Phi}{\partial n} \mathrm{d}S$$

令 　　　　　　　　　　　　$$\Phi = V(t) \Phi_0 \qquad\qquad (2.131)$$

则 　　　　　　　　$$T = -\frac{\rho V^2}{2} \int_s \Phi_0 \frac{\partial \Phi_0}{\partial n} \mathrm{d}S \qquad\qquad (2.132)$$

比较式(2.132)和式(2.127),得附加质量计算公式:

$$\lambda = -\rho \int_s \Phi_0 \frac{\partial \Phi_0}{\partial n} \mathrm{d}S \qquad\qquad (2.133)$$

式中:$\Phi_0 = \Phi/V(t)$为单位速度势。

2.12.1　速度势分解

速度势 Φ 是流体的绝对速度势,对应的速度是绝对速度 V(见式(2.129))。在 t 瞬时,将坐标固连于物体,通过绝对运动、相对运动和牵连运动之间的关系可以得到相应速度势之间的关系。如图 2.53 所示,在 t 瞬时任意一点 A 处,流体质点的相对速度为 v^*(与流线相切),$V(t)$是运动坐标系的运动速度——牵连速度,绝对速度 v 是两者的和,因此

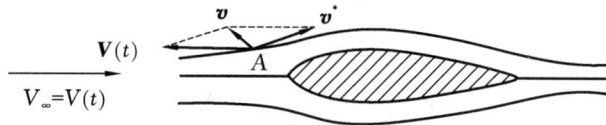

图 2.53　绕流运动的速度分解

$$v = V(t) + v^*$$

或 　　　　　　　$$\nabla \Phi = \nabla \Phi_e + \nabla \Phi^* = \nabla(\Phi_e + \Phi^*)$$

所以 　　　　　　　　　$$\Phi = \Phi_e + \Phi^*$$

式中:Φ_e 为牵连速度势;Φ^* 为相对速度势。相对运动流场的来流的速度势按直匀流公式为 $V(t)x$,牵连运动方向正好相反,所以牵连速度势可以写成

$$\Phi_e = -V(t)x$$

因而

$$\Phi_0 = -x + \Phi_0^* \qquad\qquad (2.134)$$

式中:$\Phi_0^* = \Phi^*/V(t)$为单位相对速度势。

从上面的关系中可以看出,单位绝对速度势与时间 t 无关,仅是空间位置的函数,这个函数关系取决于物体的形状和运动方向。由此可以推知,附加质量 λ 也具有同样的性质。

2.12.2　圆柱体的附加质量

无限长圆柱体沿垂直于本身轴线的方向在流体中做非匀速直线运动,求单位长度圆柱体的附加质量。设运动速度为 $V(t)$,参照式(2.95),圆柱绕流的相对速度势可写成

$$\Phi^* = V(t)\left(r + \frac{a^2}{r}\right)\cos\theta$$

式中:a 为圆柱半径。将上式代入式(2.134),得

$$\Phi_0 = -x + \left(r + \frac{a^2}{r}\right)\cos\theta = -r\cos\theta + \left(r + \frac{a^2}{r}\right)\cos\theta = \frac{a^2}{r}\cos\theta$$

$$\frac{\partial \Phi_0}{\partial n} = \frac{\partial \Phi_0}{\partial r} = -\frac{a^2}{r^2}\cos\theta$$

按式(2.133)计算附加质量：

$$\lambda = -\rho \int_S \left[\frac{a^2}{r}\cos\theta\left(-\frac{a^2}{r^2}\cos\theta\right)\right]_{r=a} \mathrm{d}S = -\rho \int_0^{2\pi} (-a\cos^2\theta) a\, \mathrm{d}\theta$$

结果是

$$\lambda = \rho \pi a^2$$

这表明,圆柱体做变速直线运动时,它的附加质量等于同体积的流体质量。

2.12.3　一般情况

物体的一般变速运动包括平移和旋转,三个平移运动速度分量分别为 V_x,V_y,V_z,三个旋转角速度分量分别是 $\omega_x,\omega_y,\omega_z$。于是,将式(2.131)推广到一般情况,有

$$\Phi = V_1\Phi_{01} + V_2\Phi_{02} + V_3\Phi_{03} + V_4\Phi_{04} + V_5\Phi_{05} + V_6\Phi_{06} = V_k\Phi_{0k} \qquad (2.135)$$

将式(2.135)代入式(2.132),得

$$T = -\frac{\rho}{2}\int_S (V_i\Phi_{0i})\left(V_j\frac{\partial \Phi_{0j}}{\partial n}\right)\mathrm{d}S = -\frac{\rho}{2}V_iV_j\int_S \Phi_{0i}\frac{\partial \Phi_{0j}}{\partial n}\mathrm{d}S$$

此式可以写成

$$T = \frac{1}{2}V_iV_j\lambda_{ij}$$

式中:λ_{ij} 为附加质量,其定义为

$$\lambda_{ij} = -\rho \int_S \Phi_{0i}\frac{\partial \Phi_{0j}}{\partial n}\mathrm{d}S$$

可以证明,$\lambda_{ij}=\lambda_{ji}$,因此,$\lambda_{ij}$ 只有 21 个是独立的,它们是:

(1) $\lambda_{11},\lambda_{22},\lambda_{33},\lambda_{12},\lambda_{23},\lambda_{31}$,其具有质量的量纲,由平动引起;

(2) $\lambda_{14},\lambda_{15},\lambda_{16},\lambda_{24},\lambda_{25},\lambda_{26},\lambda_{34},\lambda_{35},\lambda_{36}$,其具有质量矩的量纲,由平动和旋转共同产生;

(3) $\lambda_{44},\lambda_{55},\lambda_{66},\lambda_{45},\lambda_{56},\lambda_{64}$,其具有转动惯量的量纲,由旋转产生。

一旦求得附加质量,附加惯性力就可以根据动能定理来确定。例如,物体做 x 方向的变速平移运动,其速度为 V_1,流体的动能便是 $\frac{1}{2}\lambda_{11}V_1^2$。根据动能定理,在变速运动中,动能的变化率和流体的附加惯性力 F_1 的功率相等,即

$$F_1V_1 = \frac{\mathrm{d}}{\mathrm{d}t}\left(\frac{1}{2}\lambda_{11}V_1^2\right) = \lambda_{11}V_1\frac{\mathrm{d}V_1}{\mathrm{d}t}$$

因此

$$F_1 = \lambda_{11}\frac{\mathrm{d}V_1}{\mathrm{d}t}$$

其他附加惯性力(或力矩)均可按此方法类似求得。

习　　题

2.1　下列各个流场的速度分布为

(1) $V_x = c,V_y = V_z = 0,c$ 是常数;

(2) $V_x = -cy,V_y = cx,V_z = 0,c$ 是常数;

(3) $V_x = \dfrac{cx}{x^2+y^2}, V_y = \dfrac{cy}{x^2+y^2}, V_z = 0, c$ 是常数；

(4) $V_r = \dfrac{\cos\theta}{r^2}, V_\theta = \dfrac{\sin\theta}{r^2}, V_z = 0$。

试：(1)分析运动是有旋的还是无旋的。

(2)用求速度环量的办法检验(1)的结果。

2.2　速度场为

$$V_x = y+2z, \quad V_y = z+2x, \quad V_z = x+2y$$

(1) 求涡量及涡线；

(2) 求在 $x+y+z=1$ 平面上 $dS = 0.0001\ \text{m}^2$ 的面积上的涡管强度；

(3) 求在 $z=0$ 平面上 $dS = 0.0001\ \text{m}^2$ 的面积上的涡通量。

2.3　设不可压缩流体的速度场为 $V_x = ax+by, V_y = cx+dy, V_z = 0$，其中 a,b,c,d 为常数。在下列两种情况下求 a,b,c,d 必须满足的条件及这两种情况下流线的形状。

(1) 运动是可能存在的；

(2) 运动不仅是可能存在的，而且是无旋的。

2.4　如题图 2.4 所示，圆涡环的涡量为 Γ，涡环的半径为 a，求涡环对其环平面中心点的诱导速度。将此速度和涡环自诱导的整体运动速度（涡环沿中心轴线的移动速度）$V = \dfrac{\Gamma}{4\pi a}\left[\ln\dfrac{8a}{R} - \dfrac{1}{4}\right]$ 相比较，式中 R 为涡核半径，问哪一个速度大？判别的参数是什么？

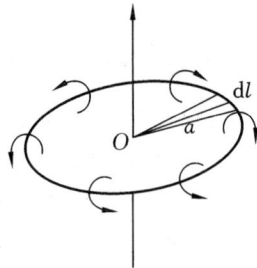

题图 2.4

2.5　初始时刻，在 $(1,0)$、$(0,1)$、$(-1,0)$ 和 $(0,-1)$ 四点上有相同环量 Γ 的同向点涡，如题图 2.5 所示，求其运动轨迹。

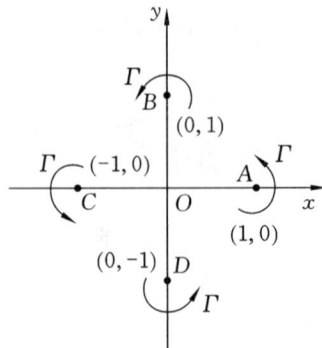

题图 2.5

2.6　已知流体通过漏斗时的旋转速度分布可表示为

$$\begin{cases} V_r = 0, & V_\theta = \dfrac{1}{2}\omega r, & V_z = 0, & 0 \leqslant r \leqslant a \\[2mm] V_r = 0, & V_\theta = \dfrac{1}{2}\omega \dfrac{a^2}{r}, & V_z = 0, & r \geqslant a \end{cases}$$

其中旋转角速度 ω 为常数,试求涡量,并说明在什么区域运动是有旋的,在什么区域运动是无旋的。

2.7　证明由速度场 $V_x = -ky$,$V_y = kx$,$V_z = \sqrt{c - 2k^2(x^2 + y^2)}$ 所确定的关系中,涡矢量与速度矢量的方向相同,并求出涡量与速度之间的关系。其中 k,c 为常数。

2.8　给定圆柱坐标系下的平面流动 $V_r = V_\infty \left(1 - \dfrac{a^2}{r^2}\right)\cos\theta$,$V_\theta = -V_\infty \left(1 + \dfrac{a^2}{r^2}\right)\sin\theta + \dfrac{k}{r}$,其中 a,k,V_∞ 均为常数,试求包含 $r = a$ 的任一封闭曲线的速度环量。

2.9　如题图 2.9 所示,不可压缩无界流场中有一对等强度 Γ 的线涡,方向相反,分别放在 $(0,h)$ 和 $(0,-h)$ 点上,无限远处有一股来流,速度为 V_∞,恰好使这两个涡线停止不动,求流线方程。

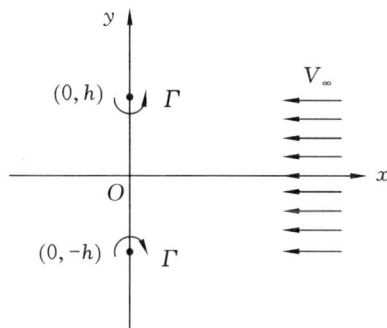

题图 2.9

2.10　已知下列两个速度分布 $V_x = \dfrac{cx}{x^2 + y^2}$,$V_y = \dfrac{cy}{x^2 + y^2}$ 和 $V_x = \dfrac{-cy}{x^2 + y^2}$,$V_y = \dfrac{cx}{x^2 + y^2}$,其中 c 为常数。

(1)求速度势 Φ、流函数 Ψ 和复势 $W(z)$,并画出等势线和流线;

(2)围绕坐标原点作一封闭曲线,求沿此封闭曲线的环量 Γ 及通过此封闭曲线的流量 Q;

(3)比较由两个速度场所得的结果。

2.11　不可压缩、定常、二维流动的流函数是 $\Psi = x^2 + y^2$,这一流动有速度势吗? 为什么?

2.12　已知下列速度势函数,求相应的流函数。

(1) $\Phi = xy$;

(2) $\Phi = x^3 - 3xy^2$;

(3) $\Phi = x/(x^2 + y^2)$;

(4) $\Phi = (x^2 - y^2)/(x^2 + y^2)^2$。

2.13　证明速度分量 $\begin{cases} V_x = U\left[1 - \dfrac{ay}{x^2+y^2} + \dfrac{b^2(x^2-y^2)}{(x^2+y^2)^2}\right] \\ V_y = U\left[\dfrac{ax}{x^2+y^2} + \dfrac{2b^2xy}{(x^2+y^2)^2}\right] \end{cases}$ 可能代表一个流体运动的速度

分布,且是无旋的。求其复势,并说明流体运动由哪几种基本流动合成? 常数 U, a, b 代表的物理意义是什么?

2.14　设复势为 $W(z) = (1+i)\ln(z^2+1) + (2-3i)\ln(z^2+4) + \dfrac{1}{z}$,试分析对应运动由哪些基本流动组成。并求沿圆周 $x^2+y^2=9$ 的速度环量 Γ 及通过该圆周的流体体积流量 Q。

2.15　设复势为 $W(z) = m\ln\left(z - \dfrac{1}{z}\right)$,试分析对应流动由哪些基本流动组成。求流线及单位时间通过 $z=i$ 和 $z=1/2$ 两点连线的流体体积。

2.16　在 $(a,0)$,$(-a,0)$ 处放置等强度点源,在 $(0,a)$,$(0,-a)$ 处放置与点源等强度的点汇,证明通过这四点的圆周是一条流线。

2.17　在 $(a,0)$,$(-a,0)$ 放置等强度的点源,证明在圆周 $x^2+y^2=a^2$ 上的任意一点的速度方向都平行于 y 轴,并证明此速度大小与 y 成反比。求 y 轴上速度达到最大值的点,并证明 y 轴是一条流线。

2.18　设 Ox 轴,Oy 轴为直角固壁,在 $z=1+i$ 处有一强度为 $2\pi m$ 的点源,而在 $z=0$ 处有一等强度的点汇。求流体运动的复势及流线方程,并求 $z=1$ 点处的速度值。

2.19　直角固壁同题 2.18,在 $z=1+i$ 处放置一环量为 Γ 的点涡,求复势及流线方程。

2.20　三个环量各为 Γ 的同向点涡,两两相距 $\sqrt{3}b/(2\pi)$,b 为实数。证明它们沿着同一个圆周运动,并且绕行一圈需要的时间为 $b^2/|\Gamma|$。

2.21　n 个等距离分配在半径为 R 的圆周上的点涡,它们的强度均为 Γ,方向相同。求复势和复速度;并证明各个点涡以 $\omega = \dfrac{\Gamma(n-1)}{4\pi R^2}$ 的角速度沿圆周转动。

2.22　设一圆柱半径为 a,在距圆柱中心 $f(f>a)$ 处分别放置:①强度为 $2\pi Q$ 的点源;②强度为 $2\pi m$ 的偶极子;③强度为 $2\pi\Gamma$ 的点涡。分别计算以上各种情况下圆柱所受的合力。设流体密度为 ρ。

2.23　一密度等于水密度 2 倍的圆柱,在水中自由下落,其初始时刻加速度多少?

第3章　波　浪　理　论

3.1　波浪控制方程

波浪的主要特征参数是波高 H、波长 L 和周期 T，如图 3.1 所示。波高是波峰与相邻波谷之间的垂直距离。波长是相邻两波峰(或两波谷)之间的水平距离。此外，还可以定义波幅 A，它是波峰到静水面的垂直距离，在规则波中波高等于波幅的两倍，即 $H = 2A$。

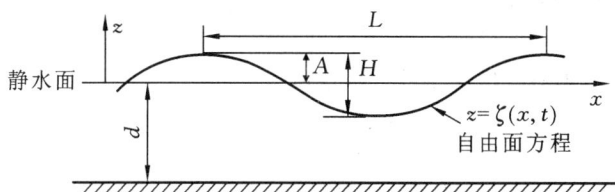

图 3.1　波浪特征示意图

波剖面的特性可以用波高、波长和静水面深度 d 所组成的无量纲参数表示，常用的三个参数是：波陡 H/L、相对波高 H/d 和相对水深 d/L。

下面先建立波浪运动的基本方程，给出边界条件，然后用小振幅波理论假设将边界条件线性化。为简明起见，这里只讨论平面问题。

3.1.1　基本方程

波浪运动是理想不可压缩流体的无旋运动，因此，存在速度势 $\Phi(x, z, t)$，它满足拉普拉斯方程：

$$\frac{\partial^2 \Phi}{\partial x^2} + \frac{\partial^2 \Phi}{\partial z^2} = 0 \quad (-d \leqslant z \leqslant \zeta, -\infty < x < \infty) \tag{3.1}$$

式中：d 为水面深度；ζ 为自由面高度。

利用 Φ 确定速度，再用柯西-拉格朗日积分就可以得到压力分布，即

$$\frac{V^2}{2} + \frac{p}{\rho} + gz + \frac{\partial \Phi}{\partial t} = C(t) \tag{3.2}$$

若令

$$\varphi = \Phi + \frac{p_a}{\rho}t - \int_0^t C(\tau)\mathrm{d}\tau \tag{3.3}$$

则式(3.2)可以写成

$$\frac{V^2}{2} + \frac{p - p_a}{\rho} + gz + \frac{\partial \varphi}{\partial t} = 0 \tag{3.4}$$

式中：p_a 为自由面上的大气压力。速度的平方 V^2 可用速度势表达，即

$$V^2 = \left(\frac{\partial \varphi}{\partial x}\right)^2 + \left(\frac{\partial \varphi}{\partial z}\right)^2 \tag{3.5}$$

速度势满足拉普拉斯方程,即

$$\frac{\partial^2 \varphi}{\partial x^2}+\frac{\partial^2 \varphi}{\partial z^2}=0 \tag{3.6}$$

拉普拉斯方程式(3.6)和柯西-拉格朗日积分式组成波浪运动的基本方程组。

3.1.2 边界条件

波浪运动要满足如下三个边界条件。

1. 底部不可穿透边界条件

底部不可穿透边界条件可表述为:底部法向分速度等于零,即

$$\left.\frac{\partial \varphi}{\partial n}\right|_{z=-d}=0$$

2. 自由面上动力学边界条件

自由面上动力学边界条件是:在自由面上液体的压力等于大气压力,换言之,自由面上液体的相对压力为零。将此条件应用于式(3.4),得

$$\zeta=-\frac{1}{g}\left(\frac{V^2}{2}+\frac{\partial \varphi}{\partial t}\right)_{z=\zeta} \tag{3.7}$$

式(3.7)为自由面上动力学边界条件表达式。

3. 自由面上运动学边界条件

自由面上运动学边界条件是:自由面上的液体质点永远在自由面上。可以用拉格朗日法推导这个条件的表达式。设自由面方程为

$$F(x,z,t)=0 \tag{3.8}$$

自由面上某质点 P 的坐标为

$$\begin{cases} x=f(a,b,t) \\ z=h(a,b,t) \end{cases} \tag{3.9}$$

式中:a,b 为 $t=0$ 时该质点的坐标。

根据运动学条件,点 P 的坐标应永远满足自由面方程,于是,

$$F[f(a,b,t),h(a,b,t),t]\equiv 0 \tag{3.10}$$

式中:a,b 为常量。因此,有

$$\frac{\mathrm{d}F}{\mathrm{d}t}=0$$

即

$$\frac{\partial F}{\partial t}+\frac{\partial F}{\partial x}\frac{\mathrm{d}x}{\mathrm{d}t}+\frac{\partial F}{\partial z}\frac{\mathrm{d}z}{\mathrm{d}t}=0 \tag{3.11}$$

因为 $F(x,z,t)=\zeta(x,t)-z$,代入式(3.11),得

$$\frac{\partial \zeta}{\partial t}+\frac{\partial \zeta}{\partial x}\frac{\mathrm{d}x}{\mathrm{d}t}-\frac{\mathrm{d}z}{\mathrm{d}t}=0 \tag{3.12}$$

式中:$\mathrm{d}z/\mathrm{d}t$ 为质点 P 的 z 方向分速度,即

$$\frac{\mathrm{d}z}{\mathrm{d}t}=\left.\frac{\partial \varphi}{\partial z}\right|_{z=\zeta}$$

$\mathrm{d}x/\mathrm{d}t$ 为质点 P 的 x 方向分速度,即

$$\frac{\mathrm{d}x}{\mathrm{d}t}=\left.\frac{\partial \varphi}{\partial x}\right|_{z=\zeta}$$

因此,式(3.12)可以写成

$$\frac{\partial \varphi}{\partial z}\Big|_{z=\zeta} = \frac{\partial \zeta}{\partial t} + \frac{\partial \varphi}{\partial x}\Big|_{z=\zeta}\frac{\partial \zeta}{\partial x} \tag{3.13}$$

式(3.13)就是自由面上运动学边界条件。可以看出,自由面上质点的垂直分速度由两部分组成:$\partial \zeta/\partial t$ 是质点随着自由面升降的速度;最后一项则是质点在自由面上移动产生的垂直分速度。

3.2 线性微幅波

自由面上的边界条件是非线性的,而且还要求在未知的边界 $z=\zeta(x,t)$ 上成立,这就使得其求解十分困难。为了避开这些问题,现假定:

(1) 波动是小振幅的,即 $H/L \leqslant 1$;

(2) 流体质点的运动缓慢,即 V^2 趋于 0;

(3) 水深 d 为常数。

根据假设(1),将 $z=\zeta$ 的条件改为 $z=0$,这样就避免了在未知的边界上满足边界条件的困难。在这个假设下,还可以推知,忽略非线性项,有

$$\frac{\partial \varphi}{\partial z}\Big|_{z=0} = \frac{\partial \zeta}{\partial t} \tag{3.14}$$

根据假设(1)和(2),自由面上动力学边界条件可简化为

$$\zeta = -\frac{1}{g}\frac{\partial \varphi}{\partial t}\Big|_{z=0} \tag{3.15}$$

将式(3.14)和式(3.15)综合在一起可以写成

$$\frac{\partial^2 \varphi}{\partial t^2}\Big|_{z=0} + g\frac{\partial \varphi}{\partial z}\Big|_{z=0} = 0 \tag{3.16}$$

根据假设(3),底部不可穿透边界条件可写成

$$\frac{\partial \varphi}{\partial z}\Big|_{z=-d} = 0 \tag{3.17}$$

为求解二维拉普拉斯方程式(3.6),进行变量分离,令 $\varphi(x,z,t)=X(x)Z(z)T(t)$ 且 $T(t)\neq 0$,得到

$$\frac{\mathrm{d}^2 X/\mathrm{d}x^2}{X(x)} = -\frac{\mathrm{d}^2 Z/\mathrm{d}z^2}{Z(z)} \tag{3.18}$$

式(3.18)等号左边只依赖于 x,等号右边只依赖于 z,意味着两边都必须等于一个常数。经分析,这个常数必须是负的且等于 $-k^2$,这样可得到沿着 x 方向传播的波形。因此,存在以下两个方程:

$$\frac{\mathrm{d}^2 X/\mathrm{d}x^2}{X(x)} = -k^2 \quad \Rightarrow \quad \frac{\mathrm{d}^2 X}{\mathrm{d}x^2} + k^2 X(x) = 0 \tag{3.19}$$

$$-\frac{\mathrm{d}^2 Z/\mathrm{d}z^2}{Z(x)} = -k^2 \quad \Rightarrow \quad \frac{\mathrm{d}^2 Z}{\mathrm{d}z^2} - k^2 Z(x) = 0 \tag{3.20}$$

式(3.19)和式(3.20)的解为

$$X(x) = A\sin kx + B\cos kx \tag{3.21}$$

$$Z(z) = C\mathrm{e}^{kz} + D\mathrm{e}^{-kz} \tag{3.22}$$

常数 A，B，C，D 与边界条件有关。由此得到势函数表达式：

$$\varphi(x,z,t)=X(t)Z(z)T(t)=(A\sin kx+B\cos kx)(Ce^{kz}+De^{-kz})T(t) \quad (3.23)$$

为获得沿 x 方向传播的波形，ζ 必须包含 $\sin(\omega t-kx)$ 和 $\cos(\omega t-kx)$ 的项。考虑到自由面上动力学边界条件式(3.15)，φ 应该也包含这些项。假设 T 是一个包含正弦函数和余弦函数的调和函数，即

$$T(t)=E\sin\omega t+F\cos\omega t \quad (3.24)$$

得到势函数为

$$\varphi(x,z,t)=[A_1\sin(\omega t-kx)+B_1\cos(\omega t-kx)](Ce^{kz}+De^{-kz}) \quad (3.25)$$

代入式(3.15)，得到

$$\zeta=-\frac{1}{g}\frac{\partial\varphi}{\partial t}\bigg|_{z=0}=-\frac{1}{g}[A_1\omega\cos(\omega t-kx)-B_1\omega\sin(\omega t-kx)](Ce^0+De^0) \quad (3.26)$$

考虑到自由面上取 $\zeta=a_0\sin(\omega t-kx)$，则 $A_1=0$ 且 $a_0=B_1\omega(C+D)/g$。因此，势函数为

$$\varphi(x,z,t)=B_1\cos(\omega t-kx)(Ce^{kz}+De^{-kz}) \quad (3.27)$$

代入底部不可穿透边界条件式(3.17)得

$$C=De^{2kd} \quad (3.28)$$

因此

$$\varphi(x,z,t)=B_1\cos(\omega t-kx)(De^{2kd}e^{kz}+De^{-kz})=2B_1De^{kd}\cos(\omega t-kx)\cosh(k(z+d)) \quad (3.29)$$

再次代入式(3.15)，得

$$\zeta=-\frac{1}{g}\frac{\partial\varphi}{\partial t}\bigg|_{z=0}=\frac{2B_1D\omega e^{kd}}{g}\cosh(kd)\sin(\omega t-kx) \quad (3.30)$$

因为 $\zeta=a_0\sin(\omega t-kx)$，得

$$2B_1De^{kd}=\frac{a_0g}{\omega}\frac{1}{\cosh(kd)} \quad (3.31)$$

将式(3.31)代入式(3.29)，得到速度势：

$$\varphi(x,z,t)=\frac{a_0g}{\omega}\frac{\cosh(k(z+d))}{\cosh(kd)}\cos(\omega t-kx) \quad (3.32)$$

当水深 $d\to\infty$ 时，速度势为

$$\varphi(x,z,t)=\frac{a_0g}{\omega}e^{kz}\cos(\omega t-kx) \quad (3.33)$$

浅水下的速度势则为

$$\varphi(x,z,t)=\frac{a_0g}{\omega}\cos(\omega t-kx)\quad(e^{kz}\approx1) \quad (3.34)$$

3.3　微幅波性质

3.3.1　色散关系

3.2 节利用拉普拉斯方程和边界条件求出了速度势和自由面表达式，将其代入式(3.16)得到恒等式：

$$-a_0 g\omega \frac{\cosh(kd)}{\cosh(kd)}\cos(\omega t-kx)+g\frac{a_0 g}{\omega}k\left.\frac{\sinh(k(z+d))}{\cosh(kd)}\right|_{z=0}\cos(\omega t-kx)=0 \quad (3.35)$$

所以
$$\frac{\omega^2}{gk}=\tanh(kd) \quad (3.36)$$

式(3.36)即为色散关系(dispersion relation)。

依据水深 d 与波长 L 之比,定义如下水深类别。

深水:
$$\frac{d}{L}\geqslant\frac{1}{2} \quad (3.37)$$

有限水深:
$$\frac{1}{20}<\frac{d}{L}<\frac{1}{2} \quad (3.38)$$

浅水:
$$\frac{d}{L}\leqslant\frac{1}{20} \quad (3.39)$$

对于深水,$kd\gg1$,$\tanh(kd)\sim1$,因此深水下色散关系可简化为
$$\omega^2=gk \quad (3.40)$$

对于浅水,$kd\leqslant1$,$\tanh(kd)\approx\sinh(kd)\approx kd$,因此浅水区色散关系可简化为
$$\omega^2=gdk^2 \quad (3.41)$$

3.3.2　流体质点运动

首先考虑流体质点的运动速度。以深水下小振幅波为例,由式(3.33)可以得到
$$\begin{cases}V_x=\dfrac{\partial\varphi}{\partial x}=a_0\omega e^{kz}\sin(\omega t-kx)\\ V_z=\dfrac{\partial\varphi}{\partial z}=a_0\omega e^{kz}\cos(\omega t-kx)\end{cases} \quad (3.42)$$

流体质点的运动速度为
$$V=\sqrt{V_x^2+V_z^2}=a_0\omega e^{kz} \quad (3.43)$$

波面上质点速度最大,随着水深的增加,质点运动速度变小。将水下一个波长深度位置的质点速度 $V_{z=-L}$ 和波面上质点速度 $V_{z=0}$ 进行比较,其比值为
$$\frac{V_{z=-L}}{V_{z=0}}=e^{-kL}=e^{-2\pi}=\frac{1}{535}$$

这表明,超过一个波长的深度后,流体几乎不受表面波动的影响,这就是小振幅波的表面运动性质。将波面上质点的速度和波动相速度进行比较,有
$$\frac{V_{z=0}}{C}=\frac{a_0\omega}{\omega/k}=a_0 k=a_0\frac{2\pi}{L}=\pi\frac{H}{L}\ll1$$

可见,流体质点的运动速度远比波速小。

接着考虑深水下行波中质点的运动轨迹。轨迹的微分方程为
$$\begin{cases}\dfrac{dx}{dt}=V_x=a_0\omega e^{kz}\sin(\omega t-kx)\\ \dfrac{dz}{dt}=V_z=a_0\omega e^{kz}\cos(\omega t-kx)\end{cases} \quad (3.44)$$

这个方程的积分不能用初等函数表示。对于小振幅波,流体质点将只在原来的静止平衡位置 (x_0,z_0) 附近振动,令式(3.44)右边的 $x=x_0,z=z_0$ 为常数,可以得到轨迹方程的近似积分

$$\begin{cases} x - x_0 = -a_0 e^{kz} \cos(\omega t - kx) \\ z - z_0 = a_0 e^{kz} \sin(\omega t - kx) \end{cases} \tag{3.45a}$$

或

$$(x - x_0)^2 + (z - z_0)^2 = (a_0 e^{kz_0})^2 \tag{3.45b}$$

这是一个圆方程。它表明,在无限水深情况下,波动中的流体质点均围绕其静平衡位置做近似于圆的运动,轨迹圆的半径为 $a_0 e^{kz_0}$,质点的圆周速度为 $a_0 \omega e^{kz_0}$(见式(3.43))。在波峰处质点运动方向与波传播方向相同,在波谷处则相反(见图3.2),在水下 $z = z_0$ 处的流体质点也在波动过程中围绕其平衡位置做近似于圆的运动,它们形成的波面称为次波面,其波幅为 $a_0 e^{kz_0}$,波形方程可以写成

$$\zeta^* = a_0 e^{kz_0} \sin(\omega t - kx) \tag{3.46}$$

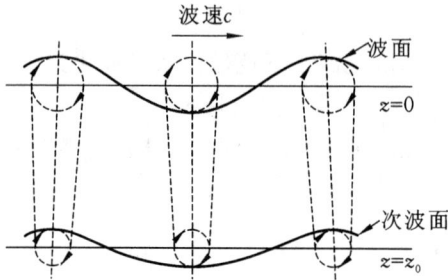

图 3.2 无限水深的波面和质点轨迹圆

需要指出的是,以上结果是在近似假定的基础上得到的,它可以定性地说明波动过程中流体质点运动的特征,如果严格追究,就可能会出现矛盾。例如,我们说,波动过程中质点以不变的速度 $a_0 \omega e^{kz_0}$ 围绕平衡位置做圆周运动,果真如此的话,波形就应该是摆线,但实际波面上的流体质点做圆周运动,显然是一种近似结果。

最后考虑有限水深下行波中质点的运动轨迹。用式(3.32)的速度势求出速度分量后,可以写出如下轨迹微分方程:

$$\begin{cases} \dfrac{dx}{dt} = V_x = a_0 \omega \dfrac{\cosh(k(z+d))}{\sinh(kd)} \sin(\omega t - kx) \\ \dfrac{dz}{dt} = V_z = a_0 \omega \dfrac{\sinh(k(z+d))}{\sinh(kd)} \cos(\omega t - kx) \end{cases} \tag{3.47}$$

和深水下一样,可以得到式(3.47)的近似积分:

$$\frac{(x - x_0)^2}{\alpha^2} + \frac{(z - z_0)^2}{\beta^2} = 1 \tag{3.48}$$

式中:

$$\alpha = a_0 \frac{\cosh(k(z_0+d))}{\sinh(kd)}, \quad \beta = a_0 \frac{\sinh(k(z_0+d))}{\sinh(kd)} \tag{3.49}$$

上述结果表明,波动中的质点轨迹是一个椭圆。椭圆的中心在原来的静平衡位置 (x_0, z_0)。因为 z_0 在水下,应是负值,所以随 z_0 的减小,椭圆的长、短半轴都将缩短,这个变化范围是

$$\begin{cases} \alpha = a_0 \coth(kd) \to a_0 / \sinh(kd) \\ \beta = a_0 \to 0 \end{cases} \tag{3.50}$$

椭圆轨迹及其随深度的变化示意如图3.3所示。

在浅水范围 $d/L \leqslant 1/20$,当 z_0 趋于 $(-d)$ 时,$\cosh(k(z_0+d)) \approx 1$,$\sinh(k(z_0+d)) \to$

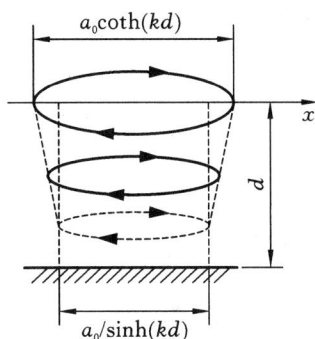

图 3.3　有限水深下质点轨迹

$k(z_0+d)$,于是

$$\begin{cases} \alpha = \dfrac{a_0}{kd} \\[2mm] \beta = \dfrac{a_0(z_0+d)}{d} \end{cases} \tag{3.51}$$

椭圆的长轴不变,短轴从 a_0 变到零。质点的轨迹曲线示意如图 3.4 所示。

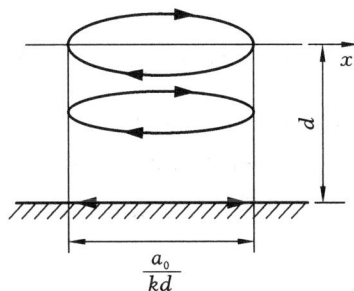

图 3.4　浅水下质点轨迹

3.3.3　压力分布

将柯西-拉格朗日积分式(3.4)线性化,得

$$p = p_a - \rho g z - \rho \frac{\partial \varphi}{\partial t} \tag{3.52}$$

其中等号右边第一项为大气压力,第二项为静水压力,第三项则为波动压力。将式(3.32)代入式(3.52),得具体表达式

$$p = p_a - \rho g\left(z - a_0 \frac{\cosh(k(z+d))}{\cosh(kd)}\sin(\omega t - kx)\right) \tag{3.53}$$

波动压力在波峰下达到最大值,在波谷达到最小值,在静水面处等于零。

3.4　波群与波能

3.4.1　波群与群速度

以上讨论了单个简谐函数所代表的波。实际存在的波可能是两个或多个简谐波叠加的结果。两个振幅相同而波长和周期略有不同的波叠加在一起具有特殊意义,这时将形成波群。设 ζ_1 和 ζ_2 为两个简谐波,则

$$\zeta_1=a\sin(k_1x-\omega_1t),\quad \zeta_2=a\sin(k_2x-\omega_2t)$$

式中:$k_1\approx k_2$,$\omega_1\approx\omega_2$。

将这两个波叠加在一起得

$$\zeta=\zeta_1+\zeta_2=2a\cos\left(\frac{k_1-k_2}{2}x-\frac{\omega_1-\omega_2}{2}t\right)\sin\left(\frac{k_1+k_2}{2}x-\frac{\omega_1+\omega_2}{2}t\right) \tag{3.54}$$

由于 $k_1\approx k_2$,$\omega_1\approx\omega_2$,因此式(3.54)可近似写为

$$\zeta=2a\cos\left(\frac{k_1-k_2}{2}x-\frac{\omega_1-\omega_2}{2}t\right)\sin(k_1x-\omega_1t) \tag{3.55}$$

由式(3.55)可见,合成波的表达式由两部分组成,其中正弦波 $\sin(k_1x-\omega_1t)$ 负责调制合成波列的波长与周期,合成波列的波长为 $\frac{2\pi}{k_1}$,周期为 $\frac{2\pi}{\omega_1}$,波速(相速度)为 $C=\frac{\omega_1}{k_1}$;余弦波 $2a\cos\left(\frac{k_1-k_2}{2}x-\frac{\omega_1-\omega_2}{2}t\right)$ 负责调制合成波列的波幅,它的波长为 $\frac{4\pi}{k_1-k_2}$,周期 $\frac{4\pi}{\omega_1-\omega_2}$,传播速度为 $C_g=\frac{\omega_1-\omega_2}{k_1-k_2}=\frac{d\omega}{dk}$。由于 $k_1\approx k_2$,$\omega_1\approx\omega_2$,因此振幅调制波具有比合成波列大得多的波长和周期,而且振幅调制波的传播速度 $\frac{d\omega}{dk}$ 与合成波列的传播速度 $\frac{\omega_1}{k_1}$ 是不相同的。如图 3.5 所示,从总体来看,振幅调制波将合成波列分成振幅由小到大又由大到小的一群一群的波。因此将合成波列称为波群(wave group),而振幅调制波的传播速度正好是这一群一群的波的前进速度,所以称为群速度,这样合成波列便有了两个速度:相速度 C 和群速度 C_g。

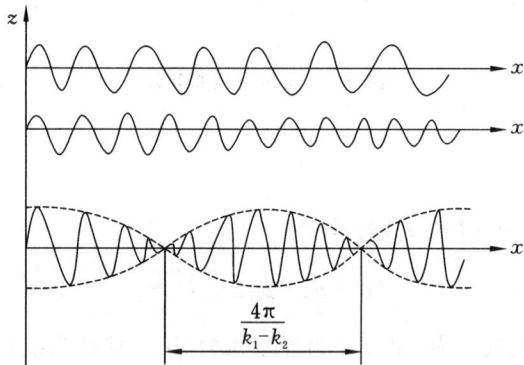

图 3.5　波群

图 3.5 展示了合成波列的运动情景:合成波列以相对速度($C-C_g$)进入振幅调制波的节点,在振幅调制波中两个节点之间的一段(像车厢一样)继续前进,振幅从零逐渐增大到 $2a$,又逐渐减小到零,并穿过下一个节点进入下一个"车厢"。与此同时,"车厢"也以 C_g 的速度前进。从能量的观点来看,波的能量总是和波的振幅相关,因此振幅调制波的传播速度即群速度 C_g 将等于波能的传播速度。

根据群速度定义,有

$$C_g=\frac{d\omega}{dk}=\frac{d}{dk}(kC)=C+k\frac{dC}{dk} \tag{3.56}$$

由式(3.36),有

$$C^2 = \frac{\omega^2}{k^2} = \frac{g}{k}\tanh(kd)$$

两边对 k 求导数,得

$$2C\frac{\mathrm{d}C}{\mathrm{d}k} = \frac{gd}{k\cosh^2(kd)} - \frac{g}{k^2}\tanh(kd) = \frac{gd}{k\cosh^2(kd)} - \frac{C^2}{k}$$

所以

$$\frac{\mathrm{d}C}{\mathrm{d}k} = \frac{1}{2Ck}\frac{gd}{\cosh^2(kd)} - \frac{C}{2k}$$

将此结果代入式(3.56),得

$$C_g = C + \frac{1}{2C}\frac{gd}{\cosh^2(kd)} - \frac{C}{2} = \frac{C}{2}\left(1 + \frac{1}{C^2}\frac{gd}{\cosh^2(kd)}\right)$$

利用式(3.36)以及 $\sinh 2x = 2\sinh x\cosh x$ 可将上式简化成

$$C_g = \frac{C}{2}\left(1 + \frac{2kd}{\sinh(2kd)}\right) \quad \left(\frac{1}{20} < \frac{d}{L} < \frac{1}{2}\right) \tag{3.57}$$

式(3.57)适用于有限水深的情况。对于深水波和浅水波,公式还可简化。

对于深水波 $\left(\dfrac{d}{L} \geqslant \dfrac{1}{2}\right)$,因 $\dfrac{2kd}{\sinh(2kd)} \to 0$,式(3.57)将简化为

$$C_g = \frac{C}{2} \tag{3.58}$$

式(3.58)表明,在深水中群速度为单列波前进速度的一半。

对于浅水波 $\left(\dfrac{d}{L} \leqslant \dfrac{1}{20}\right)$,因 $\dfrac{2kd}{\sinh(2kd)} \to 1$,式(3.57)则简化为

$$C_g = C = \sqrt{gd} \tag{3.59}$$

即在浅水波中,群速度与单列水波的前进速度相等。

3.4.2　波能的传递

水波是流体中动能与势能之间保持平衡的一种结果,而总能量包括动能与势能。

一个波长内水波的势能为

$$\begin{aligned}
\Pi &= \int_0^L \mathrm{d}m \cdot g \cdot d = \int_0^L \rho\zeta\,\mathrm{d}x\, g\,\frac{\zeta}{2} = \frac{1}{2}\rho g\int_0^L \zeta^2\,\mathrm{d}x \\
&= \frac{1}{2}\rho g a_0^2\int_0^L \sin^2(\omega t - kx)\,\mathrm{d}x = \frac{1}{4}\rho g a_0^2 L
\end{aligned} \tag{3.60}$$

一个波长内水波的动能为

$$T = \frac{1}{2}\rho\int_0^L\int_{-k}^{\zeta}(V_x^2 + V_z^2)\,\mathrm{d}z\,\mathrm{d}x = \frac{1}{2}\rho\int_0^L\int_{-k}^{\zeta}\left[\left(\frac{\partial\varphi}{\partial x}\right)^2 + \left(\frac{\partial\varphi}{\partial z}\right)^2\right]\mathrm{d}z\,\mathrm{d}x \tag{3.61}$$

利用格林(Green)公式将这一面积分(实际上为体积分,考虑波峰方向单位宽度内的波能)转变成线积分:

$$T = \frac{1}{2}\rho\int_S \varphi\,\frac{\partial\varphi}{\partial n}\,\mathrm{d}S \tag{3.62}$$

式中:S 是在一个波长内由自由表面、底面及两侧面组成的封闭边界线,n 表示边界的外法线。

如图 3.6 所示,由于在左、右两垂直的侧面上被积函数相同而积分路线相反,因此积分互

相抵消。在底部有 $\dfrac{\partial \varphi}{\partial n} = \dfrac{\partial \varphi}{\partial z} = 0$，故式(3.62)中，只有沿自由表面的积分保留下来。此外，因为水波是微振幅波，被积函数 $\varphi\,\dfrac{\partial \varphi}{\partial n}$ 在 $z = \zeta$ 上的取值可近似为 $\varphi\,\dfrac{\partial \varphi}{\partial z}$ 在 $z = 0$ 上的取值，因此

$$T = \frac{1}{2}\rho \int_0^L \left(\varphi\,\frac{\partial \varphi}{\partial z} \right)_{z=0} \mathrm{d}x \tag{3.63}$$

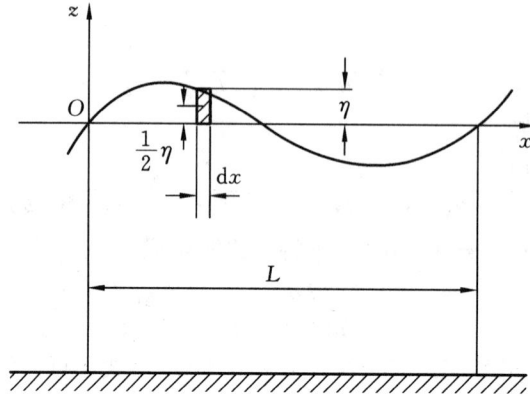

图 3.6　一个波长内水波能量

由式(3.32)，得

$$\varphi\,\bigg|_{z=0} = \frac{a_0 g}{\omega}\cos(\omega t - kx) \tag{3.64}$$

$$\frac{\partial \varphi}{\partial z}\,\bigg|_{t=0} = \frac{a_0 g k}{\omega}\tanh(kd)\cos(\omega t - kx) = a_0 \omega \cos(\omega t - kx) \tag{3.65}$$

式(3.65)化简时用到了 $\omega^2 = gk\tanh(kd)$。

将式(3.64)和式(3.65)代入式(3.63)得

$$
\begin{aligned}
T &= \frac{\rho}{2}\int_0^L \left(\varphi\,\frac{\partial \varphi}{\partial z} \right)_{z=0} \mathrm{d}x = \frac{\rho}{2}\int_0^L a_0^2 g \cos^2(\omega t - kx)\,\mathrm{d}x \\
&= \frac{\rho}{2}\int_0^L a_0^2 g\,\frac{1}{2}\left[1 + \cos 2(\omega t - kx)\right]\mathrm{d}x \\
&= \frac{1}{4}\rho g a_0^2 \left[x - \frac{L}{4\pi}\sin 2(\omega t - kx) \right]_0^L \\
&= \frac{1}{4}\rho g a_0^2 L
\end{aligned}
\tag{3.66}
$$

比较式(3.60)和式(3.66)可以看出，对于行进波，动能和势能相等。一个波长的波的总能量为

$$E = \varPi + T = \frac{1}{2}\rho g a_0^2 L \tag{3.67}$$

它与波幅的平方成正比，而与水深无关。

单位长度波的总能量为

$$E_0 = \frac{E}{L} = \frac{1}{2}\rho g a_0^2$$

下面证明波能的传播速度就是群速度。假设水波穿过 z 轴自左向右传播，则在一个周期

时间内,通过 z 轴传播的能量等于压力对 z 轴所做的功,即

$$W = \int_{-d}^{0} \mathrm{d}z \int_{0}^{T} p V_x \, \mathrm{d}t \tag{3.68}$$

由式(3.32),得

$$\varphi = \frac{a_0 g}{\omega} \frac{\cosh(k(z+d))}{\cosh(kd)} \cos(\omega t - kx)$$

$$V_x = \frac{\partial \varphi}{\partial x} = \frac{k a_0 g}{\omega} \frac{\cosh(k(z+d))}{\cosh(kd)} \sin(\omega t - kx) \tag{3.69}$$

由式(3.52)得相对压力为

$$p = -\rho g z - \rho \frac{\partial \varphi}{\partial t}$$

对于某一确定的深度($z = \mathrm{const}$),此压力包括常数部分($-\rho g z$)和随时间变动的部分 $\left(-\rho \frac{\partial \varphi}{\partial t}\right)$。计算传播的能量时,只需考虑 $-\rho \frac{\partial \varphi}{\partial t}$ 这一部分。由式(3.32),有

$$-\rho \frac{\partial \varphi}{\partial t} = \rho a_0 g \frac{\cosh(k(z+d))}{\cosh(kd)} \sin(\omega t - kx) \tag{3.70}$$

因为

$$\int_{0}^{T} \sin^2(\omega t - kx) \mathrm{d}t = \frac{T}{2}$$

所以

$$W = \frac{\rho g^2 a_0^2 k T}{2\omega \cosh^2(kd)} \int_{-d}^{0} \cosh^2(k(z+d)) \mathrm{d}z$$

$$= \frac{\rho g^2 a_0^2 k T}{2\omega \cosh^2(kd)} \frac{\sinh(2kd)}{4k} \left[1 + \frac{2kd}{\sinh(2kd)}\right]$$

$$= \frac{1}{2} \rho g a_0^2 T \frac{C}{2} \left[1 + \frac{2kd}{\sinh(2kd)}\right]$$

由式(3.67)可知,$\frac{1}{2}\rho g a_0^2 = \frac{E}{L}$,为单位长度波能;由式(3.57)可知,$\frac{C}{2}\left[1 + \frac{2kd}{\sinh(2kd)}\right] = C_g$,为群速度,因此

$$\frac{W}{T} = \frac{E}{L} C_g \tag{3.71}$$

式(3.71)说明,单位时间通过 z 轴的能量等于单位长度波能乘以群速度,也就是说波能传播速度等于群速度。

3.5 船 行 波

开尔文计算了以等速 U 前进的压力点的兴波情况,得到的波系如图 3.7 所示,图中所画的是波峰线。

整个波系分成两组——波峰微弯的横波系和散波系,它们互相干扰并随压力点一起前进。横波波长为

$$L = 2\pi U^2 / g \tag{3.72}$$

当一艘船舶在水中航行时,船首及船尾处分别形成前驻点和后驻点。在驻点处,由于流体

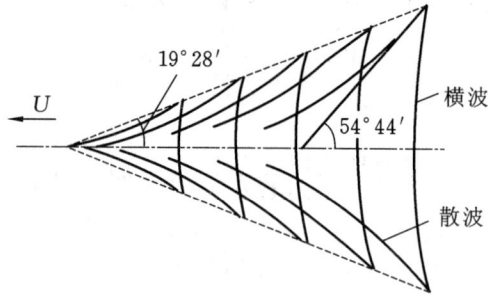

图 3.7　开尔文波

的动能转变成压力能,该处的压力升高,可以认为它们的造波作用与压力点相同。因此船舶在航行时,首、尾各有一个开尔文波系,如图 3.8 所示。船舶所受到的兴波阻力与首、尾两个横波系之间的干扰有很大关系。兴波阻力系数曲线上的"峰"与"谷"就是这一干扰的结果,如图 3.9 所示。设计船舶时,应使在设计航速下船舶处于兴波阻力系数曲线"谷点"的位置,实现兴波的有利干扰。

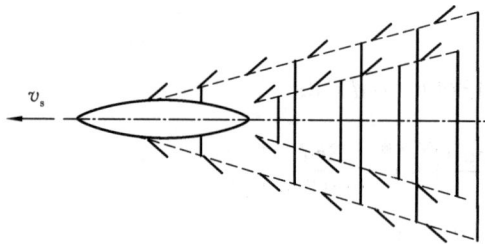

图 3.8　船行波

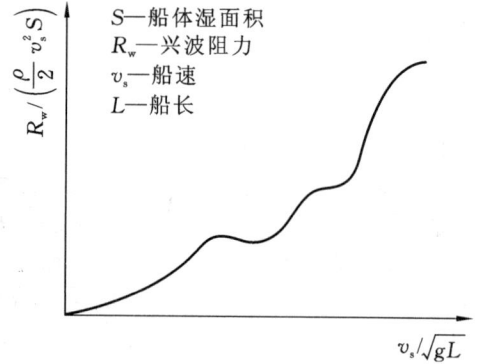

S—船体湿面积
R_w—兴波阻力
v_s—船速
L—船长

图 3.9　兴波阻力系数曲线

3.6　海浪概述

　　船舶在海上的摇荡运动主要是由海浪引起的。为了预报船舶在海浪上的性能,必须对海浪进行研究。海浪主要指表层海水受外力影响而发生的起伏现象。引起海浪的原因很多,例如,由风引起的风浪,由日月引力引起的潮波,由地震引起的海啸以及船行波等。在海上分布最广、出现频率最多、对航行影响最大的是由风引起的风浪,它是造船工作者最感兴趣的。以下主要讨论风浪的特点。

1. 风浪的产生

　　笼罩在海洋上的大气不断地流动,这种空气的水平移动形成风。空气流动的结果使海面所受的压力发生变化。同时由于水面与空气的相对运动,它们之间存在摩擦力,使水表面承受切应力。正是由于大气压力的变化与切应力的存在,平静的水面会发生局部变形。重力使变形的水面有向原来平衡位置运动的趋势,惯性力又有使变形继续下去的趋势,从而水面不断地起伏,形成风浪。

　　应该指出,不管风浪的外形怎样复杂,在波形传播过程中,水质点本身并不随波形移动,而只在平衡位置附近振动,像"麦浪"一样。这一点也可以用在水面上漂浮的木块并不随波漂流的现象来证实。

2. 风浪的发展

在开始的时候,风浪的传播速度小于风速。这时风把能量传给风浪是通过两种方式进行的:一种是风对风浪的向风斜面的正压力(与受力面垂直的作用力);另一种是风沿着风浪轮廓流动时的切向作用力(与受力面平行的作用力)。当风浪的传播速度大于风速时,就完全依靠后一种方式传递能量了。由于风能的传递,每经过一个周期之后,水质点就从风那里获得一些新的能量,这样就使得风浪含有的能量不断增加。另外,风浪不断地向外传播从而带走部分能量,风浪的摩擦耗散和破碎耗散也不断地消耗能量。当风浪成长到一定大小时,能量的增长和消耗达到相对平衡状态,风浪停止增长,即风浪含有的能量已经"饱和",风浪要素达到稳定状态。

风浪要素的大小,主要取决于以下三个条件:

① 风速,即在水面规定高度上风的前进速度;

② 风时,即稳定状态的风在水面上吹过的持续时间;

③ 风区长度,即风以接近不变的方向和速度在开敞水面上吹过的距离。

风速越大,风时越久,风区长度越长,海水从风那里获得的能量越多,风浪要素越大。在一定风速作用下,风在相当大的风区海面上吹了足够长的时间以后,风浪要素达到稳定状态时的风浪,称为充分发展风浪。要达到充分发展风浪应有足够的风时和风区长度。表 3.1 给出了不同风速下达到充分发展风浪的条件。

表 3.1　达到充分发展风浪的条件

风速/kn	风时/h	风区长度/n mile
10	2.4	10
20	10	75
30	23	280
40	42	710
50	69	1420

注:1 kn≈0.514 m/s;1 n mile≈1852 m。

在一定风速下,风区长度和风时不够长,风浪要素尚未达到充分发展值的风浪称为未充分发展风浪。在船舶与海洋工程的应用中,只要风浪不是迅速地衰减或增长,也把未充分发展风浪看成稳定的。在有限风区,风时足够长的风浪都是稳定的,即风浪要素几乎是不变的。

3. 海浪的分类

海浪大致分成以下三类。

1)风浪

它是在风的直接作用下产生的,表面看起来极不规则的海浪,也称不规则波,是船舶航行中最经常遇到的一种海浪。

2)涌浪

它是由其他风区传来的波,或当地的风力急剧下降,风向改变或风平息之后形成的海浪。涌的形态和排列比较规则,波及的区域也比较大。在一个海区内常见风暴未到而涌先到,或者风暴已过仍存在涌的情况。

3）近岸浪

当水深小于波长的一半时，在海岸与浅滩附近所形成的波浪。

涌的形状比较规则，它可以近似地用规则波来表示，例如余弦波。对于风浪，由于它具有随机性，因此风浪的要素必须用另外的方法来表示，目前普遍采用的是统计分析方法。

为了方便应用，通常根据风对海面物体的影响程度确定风的等级，习惯上采用按风速的大小从 0 到 12 分成 13 级的蒲福（Beaufort）风级。风级和风速按以下近似关系确定：

$$U = 1.63\sqrt{F^3}$$

式中：U 为风速（kn）；F 为蒲福风级。通常把风速超过 64 kn 的特大风暴都称为 12 级，但是在自然界中 64 kn 以上的风速范围还是很广的，为此，在航运界常把 13 级扩展到 18 级。

需要指出的是，由于空气黏度的影响，风速沿垂向的分布是不均匀的，越接近海面风速越慢。世界气象大会规定，以海面以上高度 10 m 处的风速作为确定蒲福风级的标准。

在航运界习惯根据涌高和涌长将涌从 0 到 9 分成 10 级，其要点见表 3.2。

表 3.2　涌级

涌级	涌名	海面特征	涌高/m
0	无涌	—	—
1	小涌	短、中长的低涌	<0.3
2	小涌	长的低涌	0.3～0.8
3	中涌	短的稍高涌	0.8～1.3
4	中涌	中、长的稍高涌	1.3～2.0
5	大涌	长的稍高涌	2.0～3.5
6	大涌	短的高涌	3.5～6.1
7	巨涌	中、长的高涌	6.1～8.6
8	巨涌	长的高涌	8.6～11.0
9	巨涌	乱涌，海面呈混乱状态	>11.0

风浪的级别是波动力的指示，而波动力是由风浪的尺度决定的。因此风浪的级别主要由风浪的尺度决定。风浪越大，波动力越大，则风浪级别越高。目前各国对风浪级别的规定差别较大，通常习惯采用按波高大小从 0 到 9 分 10 个等级，波高的对应值见表 3.3。其中 $\bar{\zeta}_{A/3}$ 是三一平均波高，即 1/3 最大波高的平均值；$\bar{\zeta}_{A/10}$ 是十一平均波高，即 1/10 最大波高的平均值。

表 3.3　风浪等级

浪级	名称	波高范围/m	
0	无波（无浪）	0	0
1	微波（微浪）	$\bar{\zeta}_{A/3} < 0.1$	$\bar{\zeta}_{A/10} < 0.1$
2	小波（小浪）	$0.1 \leqslant \bar{\zeta}_{A/3} < 0.5$	$0.1 \leqslant \bar{\zeta}_{A/10} < 0.5$

续表

浪级	名称	波高范围/m	
3	轻浪	$0.5 \leqslant \bar{\zeta}_{A/3} < 1.25$	$0.5 \leqslant \bar{\zeta}_{A/10} < 1.5$
4	中浪	$1.25 \leqslant \bar{\zeta}_{A/3} < 2.5$	$1.5 \leqslant \bar{\zeta}_{A/10} < 3.0$
5	大浪	$2.5 \leqslant \bar{\zeta}_{A/3} < 4$	$3.0 \leqslant \bar{\zeta}_{A/10} < 5.0$
6	巨浪	$4 \leqslant \bar{\zeta}_{A/3} < 6$	$5.0 \leqslant \bar{\zeta}_{A/10} < 7.5$
7	狂浪	$6 \leqslant \bar{\zeta}_{A/3} < 9$	$7.5 \leqslant \bar{\zeta}_{A/10} < 11.5$
8	狂涛	$9 \leqslant \bar{\zeta}_{A/3} < 14$	$11.5 \leqslant \bar{\zeta}_{A/10} < 18$
9	怒涛	$\bar{\zeta}_{A/3} \geqslant 14$	$\bar{\zeta}_{A/10} \geqslant 18$

风是产生风浪的主要原因,但是必须具有充分的风时和风区长度才能形成与风级相称的风浪级别。

风作用于海面不仅导致产生不同尺度的风浪,而且使海面的外貌发生变化,例如出现浪花、飞沫等现象。海面的外部特征取决于风速和风时,也和风区特点有很大关系,受到海岸、岛屿、水深等因素的影响。在风直接或间接作用下的海面所呈现的外貌称为海况。一般习惯把海况从 0 到 9 分成 10 级,其要点见表 3.4。

风浪等级和海况这两个概念是有差别的。例如,在一定风速和风时作用下,沿海海岸附近的浪高要比开阔海域的小,因此开阔海域风浪级别要高于沿海。但是在海岸附近的海况常比开阔海域激烈,波浪较陡而易破裂,出现布满浪花的波峰和飞沫等,因此沿海的海况等级可能比开阔海域高。

表 3.4 海况等级

海况等级	海面外貌
0	海面光滑如镜,或仅有涌存在
1	波纹涟漪,或涌和波纹同时存在
2	波浪很小,波顶开始破裂,浪花不显白色,而呈玻璃色
3	波浪不大,但很醒目,波顶开始翻倒,有些地方形成白色浪花——"白浪"
4	波浪具有显著的形状,波顶急剧翻倒,到处形成"白浪"
5	出现高大波浪,波顶上的浪花层占很大面积,风开始从波顶削去浪花
6	波峰呈现风暴波,峰顶上削去的浪花开始一条条地沿着波浪斜面伸长
7	被风削去的浪花布满波浪斜面,有些地方融合到波谷,波峰上布满了浪花层
8	稠密的浪花布满了波浪的斜面,因而海面变成白色,只有波谷内某些地方没有浪花
9	整个海面布满了稠密的浪花层,空气中充满了水滴和飞沫,能见度显著下降

3.7　海浪统计特性

3.7.1　不规则波的基本概念

1. 确定性关系与统计关系

自然界中存在两种不同的数量关系,一种是确定性的数量关系,例如方程 $ax^2 + bx + c = 0$ 的解;另一种是大量存在的不确定性的关系,即所谓统计关系。例如,我们掷一次硬币,每一次是正面向上还是反面向上是难以预料的,但是大量的观察和研究结果表明,多次投掷之后,硬币正面向上或反面向上具有一种特殊的规律,即所谓的统计规律,正面向上的可能性基本上接近反面向上的可能性。

我们所要讨论的不规则波及由不规则波引起的船舶摇荡运动等都属于统计规律范畴之内。例如,在海上某一具体的时间和地点将出现什么波高和波长的波浪是无法确定的,但是大量的统计结果表明,如果外界条件没有显著变化,波浪的出现具有一定的规律性。例如,在所有可能出现的波高中,不同大小的波高占总数的比例是一个比较稳定的值。我们只要掌握由大量试验统计出的规律,就从总体上掌握了不规则波的特性。对于由不规则波引起的船舶运动及其他特性也是如此。

2. 不规则波的叠加原理

实际海面上的风浪是极其不规则的,每一个波的波高、波长和周期都是随机变化的,因此不能用规则波的固定表示式表达。为了便于讨论问题,我们假定不规则波是由许多不同波长、不同波幅和随机相位的规则波叠加而成的。考虑到相位(相互间的时间差)的随机性,不规则波波浪高度的数学表示式可以写成

$$\zeta = \sum_{n=1}^{\infty} \zeta_n \sin(\omega_n t - k_n x + \varepsilon_n) \tag{3.73}$$

式中:随机相位 ε_n 取 0 到 2π 间的任意值。因此,波浪高度不能看成位置和时间的确定函数,而是随机变化的。

上述叠加的思想是处理不规则波的基本思想。为了简化问题,假定组成不规则波的规则波都具有同一个前进方向,因此这些规则波的总和所代表的不规则波也在同一个方向传播,即所谓二因次不规则波,也称长峰波,意思是垂直于波前进方向的波峰线是很长的。当然,在自然界中没有真正的长峰波存在,只有涌比较接近长峰波。通常风浪具有主传播方向,用长峰波的概念处理风浪能得到工程上令人满意的结果。当不规则波是由不同方向传播的规则波叠加而成时,称为三因次不规则波,也称短峰波。

3.7.2　随机过程

1. 随机过程

考察某海区的波浪高度 $\zeta(t)$,每一次它都是唯一的但不能预先确定的数值,因此波浪高度是一个随机变量。同时,它又随时间连续变化,这样的随机变量称为随机过程或随机函数。

为了研究相同条件海区的风浪特性,设想把同一类型的浪高仪置于海面的不同位置,同时记录波浪高度。每一个浪高仪的记录代表一个以时间为变量的随机过程 $\zeta(t)$,它是许多记录

中的一个"现实"。所有浪高仪的总体记录表征了整个海区波浪随时间的变化,称为"样集",它是由许多现实组成的。对样集的观察,只能通过对每一个现实的记录来实现。如果各浪高仪记录的现实分别为 $^1\zeta(t)$,$^2\zeta(t)$,$\cdots$,$^n\zeta(t)$,则样集是由 n 个随机过程的现实构成的,如图 3.10 所示。为了充分反映海面的情况,浪高仪的个数 n 必须很大。任意一个浪高仪的记录只不过是样集中的一个特例。

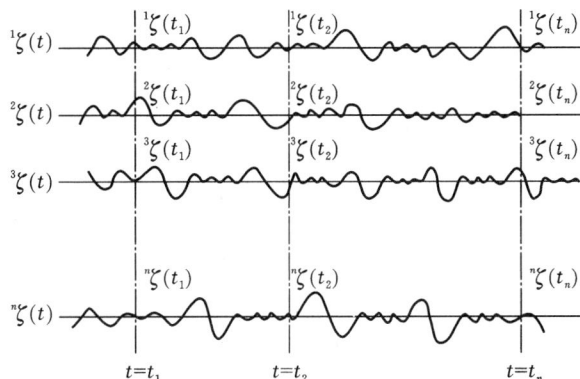

图 3.10　浪高仪在整个海区记录的样集

2. 平稳随机过程

由图 3.10 可以看出,定义随机过程的统计特性有以下两种可能的方法:

① 考虑时间 $t=t_1$,$t=t_2$ 等处的统计特性,称为横截样集的统计特性。

② 考虑随时间变化的统计特性,称为沿着样集的统计特性。

现在考虑波浪高度的横截样集的统计特性。取固定时刻 $t=t_1$,则在每一个现实上得到一个相应的数值,组成一组随机变量,分别为 $^1\zeta(t_1)$,$^2\zeta(t_1)$,$\cdots$,$^n\zeta(t_1)$,它代表了 $t=t_1$ 时刻的横截样集中的一个现实。一般来说,横截样集中的每一个现实的统计特性都是不同的,它们是时间的函数。如果横截样集中每一个现实的统计特性都不随时间而变化,则称这种随机过程为平稳随机过程。平稳随机过程的统计特性可以用横截样集中任一个现实的统计特性来代表。这样就使随机过程统计特性的计算工作大大简化。

在船舶与海洋工程中,通常把风浪和由此引起的船舶运动等都看成平稳随机过程。迅速增长或衰减的海面不能认为是平稳随机过程。

3. 各态历经性

对于平稳随机过程,当对样集中每一个现实求得的统计特性都相等,而且样集在任一瞬间的所有统计特性等于在足够长时间间隔内单一现实的所有统计特性,则称这样的平稳随机过程具有各态历经性。具备各态历经性的随机过程,可以用单一记录的时间平均值来代替 n 个记录的样集的平均值,使随机过程的数据分析工作进一步简化。例如,分析某一海区的风浪特性时,根据各态历经性的假定,只要取一个浪高仪足够长时间的记录,如 20 min 的记录,对此进行分析所得的统计特性就能表征整个海区的统计特性。

具备各态历经性的平稳随机过程是风浪和船舶摇荡运动及其他性能统计分析的基本假定。

3.7.3　随机过程的概率分布

1. 随机过程的数字特征

1）数学期望

设 $X(t)$ 是一随机过程,考虑由固定时刻 t_1 的横截样集构成的一组随机变量 $X(t_1)$,它的概率密度函数为 $f(x_1,t_1)$,其数学期望定义为概率分布曲线面积中心的横坐标,记为

$$\mu_x(t_1)=E\left[X(t_1)\right]=\frac{\int_{-\infty}^{\infty}f(x_1,t_1)x_1\mathrm{d}x_1}{\int_{-\infty}^{\infty}f(x_1,t_1)\mathrm{d}x_1}=\int_{-\infty}^{\infty}f(x_1,t_1)x_1\mathrm{d}x_1 \tag{3.74}$$

对于具有各态历经性的平稳随机过程,数学期望是不随时间而变的常数,可以写成

$$\mu_x=E[X]=\int_{-\infty}^{\infty}f(x)x\mathrm{d}x \tag{3.75}$$

数学期望是描述随机变量分布集中趋势的数字特征,它可以理解为随机过程 $X(t)$ 在各个时刻的摆动中心。从式(3.74)和式(3.75)可以看出,数学期望是分布曲线下的面积对原点的一阶矩。在大量试验中随机过程观测值的平均数逼近它的数学期望,因此,数学期望又叫均值。

2）自相关函数

为了描述随机过程在两个不同时刻状态间的关系,引入自相关函数这一数字特征。设 $X(t_1)$ 和 $X(t_2)$ 是随机过程 $X(t)$ 在任意两时刻 t_1 和 $t_2=t_1+\tau$ 的两组随机变量,这时自相关函数定义为

$$R_{xx}(t_1,t_2)=E\left[X(t_1)X(t_2)\right]=\lim_{n\to\infty}\frac{1}{n}\sum_{k=1}^{n}x_k(t_1)x_k(t_2) \tag{3.76}$$

对于具备各态历经性的平稳随机过程,可以用一个现实的时间平均值代替样集平均值来计算统计特性,这时自相关函数可以写成

$$R_{xx}(t_1,t_2)=R_{xx}(t_1,t_1+\tau)=R_{xx}(\tau)=E[X(t)X(t+\tau)]$$
$$=\lim_{2T\to\infty}\frac{1}{2T}\int_{-T}^{T}x(t)x(t+\tau)\mathrm{d}t \tag{3.77}$$

式中:$2T$ 为某一现实的记录区间;τ 为时延。

自相关函数表示随机过程 $X(t)$ 在任意两时刻状态之间的依从关系。$R(\tau)$ 数值较大,说明在时间间隔 τ 下随机过程 $X(t)$ 有较强的相关性;反之亦然。自相关函数简称相关函数,在不致混淆的情况下,常把 $R_{xx}(\tau)$ 记作 $R_x(\tau)$。

3）均方值

均方值 $\psi_x^2(t)$ 表示由横截样集组成的随机变量 $X(t_1)$ 对原点的分布情况,定义为

$$\psi_x^2(t)=E\left[X^2(t_1)\right]=\lim_{n\to\infty}\frac{1}{n}\sum_{k=1}^{n}x_k^2(t_1)=R(t_1,t_1) \tag{3.78}$$

即 $\tau=0$ 时的相关函数等于均方值。对具备各态历经性的平稳随机过程,均方值为

$$\psi_x^2(t)=E\left[X^2(t)\right]=R_x(0)=\lim_{2T\to\infty}\frac{1}{2T}\int_{-T}^{T}x^2(t)\mathrm{d}t \tag{3.79}$$

4）自协方差函数

自协方差函数常简称协方差函数,它表示横截样集中心化后随机过程在两个不同时刻状

态之间的相关程度,定义为

$$C_{xx}(t_1,t_2)=E\{[X(t_1)-\mu_x(t_1)][X(t_2)-\mu_x(t_2)]\}\quad(3.80)$$

对于具备各态历经性的平稳随机过程,协方差函数为

$$C_{xx}(\tau)=E\{[X(t)-\mu_x][X(t+\tau)-\mu_x]\}$$
$$=\lim_{2T\to\infty}\frac{1}{2T}\int_{-T}^{T}[x(t)-\mu_x][x(t+\tau)-\mu_x]\mathrm{d}t\quad(3.81)$$

符号 $C_{xx}(\tau)$ 常记为 $C_x(\tau)$。

5) 方差

方差表示横截样集 $X(t_1)$ 在数学期望周围的分散程度,定义为

$$\sigma_x^2(t_1)=D[X(t_1)]=E\{[X(t_1)-\mu_x(t_1)]^2\}\quad(3.82)$$

对于具备各态历经性的平稳随机过程,方差为

$$\sigma_x^2=D[X(t)]=C_x(0)=\lim_{2T\to\infty}\frac{1}{2T}\int_{-T}^{T}[x(t)-\mu_x]^2\mathrm{d}t\quad(3.83)$$

方差的单位是随机过程单位的平方,这可能给应用带来不便,通常取方差平方根的正值作为随机过程 $X(t)$ 偏离均值程度的量度,称为均方差,记作

$$\sigma_x=\sqrt{\sigma_x^2}$$

对于船舶与海洋工程中常见的均值为零的随机过程,其相关函数等于协方差函数,均方值等于方差,即

$$R_x(\tau)=C_x(\tau)\quad(3.84)$$
$$\psi_x^2=\sigma_x^2$$

由以上分析可知,数字特征中最主要的是均值和相关函数,它们刻画了随机过程的主要统计特性,而且较概率密度函数易于观测和计算。事实上,工程中经常碰到的正态随机过程的概率密度完全由它的均值和方差所决定。

已知概率密度函数 $f(x)$ 之后,就可以对随机过程的统计特性进行预报。在船舶与海洋工程中经常遇到以下几种概率分布。

2. 常见的概率分布

1) 正态分布

正态分布(又称高斯分布)是一种常见的连续分布,它在数理统计中起着重要作用。理论表明,若某一随机过程是由大量相互独立的随机因素的综合影响形成的,而其中每一个因素在总的影响中所起的作用都是微小的,则这种随机过程往往近似服从正态分布。在风作用下生成的海浪基本满足上述条件,因此,风浪波浪高度的瞬时值满足正态分布的概率密度函数表达式,其形式为

$$f(x)=\frac{1}{\sqrt{2\pi}\sigma_x}\exp\left[-\frac{(x-\mu_x)^2}{2\sigma_x^2}\right]\quad(3.85)$$

式中: μ_x 为随机过程的均值; σ_x^2 为随机过程的方差。

正态分布的概率密度曲线 $f(x)$ 如图 3.11 所示,它是关于 $x=\mu_x$ 对称的,并且在 $x=\mu_x$ 时, $f(x)$ 具有最大值,为 $\frac{1}{\sqrt{2\pi}\sigma_x}$。在 $x=\mu_x\pm\sigma_x$ 处, $f(x)$ 具有扭转点,密度函数的值随着与 μ_x 的距离增大而逐渐减小,当 x 趋于 $\pm\infty$ 时,曲线趋近于 x 轴。

正态过程的主要特点之一是:凡由正态过程经过线性变换得到的任一随机过程也是正态

的。这就是说,若输入和输出存在线性关系,如果输入是正态的,则输出也是正态的。因此,若认为波浪是正态的,则由波浪所引起的船体运动、航行中螺旋桨推力与转矩的变化等,所有这些过程的瞬时值都是正态的。

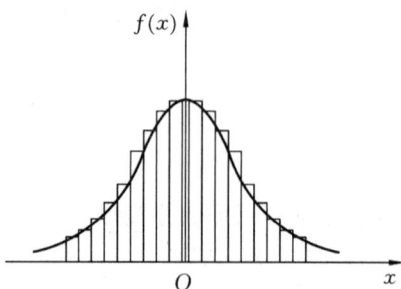

图 3.11　正态分布概率密度曲线

2)瑞利分布

瞬时值服从正态分布的平稳随机过程,其幅值(或包络)服从瑞利分布。因此,风浪的波幅值、摇荡幅值和应力幅值等都服从瑞利分布。这是工程中研究较多的分布,因为工程中主要关心的是各种随机过程的幅值统计特性。瑞利分布是 19 世纪末由瑞利提出的,1945 年莱斯(Stephen O. Rice)证明窄带、正态过程的幅值(或包络)服从瑞利分布。自 1952 年瑞利分布被引入造船工程领域之后,成为造船统计分析中的强有力工具。

瑞利分布的概率密度函数为

$$f(x) = \frac{2x}{R} e^{-\frac{x^2}{R}} \tag{3.86}$$

式中:R 为分布参数,它与相应的正态分布的方差存在如下关系,即

$$R = 2\sigma_x^2 \tag{3.87}$$

瑞利分布的参数 R 可由实测中的一个现实估算得到,如果 $x_1, x_2, \cdots, x_n$ 是测量得到的一组幅值,当数目 n 很大(n 至少为 120)时,则存在关系:

$$R = \frac{1}{n} \sum_{i=1}^{n} x_i^2 \tag{3.88}$$

对于瑞利分布而言,只要相应的正态分布的方差确定了,整个分布就随之而定了。

3)泊松分布

船舶砰击和甲板上浪服从泊松分布,它们是计数的随机过程,表示事件发生的次数。在海上船体发生砰击是随机的,有时一艘船会以不同烈度连续发生砰击,然后在一个相当长的时间内无砰击发生,之后又突然发生一严重砰击。令 $N(t)$ 为从 0 到 t 的时间间隔中砰击发生的次数,它与时间 t 有关,是非平稳的,但是在任一时间间隔 $[t_i, t_j]$ 内发生砰击的次数增量 $\{N(t_j) - N(t_i)\}$ 是不依赖于时间的平稳过程。一般来说,随机变量 $x = N(t_j) - N(t_i)$ 服从平均发生率为 ν 的泊松分布,其分布律为

$$P\{x = k\} = e^{-\nu T} \frac{(\nu T)^k}{k!} = e^{-\lambda} \frac{\lambda^k}{k!} \tag{3.89}$$

式中:x 为在时间 T 内发生砰击的次数;$k = 0, 1, 2, \cdots$,为整数;ν 为单位时间内砰击的平均发生率;$\lambda = \nu T$ 为在时间 T 内发生砰击的数学期望(平均数)。

从式(3.89)可看出,只要知道发生事件的数学期望就可完全确定泊松分布。

3.7.4　瑞利分布的统计特性

下面以风浪为例来说明瑞利分布的概率密度与随机过程的统计特性之间的关系。风浪的瞬时波浪高度服从正态分布，波幅服从瑞利分布。假设从某一风浪记录曲线上量得一系列波幅，其分布曲线如图 3.12 所示。从图中可看出，当波幅 $\zeta_A \to 0$ 时，$f(\zeta_A) = 0$；当 $\zeta_A \to \infty$ 时，曲线逐渐趋近横轴。

对式（3.86）求导，然后令其等于 0，便可得到分布曲线峰值的位置 $(\zeta_A)_m = \sqrt{\dfrac{R}{2}} = \sigma_x$，即最大可能出现的波幅值。

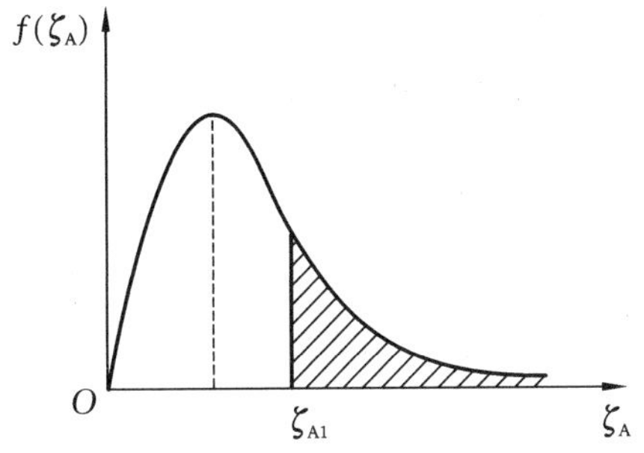

图 3.12　波幅分布曲线

波幅 ζ_A 超过 ζ_{A1} 的概率，即 $\zeta_A > \zeta_{A1}$ 的保证率，根据超过概率分布函数和式（3.86），若波幅随机过程用 Z_A 表示，则得

$$F_1(\zeta_{A1}) = P(Z_A > \zeta_{A1}) = \int_{\zeta_{A1}}^{\infty} \frac{\zeta_A}{\sigma_\zeta^2} \exp\left[-\frac{\zeta_A^2}{2\sigma_\zeta^2}\right] \mathrm{d}\zeta_A = \exp\left[-\frac{\zeta_{A1}^2}{2\sigma_\zeta^2}\right] \tag{3.90}$$

实际上超过概率常以百分数表示，如超过概率 $p(\%)$（保证率 $p(\%)$），即图 3.12 中右端阴影部分的面积为曲线下方总面积的 $p(\%)$。若把超过概率 $p(\%)$ 对应的波幅写成 $(\zeta_A)_{p(\%)}$，则有

$$(\zeta_A)_{p(\%)} = \exp\frac{-\left[(\zeta_A)_{p(\%)}\right]^2}{2\sigma_\zeta^2}$$

表 3.5 给出了不同保证率 $p(\%)$ 下比值 $k = \dfrac{(\zeta_A)_{p(\%)}}{\sigma_\zeta}$ 的值。

表 3.5　不同保证率下的 k 值

$p/(\%)$	0.1	1	3	3.9	10	13.5	30	40	46.5	50	80	90	100
k	3.72	3.04	2.64	2.55	2.15	2.00	1.56	1.36	1.25	1.18	0.67	0.45	0

如果把测量的 n 个波幅 ζ_A 按大小排列，ζ_{A1}，ζ_{A2}，$\cdots$，ζ_{An}，超过 $\dfrac{1}{n}$ 最大波幅 $\zeta_{A/n}$ 的概率（保证率）为 $\dfrac{1}{n}$，根据式（3.90），则有

$$\frac{1}{n} = \exp\left[-\frac{\zeta_{A/n}^2}{2\sigma_\zeta^2}\right]$$

两边取对数得

$$\zeta_{A/n} = \sqrt{2\ln n}\ \sigma_\zeta \tag{3.91}$$

表 3.6 给出了不同 n 值所对应的 $\dfrac{\zeta_{A/n}}{\sigma_\zeta}$ 值。

表 3.6 不同 n 值下的 $\dfrac{\zeta_{A/n}}{\sigma_\zeta}$ 值

n	2	5	10	20	50	100	200	500	1000
$\dfrac{\zeta_{A/n}}{\sigma_\zeta}$	1.18	1.79	2.15	2.45	2.80	3.04	3.26	3.53	3.72

由表 3.6 可看出，$\zeta_{A/n}$ 没有上界，随着波幅个数增加而不断增加，显然这与实际情况是不相符的，所以它只适用于波幅个数不过分大的情况。

下面求 $\dfrac{1}{n}$ 最大波幅的期望值，例如 $\dfrac{1}{3}$ 最大波幅的期望值。$\dfrac{1}{n}$ 最大波幅的期望值，可以视为图 3.12 中阴影面积中心的横坐标，即

$$\bar\zeta_{A/n} = \frac{\int_{\zeta_{A/n}}^\infty \zeta_A f(\zeta_A)\,d\zeta_A}{\int_{\zeta_{A/n}}^\infty f(\zeta_A)\,d\zeta_A} = n\int_{\zeta_{A/n}}^\infty \zeta_A f(\zeta_A)\,d\zeta_A = n\int_{\zeta_{A/n}}^\infty \frac{\zeta_A^2}{\sigma_\zeta^2}\exp\left(-\frac{\zeta_A^2}{2\sigma_\zeta^2}\right)d\zeta_A \tag{3.92}$$

把式（3.91）代入式（3.92）并积分，可以得到

$$\bar\zeta_{A/n} = \sqrt{2}\,\sigma_\zeta\,(\ln n)^{\frac12} + \frac{\sqrt\pi\,n\sigma_\zeta}{\sqrt2}[1-\operatorname{erf}(\ln n)^{\frac12}] \tag{3.93}$$

式中：$\operatorname{erf}(x) = \dfrac{2}{\sqrt\pi}\int_0^x \exp(-x^2)\,dx$，为误差函数，其值可查数学用表。

由式（3.93）可看出，$\dfrac{1}{n}$ 最大波幅的期望值仅是均方差的函数，具体计算结果如下：

$$\begin{cases}\text{平均波幅}(n=1), & \bar\zeta_A = 1.25\sigma_\zeta \\ \text{三一平均波幅}(n=3), & \bar\zeta_{A/3} = 2.00\sigma_\zeta \\ \text{十一平均波幅}(n=10), & \bar\zeta_{A/10} = 2.55\sigma_\zeta \end{cases} \tag{3.94}$$

三一平均波幅又称有义波幅，它是把测得的波幅按大小依次排列，取最大 $\dfrac{1}{3}$ 的平均值。有义波幅接近海上目测的波幅，通常用于衡准风浪的大小。从表 3.5 中可看出：有义波幅相当于保证率为 13.5% 的波幅；平均波幅对应保证率为 46.5% 的波幅；十一平均波幅对应保证率为 3.9% 的波幅。

以上结果虽然是由波幅推导的，但对任何服从瑞利分布的随机变量，如船体应力的幅值分布等都是适用的。

3.8 海 浪 谱

海浪运动是一种复杂的随机过程。20 世纪 50 年代初，皮尔逊（Willard J. Pierson）最先将莱斯（Rice）关于无线电噪声的理论应用于海浪，从此利用谱以随机过程描述海浪成为主要研究途径。不规则波可看作由许多规则波叠加而成，在频率区间 $(\omega,\omega+\Delta\omega)$ 上，规则波在单位

面积中的能量为

$$\rho g S_\zeta(\omega) \Delta\omega = \frac{1}{2}\rho g \sum_{\Delta\omega} \zeta_n^2 \tag{3.95}$$

式中：$S_\zeta(\omega)$ 为能量谱密度，可表示为

$$S_\zeta(\omega) = \frac{\displaystyle\sum_{\Delta\omega} \zeta_n^2}{2\Delta\omega} \tag{3.96}$$

不规则波的谱密度代表海浪能量相对组成波频率的分布，它表明了不规则波的组成中哪些频率的规则波起主要作用，哪些频率的规则波起次要作用。谱密度曲线下的面积是单位波面波浪总能量的量度，是衡量海况严重程度的主要因素。

下面介绍几种目前国内外应用较多的海浪谱公式。

3.8.1 Pierson-Moscowitz 谱

皮尔逊和莫斯柯维奇（Willard J. Pierson 和 Lionel Moscowitz）根据对北大西洋充分发展海浪资料的分析，提出了半经验的谱公式：

$$S_\zeta(\omega) = \frac{A}{\omega^5}\exp\left(-\frac{B}{\omega^4}\right) \tag{3.97}$$

式中：$A = 0.0081 g^2$；$B = 0.74\,(g/U)^4$；g 为重力加速度；U 为离海面 19.5 m 处的风速。当有义波幅 $\bar\zeta_{A/3}$ 已知时，按 $U = 6.85\sqrt{\bar\zeta_{A/3}}$ 近似确定风速。

目前采用的大多数波浪谱主要基于 Pierson-Moscowitz 谱（P-M 谱）的形式建立。

3.8.2 ITTC 谱

虽然海浪的能量来源于风，但是海浪等级与波幅直接关联，因此用有义波幅来描述海浪谱更合适。零阶谱矩（谱密度曲线下的面积）为

$$m_0 = \int_0^\infty S(\omega)\mathrm{d}\omega = \int_0^\infty \frac{A}{\omega^5}\exp\left(-\frac{B}{\omega^4}\right)\mathrm{d}\omega = \frac{A}{4B}$$

因为 $\bar\zeta_{A/3} = 4\,(m_0)^{1/2}$，所以

$$B = \frac{4A}{\bar\zeta_{A/3}^2}$$

P-M 谱中 $A = 0.0081 g^2 = 0.78$，$B = \dfrac{3.11}{\bar\zeta_{A/3}^2}$，把以上关系代入 P-M 谱，可得到以有义波幅为参数的海浪谱：

$$S_\zeta(\omega) = \frac{0.78}{\omega^5}\exp\left(-\frac{3.11}{\bar\zeta_{A/3}^2\omega^4}\right) \tag{3.98}$$

式（3.98）即为第十一届国际拖曳水池会议（ITTC）推荐的单参数谱。

ITTC 单参数谱是以北大西洋充分发展海浪为背景导出的，在波频 $\omega = 1.256\bar\zeta_{A/3}^{(-1/2)}$ 处达到最大值，其值为 $0.25\exp\left[(-5/4)\bar\zeta_{A/3}^{(-5/2)}\right]$。很多实测资料表明，在未充分发展海浪中，波浪谱的峰值位置偏离上述值。为了改善波浪谱公式，把波浪周期引入波浪谱公式。经验表明，海上目测平均周期与谱心周期 $T_1 = 2\pi m_0/m_1$ 比较接近，因此取特征周期 T_1 作为海浪谱的第二个参数，则有

$$m_1 = \int_0^\infty S(\omega)\omega\,\mathrm{d}\omega = \int_0^\infty \frac{A}{\omega^4}\exp\left(-\frac{B}{\omega^4}\right)\mathrm{d}\omega = \frac{1}{3}\frac{A}{B^{3/4}}\Gamma\left(1+\frac{3}{4}\right)$$

式中：Γ 为伽马函数，有 $\Gamma\left(1+\dfrac{3}{4}\right)=0.91906$，因此有 $m_1=0.30638A/B^{3/4}$，$T_1=2\pi m_0/m_1=$

$5.127/B^{1/4}$ 或 $B=691/T_1^4$，$A=4Bm_0=\dfrac{B\bar{\zeta}_{A/3}^2}{4}=\dfrac{173\bar{\zeta}_{A/3}^2}{T_1^4}$。由此得到被 ITTC 和 ISSC（国际船

舶结构会议）先后推荐的双参数谱：

$$S_\zeta(\omega)=\frac{173\bar{\zeta}_{A/3}^2}{T_1^4\omega^5}\exp\left(-\frac{691}{T_1^4\omega^4}\right) \tag{3.99}$$

双参数海浪谱不仅适用于充分发展海浪，也适用于成长中的海浪或含有涌浪成分的海浪，在波频 $\omega=4.849T_1^{-1}$ 处达到最大值，其值为 $0.065\exp[(-5/4)\bar{\zeta}_{A/3}^2 T_1]$。

3.8.3　JONSWAP 谱

由"北海海浪联合计划"测量分析得到的 JONSWAP 谱适合像北海那样风程被限定的海域，其波浪谱公式有两种表示形式，一种以风速和风程表示，另一种以波高和波浪周期表示。

由风速和风程表示的谱公式为

$$S_\zeta(\omega)=\frac{ag^2}{\omega^5}\exp\left\{-1.25\left(\frac{\omega_p}{\omega}\right)^4\right\}\gamma^{\exp\left[-\frac{(\omega-\omega_p)^2}{2(\sigma\omega_p)^2}\right]} \tag{3.100}$$

式中：a 为无因次常数，取 $a=0.076(gx/U^2)^{-0.22}$；x 为风区长度（风程）；U 为平均风速；ω_p 为谱峰频率，取 $\omega_p=22(g/U)(gx/U^2)^{-0.33}$；$\gamma$ 为谱峰提升因子，平均值为 3.3；σ 为峰形参数，当 $\omega\leqslant\omega_p$ 时取 $\sigma=0.07$，当 $\omega>\omega_p$ 时取 $\sigma=0.09$。

由波高和波浪周期表示的谱公式（$\gamma=3.3$）为

$$S_\zeta(\omega)=319.34\frac{\bar{\zeta}_{A/3}^2}{T_p^4\omega^5}\left\{-\frac{1948}{(T_p\omega)^4}\right\}3.3^{\exp\left[-\frac{(0.159\omega T_p-1)^2}{2\sigma^2}\right]} \tag{3.101}$$

式中：T_p 为谱峰周期。

3.8.4　方向谱

长峰不规则波的海浪谱假定海浪是沿单一方向传播的，实际海浪除了沿主浪向传播外，还向其他方向扩散，称为短峰不规则波。短峰不规则波可以看成由不同传播方向的长峰不规则波叠加而成。描述海浪沿不同方向传播组成的波浪谱，称为方向谱 $S(\omega,\theta)$，一般表达式为

$$S(\omega,\theta)=S(\omega)D(\omega,\theta) \tag{3.102}$$

式中：$S(\omega)$ 为长峰不规则波的海浪谱；$D(\omega,\theta)$ 为方向分布函数；θ 为组成波与主浪向的夹角。方向分布函数 $D(\omega,\theta)$ 须满足：

$$\int_{-\pi}^{\pi}D(\omega,\theta)\mathrm{d}\theta=1$$

其一般形式为

$$D(\omega,\theta)=k_n\cos^n\theta\quad\left(|\theta|\leqslant\frac{\pi}{2}\right) \tag{3.103}$$

国际船舶结构会议建议采用以下两种 n 值：

$$n=2,\quad k_2=\frac{2}{\pi}$$

或

$$n=4,\quad k_4=\frac{8}{3\pi}$$

习   题

3.1   求波长为 100 m 的海洋波浪的传播速度和振动周期。

3.2   海洋波浪以 10 m/s 的速度移动,求波浪的波长和周期。

3.3   在波上观察到浮标 1 min 内上升下降 15 次,求波浪的波长及其传播速度。考虑深水情况。

3.4   证明 $W(\zeta)=A\cos(k(\zeta+\mathrm{i}d-ct))$ 是水深为 d 的水域中行波的复势,其中 $\zeta=x+\mathrm{i}z$,z 轴竖直向上,原点在静水面。并证明 $c^2=\dfrac{g}{k}\tanh(kd)$。

3.5   有一全长为 80 m 的船沿某一方向以等速 V 航行,今有追随在船后并与船航行方向一致的波浪以传播速度 c 追赶该船。它超过一个船长所需的时间为 15 s,而超过一个波长的距离所需时间为 5 s。求波长及船速 V。

3.6 $d=10$ m 的等深度水域中有一沿 x 轴正方向传播的平面小振幅波,波长 $L=10$ m,波幅 $A=0.1$ m,试求:

(1)波速、波数、周期;

(2)波面方程;

(3)平衡位置在水面以下 0.5 m 处流体质点的运动轨迹。

3.7   已知船行波横波传播速度与船舶航速相同,且船舶速度 $V_s=24$ kn,试问横波波长为多少?

第4章　黏性流体流动

4.1　两平行壁面间的流动

纳维-斯托克斯(N-S)方程最简单的解,是间距为 $2H$ 的平行壁面之间黏性流体的定常运动。如果两个壁面的水平尺度比 $2H$ 的尺度大很多,就有理由认为流动与平行于壁面的坐标无关,只与横向坐标有关。

首先,考虑黏性不可压缩流体在宽为 $2H$ 的两平行壁面间由压力梯度驱动的定常流动,质量力可以略去不计,如图 4.1 所示。同时还假定流动状态为层流。现在来确定平板间层流流动的速度分布和压力分布。

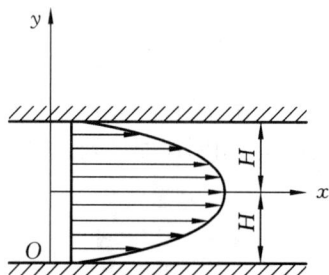

图 4.1　黏性流体在两平行壁面间的流动

在上述条件下,流动将是二维的,N-S 方程和连续性方程可简化为

$$V_x\,\frac{\partial V_x}{\partial x}+V_y\,\frac{\partial V_x}{\partial y}=-\frac{1}{\rho}\frac{\partial p}{\partial x}+\nu\left(\frac{\partial^2 V_x}{\partial x^2}+\frac{\partial^2 V_x}{\partial y^2}\right) \tag{4.1}$$

$$V_x\,\frac{\partial V_y}{\partial x}+V_y\,\frac{\partial V_y}{\partial y}=-\frac{1}{\rho}\frac{\partial p}{\partial y}+\nu\left(\frac{\partial^2 V_y}{\partial x^2}+\frac{\partial^2 V_y}{\partial y^2}\right) \tag{4.2}$$

$$\frac{\partial V_x}{\partial x}+\frac{\partial V_y}{\partial y}=0 \tag{4.3}$$

流体沿平板流动,没有垂直于平板的速度分量,如果取流动方向为 x 轴方向,则

$$V_x=V,\quad V_y=0 \tag{4.4}$$

将式(4.4)代入式(4.3),有 $\dfrac{\partial V}{\partial x}=0$,所以

$$V=V(y) \tag{4.5}$$

可见,流速仅为 y 的函数,而与 x 无关,即沿 x 轴取不同的横截面,在这些截面上的速度分布都相同。

将式(4.4)代入式(4.2),可得 $\dfrac{\partial p}{\partial y}=0$,所以

$$p = p(x) \tag{4.6}$$

可见,压力仅为 x 的函数而与 y 无关,即沿 x 轴取不同的横截面,每一截面上的压力分布是均匀的,但不同截面上具有不同的压力。

将式(4.4)代入式(4.1),经移项后可得

$$\frac{\mathrm{d}^2 V}{\mathrm{d}y^2} = \frac{1}{\mu}\frac{\mathrm{d}p}{\mathrm{d}x} \tag{4.7}$$

式(4.7)已将偏微分改写为常微分,其左边为 y 的函数,右边为 x 的函数,因此两边相等的条件为两边均为常数,即

$$\frac{\mathrm{d}p}{\mathrm{d}x} = C(常数) \tag{4.8}$$

可见压力沿 x 轴是线性变换的。这样式(4.7)的积分结果为

$$V = -\frac{1}{2\mu}\frac{\mathrm{d}p}{\mathrm{d}x}(H^2 - y^2) \tag{4.9}$$

这里应用了静止平板的边界条件 $y=0, \dfrac{\mathrm{d}V}{\mathrm{d}y}=0$ 和 $y=\pm H, V=0$。在 x 轴上,速度取最大值,即 $y=0, V=V_{\max}$,所以

$$V_{\max} = -\frac{1}{2\mu}\frac{\mathrm{d}p}{\mathrm{d}x}H^2 \tag{4.10}$$

将式(4.10)代入式(4.9),可得

$$V = V_{\max}\left(1 - \frac{y^2}{H^2}\right) \tag{4.11}$$

可见速度分布具有抛物线规律,这是层流的重要特性。

其次,考虑在边界 $y=0$ 处处于静止状态,而在边界 $y=2H$ 处以速度 U 朝 x 轴正方向运动的流动。因为运动与 x 坐标无关,所以由连续性方程可得 $\partial V_y/\partial y = 0$;这样,由于 V_y 在两个边界处必须等于零,所以 V_y 必须在整个 $0 < y < 2H$ 的流动范围内恒等于零。

由此可知,流体速度平行于 x 方向,即 V_x 是唯一不等于零的速度分量,流动方向处处平行于 x 轴;此外,由于流动与 x 坐标无关,因此 N-S 方程的迁移加速度项都等于零,于是它变成相当简单的、满足边界条件 $V_x(0)=0$ 及 $V_x(2H)=U$ 的一组方程:

$$\frac{1}{\rho}\frac{\partial p}{\partial x} = \nu\frac{\partial^2 V_x}{\partial y^2}, \quad \frac{\partial p}{\partial y} = 0 \tag{4.12}$$

由式(4.12)可知,压力 p 与坐标 y 无关。因 V_x 与坐标 x 无关,故 $\partial p/\partial x = \mathrm{d}p/\mathrm{d}x$ 为常数,通过积分得到的解为

$$V_x = \frac{1}{2\mu}\frac{\mathrm{d}p}{\mathrm{d}x}y(y-2H) + \frac{U}{2H}y \tag{4.13}$$

压力梯度导致产生的速度分布图呈抛物线状,两壁面间的相对速度形成线性的剪切流动,即库埃特流(Couette flow),如图 4.2 所示。

例 4.1　考虑直圆管内充分发展的定常层流,如图 4.3 所示,速度沿轴向分布,并且仅随横向坐标变化,与纵向(轴向)坐标无关,相当于无限长圆管中的流动。求速度分布、流量和壁面摩擦系数。

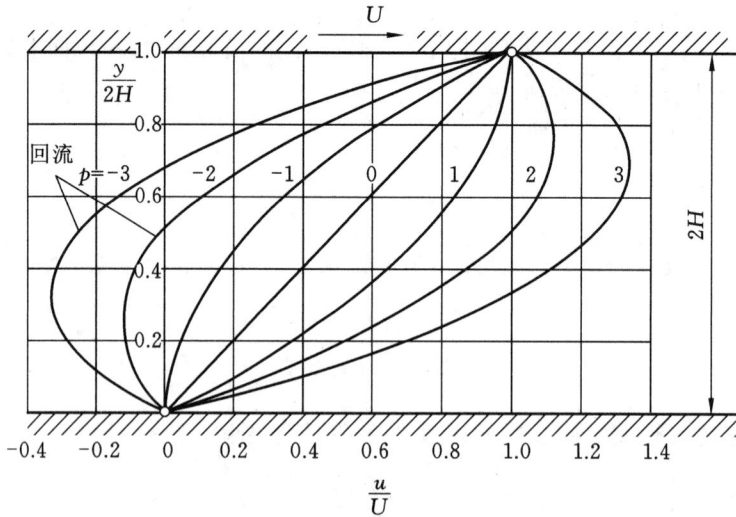

图 4.2　两平行壁面间的库埃特流

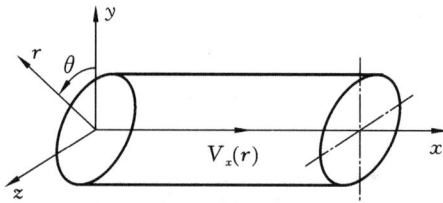

图 4.3　直圆管内的流动

解　考虑到直圆管内流动的轴对称性,采用圆柱坐标系(r,θ,x)。黏性不可压缩流体流动的基本方程在圆柱坐标系中的表达式为

$$\begin{cases}
\dfrac{\partial V_r}{\partial r}+\dfrac{1}{r}\dfrac{\partial V_\theta}{\partial \theta}+\dfrac{\partial V_x}{\partial x}+\dfrac{V_r}{r}=0\\[2mm]
\dfrac{\partial V_r}{\partial t}+V_r\dfrac{\partial V_r}{\partial r}+\dfrac{V_\theta}{r}\dfrac{\partial V_r}{\partial \theta}+V_x\dfrac{\partial V_r}{\partial x}-\dfrac{V_\theta^2}{r}=f_r-\dfrac{1}{\rho}\dfrac{\partial p}{\partial r}+\nu\left(\mathbf{\nabla}^2V_r-\dfrac{V_r}{r^2}-\dfrac{2}{r^2}\dfrac{\partial V_\theta}{\partial \theta}\right)\\[2mm]
\dfrac{\partial V_\theta}{\partial t}+V_r\dfrac{\partial V_\theta}{\partial r}+\dfrac{V_\theta}{r}\dfrac{\partial V_\theta}{\partial \theta}+V_x\dfrac{\partial V_\theta}{\partial x}+\dfrac{V_rV_\theta}{r}=f_\theta-\dfrac{1}{\rho}\dfrac{r\partial p}{\partial \theta}+\nu\left(\mathbf{\nabla}^2V_\theta+\dfrac{2}{r^2}\dfrac{\partial V_r}{\partial \theta}-\dfrac{V_\theta}{r^2}\right)\\[2mm]
\dfrac{\partial V_x}{\partial t}+V_r\dfrac{\partial V_x}{\partial r}+\dfrac{V_\theta}{r}\dfrac{\partial V_x}{\partial \theta}+V_x\dfrac{\partial V_x}{\partial x}=f_x-\dfrac{1}{\rho}\dfrac{\partial p}{\partial x}+\nu\,\mathbf{\nabla}^2V_x
\end{cases}\quad(4.14)$$

管壁上的边界条件为当$r=R$时,

$$V_r=V_\theta=V_x=0$$

下面将根据流动的基本特征来简化方程并选用最方便的解法。考虑到圆管是水平放置的,可以忽略质量力的作用,流体只在轴向压力差驱动下流动,由于圆管流动是轴对称的,其流场为

$$V_x=V,\quad V_r=V_\theta=0,\quad \dfrac{\partial}{\partial \theta}=0$$

式(4.14)可以简化为

$$\begin{cases} \dfrac{\partial V}{\partial x}=0 \\ 0=\dfrac{\partial p}{\partial r} \\ 0=0 \\ 0=-\dfrac{1}{\rho}\dfrac{\partial p}{\partial x}+\nu\left(\dfrac{\partial^2 V}{\partial r^2}+\dfrac{1}{r}\dfrac{\partial V}{\partial r}\right)\end{cases} \tag{4.15}$$

此结果表明 $p=p(x)$，$V=V(r)$，因此整个方程组可用下式取代：

$$\frac{1}{\mu}\frac{\mathrm{d}p}{\mathrm{d}x}=\frac{1}{r}\frac{\mathrm{d}}{\mathrm{d}r}\left(r\frac{\mathrm{d}V}{\mathrm{d}r}\right) \tag{4.16}$$

方程式(4.16)等号左边是 x 的函数，等号右边是 r 的函数。要使方程成立，两边必为常量，因此式(4.16)是一个关于 V 的二阶常微分方程，对方程积分两次，得

$$V=\frac{1}{4\mu}\frac{\mathrm{d}p}{\mathrm{d}x}r^2+C_1\ln r+C_2 \tag{4.17}$$

根据问题的物理性质可知，管内流速应处处为有限值，所以，必有 $C_1=0$，再由管壁的边界条件，可得

$$C_2=-\frac{1}{4\mu}\frac{\mathrm{d}p}{\mathrm{d}x}R^2$$

因此，圆管截面上的速度分布为

$$V=-\frac{1}{4\mu}\frac{\mathrm{d}p}{\mathrm{d}x}(R^2-r^2) \tag{4.18}$$

这是一个抛物线形分布。在中心线上有最大速度：

$$V_{\max}=-\frac{R^2}{4\mu}\frac{\mathrm{d}p}{\mathrm{d}x}$$

因此，无量纲速度分布为

$$\frac{V}{V_{\max}}=1-\left(\frac{r}{R}\right)^2$$

有了速度分布，就可以算出下述各量：
体积流量为

$$Q=\int_0^R V(2\pi r)\mathrm{d}r=-\frac{\pi R^4}{8\mu}\frac{\mathrm{d}p}{\mathrm{d}x} \tag{4.19}$$

平均流速为

$$V_{av}=\frac{Q}{\pi R^2}=-\frac{R^2}{8\mu}\frac{\mathrm{d}p}{\mathrm{d}x}=\frac{V_{\max}}{2} \tag{4.20}$$

壁面剪应力为

$$\tau_w=\mu\left(-\frac{\mathrm{d}V}{\mathrm{d}r}\right)_{r=R}=\frac{4\mu V_{av}}{R} \tag{4.21}$$

壁面摩擦系数为

$$C_f=\frac{\tau_w}{\frac{1}{2}\rho V_{av}^2}=\frac{16}{Re} \tag{4.22}$$

式中：雷诺数为

$$Re=\frac{DV_{av}}{\nu}, \quad D=2R$$

维德曼(Gustav Heinrich Wiedemann)得到上述理论结果之前,哈根(Gotthilf Heinrich Ludwig Hagen)和泊肃叶(Jean Léonard Marie Poiseuille)先后通过实验得到圆管的体积流量公式(4.19),所以圆管中这种层流运动称为哈根-泊肃叶流动。管内流动状态和 Re 有关,上述结果只适用于 $Re<2000$ 的层流流动。当 Re 增大时,流动将出现不稳定状态,最后转换成湍流状态。湍流的特性和层流有很大差别,将在4.2节进行介绍。

4.2　层流和湍流

4.2.1　流动状态及判别方法

在研究圆管中液体流动的沿程阻力(能量损失)时,人们发现流速较小时阻力较小,当流速超过某一数值后阻力会急剧增加。其原因是自然界存在两种性质完全不同的流动状态:层流和湍流。雷诺(Osborne Reynolds)进行了系统的实验研究,并指出,只有当后来人们称为雷诺数的无量纲参数超过某一临界值时,层流才能变为湍流。

图4.4所示的是雷诺实验的装置示意图。在水箱中装了一根长玻璃管,进口处通过尖嘴细管注入有色(红色)液体,这样就可以直观地观察到管中的流动状态。可以利用玻璃管出口附近的调节阀控制管中水流速度。

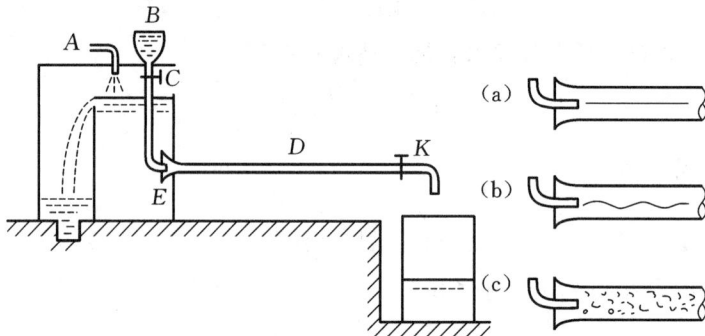

图4.4　雷诺实验装置示意图

当主流的速度较低时,拧开有色液体水瓶的阀门,玻璃管中出现一条红色的直线,如图4.4(a)所示。这表明此时管中的水流是层次分明的一层层的流动,而且很有秩序,各层间互不干扰,故红色液体能够保持在一层内流动而不染其他层。这种流动称为层流。

当玻璃管中主流流速增大到一定数值时,红色流束开始振荡,处于不稳定状态,如图4.4(b)所示。如果流速再稍增加,振荡的红色流束便会突然破裂,而与周围的流体相混,颜色扩散至整个玻璃管内,如图4.4(c)所示。这时流体质点做复杂的无规则运动,这种流动状态称为湍流(或称紊流、乱流)。由层流过渡到湍流的速度极限值称为上临界速度。

在进行实验时,如果主流流速由大到小逐渐降低,则可发现当流速降低到比上临界速度低(称为下临界速度)时,处于湍流状态的流动便会稳定地转变为层流状态,红色流束又重新成为一条清晰的细小的直线。

流速的增加最终导致流态的变化,但流速的变化只是众多影响因素之一。加大管径所起的作用和增加流速是一样的,也会促使层流转变为湍流。加大流体的运动黏度(ν)则起着相反的作用。总之,影响流态的因素是由三者组成的无量纲数——雷诺数,即

$$Re = \frac{V_{av}D}{\nu} \tag{4.23}$$

式中:V_{av}为平均流速;D为管径;ν为运动黏度。

流态发生转变所对应的雷诺数称为临界雷诺数,在圆管流动中其下限为$Re=2000$;在特殊控制的环境下,管中层流可以维持到$Re=10^5$。这表明,从层流变为湍流这一阶段,流动性质很复杂,受环境因素影响很大。在工程管路计算中可取$Re=2300$为临界值,以此为判断管路中流态的依据,凡是$Re=2300$的圆管流动均作湍流处理。

在其他的流动中也同样存在层流转变为湍流的现象。例如,光滑平板上的边界层流动,在$Re=U_\infty x/\nu=3.5\times10^5\sim3.5\times10^6$范围内,层流会变为湍流,式中$x$是转捩点(流态转变点)到平板前缘点的距离;在绕圆柱和圆球的边界层流动中,$Re=U_\infty D/\nu\approx2.5\times10^5$时也会出现从层流到湍流的转变。

4.2.2　湍流特征

自然界及工程中存在的流动多为湍流,层流流动范围较窄。湍流流动不局限于管内流动,其他如海洋环流、大气环流、航空和船舶与海洋工程中的流动现象等多为湍流状态。因而研究湍流有着十分重要的理论意义和实际意义。

湍流是十分复杂的流动状态,它是流体力学中著名的难题。原因是流体质点在运动中不断地相互掺混,其物理量(如速度、压力、温度、浓度等)不论在时间上还是在空间上都随机变化。尽管长期以来学者们不懈地努力研究,但湍流的起因以及内部结构等一些最基本的物理本质迄今仍未揭示清楚。

尽管湍流运动十分复杂且至今没有统一的确切定义,但湍流特征是公认的。湍流运动除了具有遵循连续性方程,以及它是高雷诺数下的三维运动这些特点外,还有如下特征。

1. 不规则性

湍流最本质的特征是"湍动"(或"紊动"),即在空间和时间上都是随机脉动,其速度场和压力场也都是随机的。用空间位置和时间来描述流场中流体质点的运动有很大困难,通常采用统计平均的方法来表示流体运动的速度、压力、温度等。时间平均法就是统计平均法之一,下面加以介绍。

如果把与水的密度相同的粒子放入水中,便可看到,这些小粒子从管道入口到管道出口的运动轨迹非常复杂,而且不同瞬时通过空间同一点的粒子的轨迹也是不断变化的,表征流体流动特征的速度、压力等也随时间变化。所以说,这种瞬息变化的湍流流动实质上是非定常流动。研究管中点A的流动情况,发现其不但存在轴向速度V_x,而且还有径向速度V_y,这些速度都随时间t很快地变化。图4.5给出点A速度V_x随t变化的情况,它表明流速的脉动是毫无秩序的。对于其他物理量,也有类似的结果。初看起来好像毫无规律可寻,然而从较长的过程来看,可以发现其变化还是有一定规律:流速总是围绕着某个平均值$\overline{V}_x$振荡,真实速度V_x时而偏大时而偏小,其变化为脉动速度V_x',即

$$V_x = \overline{V}_x + V_x' \tag{4.24}$$

式中:V_x'可正可负;$\overline{V}_x$是相对时间的速度平均值,称为时均流速。V_x'为$\overline{V}_x$的1/3或1/2。

从几何图形来看,使V_x-t曲线的积分面积和$\overline{V}_x$与T所包围的矩形面积相等,就很容易

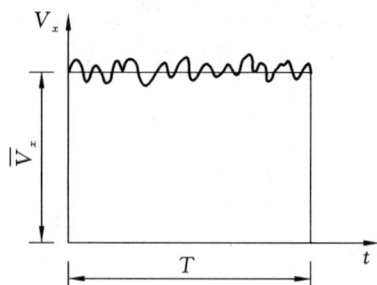

图 4.5 湍流中流体流速的脉动情况

确定时均流速,因为

$$\overline{V}_x T = \int_0^T V_x \, dt \tag{4.25}$$

所以

$$\overline{V}_x = \frac{1}{T} \int_0^T V_x \, dt \tag{4.26}$$

式中:T 是一个足够大的时间间隔。

因此 $\overline{V}_x$ 的几何意义为:V_x-t 曲线与 t 轴所夹面积的平均高度。

类似地,在湍流中,流体的压力也处于脉动状态,瞬时压力等于时均压力与脉动压力之和,即

$$p = \overline{p} + p' \tag{4.27}$$

在湍流中流体的瞬时速度和瞬时压力都是随时间变化的,因此,如果用湍流的瞬时速度和瞬时压力去研究湍流运动,问题将极其繁杂,而且从工程应用的角度看,一般情况下也没有这种必要。因此在通常情况下,我们都是用流动参数的时均值去描述和研究流体的湍流运动,这样便使问题的研究大为简化。

如果 $\overline{V}_x$ 不随时间而变,则这种流动称为"准定常湍流",更确切地讲,应该是时均定常流动。

普通的测速管(例如皮托管等)和普通的测压计(例如压力表、液柱式测压计等)所能测量的,就是速度和压力的时均值。

研究有些问题时,只知道流动的时均速度还不够,一定需要研究湍流的脉动特性。例如,研究湍流中的切应力时,一定要考虑由脉动引起的动量交换所产生的附加力。又如,大气中粉尘的扩散规律、结构风致振动以及风洞实验的结果等,都和气流脉动的程度有很大的关系,我们引进湍流度 ε 作为衡量脉动大小的尺度:

$$\varepsilon = \frac{\sqrt{\overline{V'_x{}^2}}}{\overline{V}_x} (\%) \tag{4.28}$$

式中:ε 称为湍流度,它是脉动速度的方均根值相对于时均值的百分比。

对于风洞,ε=0.2%;对于 800 m 高处的自由大气,ε=0.03%。风洞的湍流度对阻力和边界层的实验均有很大的影响,因此要尽量降低其湍流度,使之与天然气流的湍流度接近。

2. 湍流扩散性

湍流扩散使湍流能更有效地将动量、能量、物质浓度、温度等向各方向扩散(输运和掺混)。只有物理量变化的随机性而没有输运和掺混过程的流动就不是湍流,例如,海洋中的风生浪是

随机的波动,但不是湍流。由于湍流加强了流体内部动量的输运和掺混,因此速度分布就会比层流更加均匀。图 4.6 所示的是在同体积流量下测出的管流平均速度分布曲线。可以看出,由于动量交换充分,湍流在管中心部分的速度分布比层流均匀得多,因而靠近管壁的速度梯度远比层流大,可以预料,湍流的摩擦阻力比层流大。

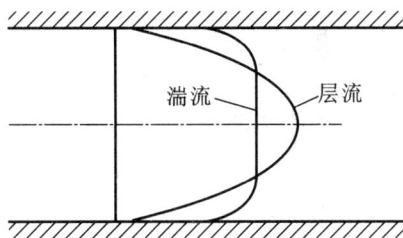

图 4.6　圆管中平均速度分布

3. 能量耗散性

湍流运动系统是个非定常非线性的动力系统,流场中充满着各种尺度的涡,整个流场的特性与这些涡的产生、发展和消亡密切相关。湍流的表观特点长期以来给人们的印象是,湍流完全是随机运动,毫无规律可言。长期以来,流动显示只能在小 Re 数下进行,未超出定性研究的范围。现在流场测试技术有了迅速发展,可以在大 Re 数下利用多探头的定量测量结果构成图像,使流场显示技术超出直接用肉眼观察的范围。这样的测量与流场观察结果使人们重新认识到,湍流并非完全随机的无序运动,流场中相对小的涡结构是一些复杂而紊乱的随机结构,而相对大的涡结构有些则是相当有规律的。湍流场中,这些相对有规律的涡结构称为相干结构(coherent structure),或称拟序结构。

黏性切应力不断地将湍流动能转化成流体的热能而耗散掉,因此上述小涡结构的脉动过程将消耗能量,维持涡体运动则须补充能量。否则,湍流将会衰减,甚至消失。

4.3　边界层方程

黏性不可压缩流体运动基本方程组的准确解数量极少,远不能满足工程实际的需要。小 Re 问题的近似解也只能解决范围较小的一部分实际问题。大量工程问题如船舶与海洋工程、航天与航空等方面所遇到的问题绝大部分都属于大 Re 问题。这是因为自然界中最主要的流体是空气和水,它们的黏度 μ 都很小,如果物体的特征长度及特征速度不太小的话,那么 Re 数就很大。本节讨论大 Re 问题下的流动问题——普朗特(Ludwig Prandtl)边界层理论。

普朗特在大 Re 绕流的实验研究中发现,贴近物面的流体运动很慢,但离开物面很小距离以外的流动与理论流体势流理论的预测结果基本一致。这表明,流体黏性只在贴近物面极薄的一层内起作用,这一流层称为边界层(或附面层)。从数量级上对边界层厚度 δ 进行估计,即

$$\frac{\delta}{L} \sim \frac{1}{\sqrt{Re}} \tag{4.29}$$

若用特征长度 L、特征速度 U_∞ 定义 Re 数,那么就有

$$Re = \frac{U_\infty L}{\nu} \tag{4.30}$$

大 Re 数时边界层很薄,观察和分析的结论是完全一致的。普朗特用量级分析的方法导出了边界层方程,并从中发现:绕流流场可以由外部流场(主流)和内部流场共同组成;外部流

场受欧拉方程控制,内部流场受边界层方程控制。图 4.7 所示就是这种流场划分示意图,物面上的边界层流动在物体后面形成了尾流。普朗特的发现为近代空气动力学奠定了基础,其理论经过不断发展已在各种实际问题中得到应用,使经典的流体力学成为一门真正实用的科学,在流体力学发展史上有着里程碑的意义。

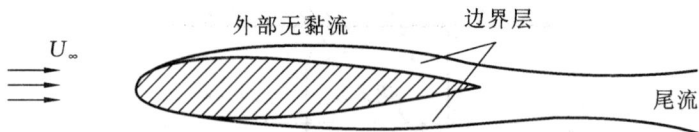

图 4.7　大 Re 下绕流流场示意图

考虑黏性不可压缩流体的平面定常运动。忽略质量力,研究小曲率物体表面上的边界层。由于曲率很小,物体表面可以当作平面,如图 4.8 所示。沿物体表面为 x 轴,物体表面的法线为 y 轴,在大 Re 情况下的边界层流动有下面两个主要性质。

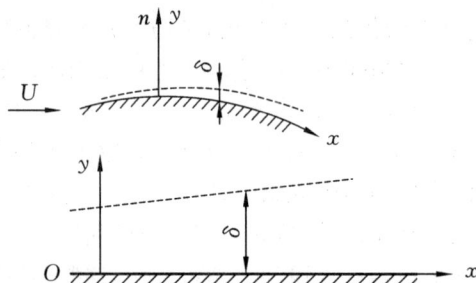

图 4.8　流体流过小曲率物体表面示意图

(1) 边界层厚度 δ 较物体特征长度小得多,即

$$\delta' = \frac{\delta}{L} \ll 1 \tag{4.31}$$

(2) 边界层内黏性力和惯性力具有相同的数量级。

以此为基本假定,用比较式(4.1)至式(4.3)中各项数量级的方法,权衡主次,忽略次要项,以简化方程组。为此引进特征长度 L 和特征速度 U,将方程中的各物理量无量纲化。

$$x' = \frac{x}{L}, \quad y' = \frac{y}{L}, \quad V_x' = \frac{V_x}{U}, \quad V_y' = \frac{V_y}{U}, \quad p' = \frac{p}{\rho U^2} \tag{4.32}$$

代入 N-S 方程(式(4.1)至式(4.3)),整理后得

$$
\begin{cases}
V_x'\dfrac{\partial V_x'}{\partial x'} + V_y'\dfrac{\partial V_x'}{\partial y'} = -\dfrac{\partial p'}{\partial x'} + \dfrac{1}{Re}\left(\dfrac{\partial^2 V_x'}{\partial x'^2} + \dfrac{\partial^2 V_x'}{\partial y'^2}\right) \quad (a) \\
\quad 1 \quad\ 1 \quad\ \delta' \quad \delta'^{-1} \qquad\qquad \delta'^2 \quad 1 \quad\ \delta'^{-2} \\
V_x'\dfrac{\partial V_y'}{\partial x'} + V_y'\dfrac{\partial V_y'}{\partial y'} = -\dfrac{\partial p'}{\partial y'} + \dfrac{1}{Re}\left(\dfrac{\partial^2 V_y'}{\partial x'^2} + \dfrac{\partial^2 V_y'}{\partial y'^2}\right) \quad (b) \\
\quad 1 \quad\ \delta' \quad\ \delta' \quad 1 \qquad\qquad \delta'^2 \quad \delta' \quad \delta'^{-1} \\
\dfrac{\partial V_x'}{\partial x'} + \dfrac{\partial V_y'}{\partial y'} = 0 \qquad\qquad (c) \\
\quad 1 \quad\ \ 1
\end{cases}
\tag{4.33}
$$

式中: $Re = \dfrac{UL}{\nu}$。

因为 $\dfrac{\delta}{L} \sim \dfrac{1}{\sqrt{Re}}$,所以

$$\frac{1}{Re} \sim \delta'^2$$

因为 $0 \ll x \ll L$,所以

$$x' = \frac{x}{L} \sim 1$$

因为 $y' = \dfrac{y}{L}$,$0 \ll y \ll \delta$,所以

$$y' \sim \frac{\delta}{L} = \delta'$$

因为 $0 \ll V_x \ll U$,所以

$$V_x' = \frac{V_x}{U} \sim 1$$

因为 $\dfrac{\partial V_y'}{\partial y'} = -\dfrac{\partial V_x'}{\partial x'}$,$\dfrac{\partial V_x'}{\partial x'} \sim 1$,所以

$$\frac{\partial V_y'}{\partial y'} \sim 1, \quad V_y' \sim \delta'$$

此外,还有

$$\frac{\partial^2 V_x'}{\partial x'^2} \sim 1, \quad \frac{\partial^2 V_x'}{\partial y'^2} \sim \frac{1}{\delta'^2}, \quad \frac{\partial^2 V_y'}{\partial y'^2} \sim \frac{1}{\delta'}, \quad \frac{\partial^2 V_y'}{\partial x'^2} \sim \delta', \quad \frac{\partial V_x'}{\partial y'} \sim \frac{1}{\delta'}, \quad \frac{\partial V_y'}{\partial x'} \sim \delta'$$

为了方便讨论,我们将各项的数量级记在式(4.33)相应项的下面。

式(4.33)(a)中,等号右边 $\dfrac{1}{Re}\dfrac{\partial^2 V_x'}{\partial x'^2}$ 项的量阶为 δ'^2(二阶小量),相对于其他项(量阶为 1)来说可以略去。式(4.33)(b)中除 $-\dfrac{\partial p'}{\partial y'}$ 外,其他各项均为 δ' 的小量,可以略去。式(4.33)(c)中两量的量阶均为 1,应予保留。这样,N-S 方程可简化为

$$\begin{cases} V_x \dfrac{\partial V_x}{\partial x} + V_y \dfrac{\partial V_x}{\partial y} = -\dfrac{1}{\rho}\dfrac{\partial p}{\partial x} + \nu \dfrac{\partial^2 V_x}{\partial y^2} \\[2mm] \dfrac{\partial p}{\partial y} = 0 \\[2mm] \dfrac{\partial V_x}{\partial x} + \dfrac{\partial V_y}{\partial y} = 0 \end{cases} \tag{4.34}$$

边界条件为:在 $y=0$ 处,$V_x = V_y = 0$;在 $y=\delta$ 处,$V_x = U(x)$。式(4.34)即为边界层的基本微分方程,称为普朗特方程。

4.4 平板边界层流动

边界层内流体的流动,也可以有层流和湍流两种流动状态,如图 4.9 所示。在平板的前部是层流,在平板的后部是湍流,层流与湍流之间有一过渡区。在湍流边界层内,也存在极薄的层流底层。

判别由层流转变为湍流的衡量指标为雷诺数 $Re = \dfrac{Ux}{\nu}$，x 为转捩点离平板前缘点的距离。

对平板而言，层流转变为湍流的雷诺数为 $Re_{kp} = \left(\dfrac{Ux}{\nu}\right)_{kp} = \dfrac{Ux_{kp}}{\nu} = 5 \times 10^5$，可得层流到湍流的转捩点的位置坐标为

$$x_{kp} = 5 \times 10^5 \frac{\nu}{U} \tag{4.35}$$

近似认为层流到湍流的转换在 $x = x_{kp}$ 点发生。

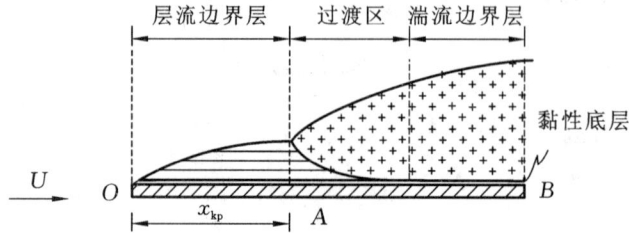

图 4.9　边界层内流体的实际流动示意图

4.4.1　层流边界层

下面研究零攻角光滑平板上的层流边界层流动问题，此时平板长度 $L < x_{kp} = 5 \times 10^5 \dfrac{\nu}{U}$。

如图 4.10 所示，假设沿 x 轴放置一个半无限长、厚度为零的平板，前缘在坐标轴原点，远前方来流 U 方向与板面平行。根据势流理论，这时平板上的 U 为常数，$dU/dx = 0$，因此，边界层方程可简化为

$$\begin{cases} V_x \dfrac{\partial V_x}{\partial x} + V_y \dfrac{\partial V_x}{\partial y} = \nu \dfrac{\partial^2 V_x}{\partial y^2} \\[3mm] \dfrac{\partial V_x}{\partial x} + \dfrac{\partial V_y}{\partial y} = 0 \end{cases} \tag{4.36}$$

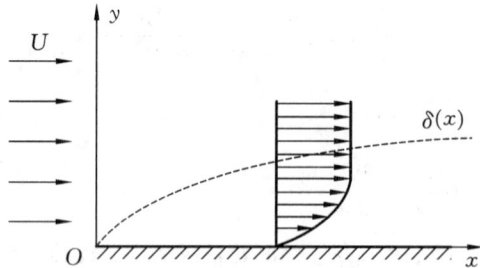

图 4.10　光滑平板上的层流边界层流动

引进流函数 $\psi(x, y)$，则有 $V_x = \partial \psi / \partial y$，$V_y = -\partial \psi / \partial x$，方程式（4.36）可写成

$$\frac{\partial \psi}{\partial y} \frac{\partial^2 \psi}{\partial x \partial y} - \frac{\partial \psi}{\partial x} \frac{\partial^2 \psi}{\partial y^2} = \nu \frac{\partial^3 \psi}{\partial y^3} \tag{4.37}$$

相应的边界条件为

$$\begin{cases} y=0: & \dfrac{\partial \psi}{\partial x}=\dfrac{\partial \psi}{\partial y}=0 \\[2mm] y=\infty: & \dfrac{\partial \psi}{\partial y}=U \end{cases} \tag{4.38}$$

布拉休斯(Paul Richard Heinrich Blasius)以无量纲自变量 $\eta=y/\delta$ 为基础,对式(4.37)进行无量纲化,由数量级分析可知

$$\frac{\delta}{x} \sim \sqrt{\frac{\nu}{Ux}} \tag{4.39}$$

所以布拉休斯将无量纲自变量定义为

$$\eta=y\sqrt{\frac{U}{\nu x}} \tag{4.40}$$

于是,可用对 η 的导数来表示$\partial/\partial x$ 和$\partial/\partial y$,即

$$\begin{cases} \dfrac{\partial}{\partial x}=\dfrac{\partial}{\partial \eta}\dfrac{\partial \eta}{\partial x}=-\dfrac{y}{2x}\sqrt{\dfrac{U}{\nu x}}\dfrac{\partial}{\partial \eta}, & \dfrac{\partial}{\partial y}=\dfrac{\partial}{\partial \eta}\dfrac{\partial \eta}{\partial y}=\sqrt{\dfrac{U}{\nu x}}\dfrac{\partial}{\partial \eta} \\[3mm] V_x=\dfrac{\partial \psi}{\partial y}=\sqrt{\dfrac{U}{\nu x}}\dfrac{\partial \psi}{\partial \eta}, & V_y=-\dfrac{\partial \psi}{\partial x}=\dfrac{y}{2x}\sqrt{\dfrac{U}{\nu x}}\dfrac{\partial \psi}{\partial \eta} \end{cases} \tag{4.41}$$

将式(4.41)中 V_x 的表达式写成

$$\frac{V_x}{U}=\sqrt{\frac{1}{\nu x U}}\frac{\partial \psi}{\partial \eta} \tag{4.42}$$

因为 V_x/U 和 η 都是无量纲的,所以 $\psi/\sqrt{\nu x U}$ 就是一个无量纲量,因此,可以定义

$$f(\eta)=\frac{\psi}{\sqrt{\nu x U}} \tag{4.43}$$

这样式(4.37)中 ψ 对 x、对 y 的各阶偏导数都可以用 f 及其各阶导数 $f'=\mathrm{d}f/\mathrm{d}\eta$, $f''=\mathrm{d}^2 f/\mathrm{d}\eta^2$,…,来表示,结果是

$$\begin{cases} V_x=\dfrac{\partial \psi}{\partial y}=Uf' \\[3mm] V_y=-\dfrac{\partial \psi}{\partial x}=\dfrac{U}{2}\sqrt{\dfrac{\nu}{xU}}(\eta f'-f) \\[3mm] \dfrac{\partial V_x}{\partial x}=\dfrac{\partial^2 \psi}{\partial x \partial y}=-\dfrac{U}{2x}\eta f'' \\[3mm] \dfrac{\partial V_x}{\partial y}=\dfrac{\partial^2 \psi}{\partial y^2}=U\sqrt{\dfrac{U}{\nu x}}f'' \\[3mm] \dfrac{\partial^2 V_x}{\partial y^2}=\dfrac{\partial^3 \psi}{\partial y^3}=U\left(\dfrac{U}{\nu x}\right)f''' \end{cases} \tag{4.44}$$

将式(4.44)代入式(4.37),得到一个非线性的三阶常微分方程:

$$2f'''+f \cdot f''=0 \tag{4.45}$$

边界条件式(4.38)则变成

$$\begin{cases} f(0)=f'(0)=0 \\ f'(\infty)=1 \end{cases} \tag{4.46}$$

这个方程没有解析解,布拉休斯用级数方法得到了极为精确的结果。如果直接进行数值积分,

那么该方程的解可以达到任意精度。不过三阶常微分方程的积分从壁面开始,这时要将式 (4.46)中 $f'(\infty)=1$ 的条件换成相当的壁面条件 $f''(0)=A$。可以取一系列 A 值进行试算,从中找到正确的 A 值。可以证明:如果第一次用 $f_1''(0)=B$ 计算的结果 $f_1'(\infty)$ 不满足要求,那么正确的壁面条件应当是

$$f''(0)=A=B\ [f_1'(\infty)]^{-3/2} \tag{4.47}$$

丢费尔(K. Topfer)计算的结果是

$$f''(0)=A=0.33206 \tag{4.48}$$

布拉休斯解的相应数据为 0.332,可见是相当精确的。后来,霍华斯(Leslie Howarth)又给出了详细的数值结果,如表 4.1 所示。下面根据表中数据计算边界层的有关特性。

表 4.1　平板层流边界层的数值

$\eta=y\sqrt{\dfrac{U}{\nu x}}$	f	$f'=\dfrac{V_x}{U}$	f''
0	0	0	0.33206
0.2	0.00664	0.06641	0.33199
0.4	0.02656	0.13277	0.33147
0.6	0.05974	0.19894	0.33008
0.8	0.10611	0.26471	0.32739
1.0	0.16557	0.32979	0.32301
1.2	0.23795	0.39378	0.31659
1.4	0.32298	0.45627	0.30787
1.6	0.42032	0.51676	0.29667
1.8	0.52952	0.57477	0.28293
2.0	0.65003	0.62977	0.26675
2.2	0.78120	0.68132	0.24835
2.4	0.92230	0.72899	0.22809
2.6	1.07252	0.77246	0.20646
2.8	1.23099	0.81152	0.18401
3.0	1.39682	0.84605	0.16136
3.2	1.56911	0.87609	0.13913
3.4	1.74696	0.90177	0.11788
3.6	1.92954	0.92333	0.09809
3.8	2.11605	0.94112	0.08013
4.0	2.30576	0.95552	0.06424
4.2	2.49806	0.96696	0.05052
4.4	2.69238	0.97587	0.03897

续表

$\eta = y\sqrt{\dfrac{U}{\nu x}}$	f	$f' = \dfrac{V_x}{U}$	f''
4.6	2.88826	0.98269	0.02946
4.8	3.08534	0.98779	0.02187
5.0	3.28329	0.99155	0.01591
5.2	3.48189	0.99425	0.01134
5.4	3.68094	0.99616	0.00793
5.6	3.88031	0.99748	0.00543
5.8	4.07990	0.99838	0.00365
6.0	4.27964	0.99898	0.00240
6.2	4.47948	0.99937	0.00155
6.4	4.67938	0.99961	0.00098
6.6	4.87931	0.99977	0.00061
6.8	5.07928	0.99987	0.00037
7.0	5.27926	0.99992	0.00022
7.2	5.47925	0.99996	0.00013
7.4	5.67924	0.99998	0.00007
7.6	5.87924	0.99999	0.00004
7.8	6.07923	1.00000	0.00002
8.0	6.27923	1.00000	0.00001
8.2	6.47923	1.00000	0.00001
8.4	6.67923	1.00000	0.00000
8.6	6.87923	1.00000	0.00000
8.8	7.07923	1.00000	0.00000

1. 速度分布

根据式(4.44)，无量纲速度为

$$\begin{cases} \dfrac{V_x}{U} = f' \\ \dfrac{V_y}{U} = \dfrac{1}{2\sqrt{Re_x}}(\eta f' - f) \end{cases} \tag{4.49}$$

式中：$Re_x = Ux/\nu$。

速度分布曲线如图 4.11 所示，V_x/U 的曲线近似为抛物线，与尼古拉兹(J. Nikuradse)及李普曼(Hans W. Liepmann)等人的实验结果完全相符。法向速度靠近边界层外边缘时，增长率变小，并迅速趋近于一个常数：

$$\dfrac{V_y}{U}\sqrt{Re_x} = 0.8604 \tag{4.50}$$

这表明边界层对外部势流的排挤作用直到无限远处都存在,但随 x 增大,这种作用将减弱。因此,边界层会使外部流场发生畸变。

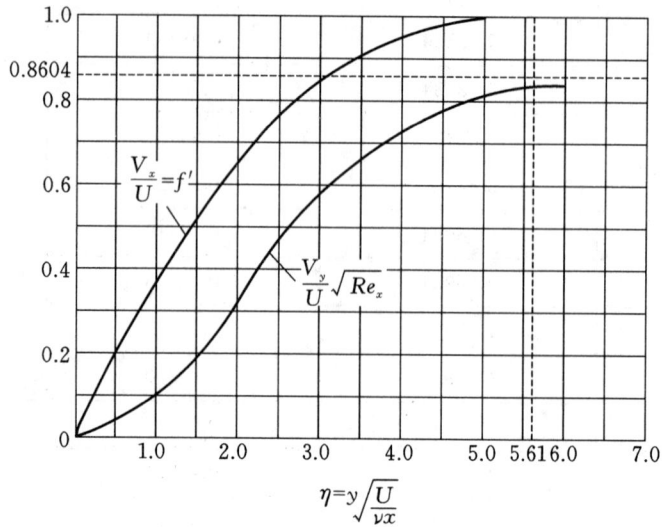

图 4.11　平板层流边界层速度分布

2. 边界层厚度、排挤厚度和动量损失厚度

按边界条件,只有当 $y=\infty$(因而 $\eta=\infty$)时,才有 $V_x=U$。不过,这个渐近过程在壁面附近进行得很快,通常约定:当 V_x 达到 $0.99U(x)$ 时,对应的 y 值为边界层厚度。从表 4.1 中查到 $\eta=5.0$ 符合此约定,取 $\delta\sqrt{\dfrac{U}{\nu x}}=5.0$,于是

$$\delta=\frac{5.0}{\sqrt{Re_x}} \tag{4.51}$$

在边界层流动近似方法中,要用到如下定义的厚度:

排挤厚度

$$\delta^*=\int_0^\infty\left(1-\frac{V_x}{U}\right)\mathrm{d}y \tag{4.52}$$

动量损失厚度

$$\theta=\int_0^\infty\frac{V_x}{U}\left(1-\frac{V_x}{U}\right)\mathrm{d}y \tag{4.53}$$

利用式(4.44)的有关表达式可以得到

$$\delta^*=\sqrt{\frac{\nu x}{U}}\int_0^\infty(1-f')\mathrm{d}\eta=\sqrt{\frac{\nu x}{U}}(\eta-f)\,\big|_0^\infty \tag{4.54}$$

查表 4.1,经计算得

$$\delta^*=\frac{1.7208x}{\sqrt{Re_x}} \tag{4.55}$$

同样,有

$$\theta=\sqrt{\frac{\nu x}{U}}\int_0^\infty f'(1-f')\mathrm{d}\eta=\sqrt{\frac{\nu x}{U}}\int_0^\infty(1-f')\mathrm{d}f \tag{4.56}$$

分部积分后,利用式(4.45),可得

$$\theta = -\sqrt{\frac{\nu x}{U}} 2 \left[f''(\infty) - f''(0) \right] \tag{4.57}$$

查表 4.1,经计算得

$$\theta = \frac{0.664x}{\sqrt{Re_x}} \tag{4.58}$$

3. 壁面摩擦系数

壁面摩擦应力为

$$\tau_0 = \mu \left(\frac{\partial V_x}{\partial y} \right)_{y=0} = \mu U \sqrt{\frac{U}{\nu x}} f''(0) \tag{4.59}$$

所以壁面摩擦系数为

$$C_b = \frac{\tau_0}{\frac{1}{2}\rho U^2} = 2\sqrt{\frac{\nu}{Ux}} f''(0) \tag{4.60}$$

查表 4.1,经计算得

$$C_b = \frac{0.664x}{\sqrt{Re_x}} \tag{4.61}$$

4. 摩擦阻力系数

长度为 L、宽度为 1 的平板上一侧表面受到的摩擦阻力为

$$R_f = \int_0^L \tau_0 \, \mathrm{d}x \tag{4.62}$$

定义摩擦阻力系数为

$$C_f = \frac{R_f}{\frac{1}{2}\rho U^2 (L \times 1)} \tag{4.63}$$

因此,

$$C_f = \frac{1}{L} \int_0^L C_b \, \mathrm{d}x \tag{4.64}$$

将式(4.61)代入式(4.64),计算得

$$C_f = \frac{1.328}{\sqrt{Re_L}} \tag{4.65}$$

式中:$Re_L = UL/\nu$。式(4.65)适用的范围是 $10^4 \leqslant Re_L \leqslant 2 \times 10^5 \sim 6 \times 10^5$,若超越上限,边界层将发生转换,由层流变为湍流;若低于下限,可用郭永怀的修正公式:

$$C_f = \frac{1.328}{\sqrt{Re_L}} + \frac{4.1}{Re_L} \tag{4.66}$$

4.4.2　湍流边界层

当 $L \gg x_{kp} = 5 \times 10^5 \frac{\nu}{U}$ 时,层流段变得很小,湍流段占了绝大部分,我们可以假设整个边界层都是湍流段,称为湍流边界层。

为了计算方便,我们采用 $1/n$ 次方定律来表示平板湍流边界层的速度分布,即

$$\frac{V_x}{U}=\left(\frac{y}{\delta}\right)^{1/n} \tag{4.67}$$

根据边界层的实验结果,对于不同的雷诺数,n 取值如下:

$$\begin{cases} Re=10^6\sim2\times10^7, & n=7 \\ Re=3\times10^7\sim3\times10^8, & n=8 \\ Re=2\times10^8\sim10^{10}, & n=9 \end{cases} \tag{4.68}$$

根据实验,壁面摩擦应力可用下式来表示:

$$\tau_0=\zeta\frac{\rho U^2}{2}\left(\frac{U\delta}{\nu}\right)^{-m} \tag{4.69}$$

式中:ζ 和 m 为与雷诺数有关的常数,由边界层实验测定。

$$\begin{cases} Re=10^6\sim2\times10^7, & \zeta=0.045, & m=\frac{1}{4} \\ Re=3\times10^7\sim3\times10^8, & \zeta=0.039, & m=\frac{2}{9} \\ Re=2\times10^8\sim10^{10}, & \zeta=0.032, & m=\frac{1}{5} \end{cases} \tag{4.70}$$

假设边界层前端层流部分可以略去不计,而 $Re<2\times10^7$,这时湍流边界层的 V_x/U 和 τ_0 为

$$\frac{V_x}{U}=\left(\frac{y}{\delta}\right)^{1/7} \tag{4.71}$$

$$\tau_0=0.0225\rho\frac{\nu^{1/4}U^{7/4}}{\delta^{1/4}} \tag{4.72}$$

代入式(4.53)和式(4.52),求出 θ 和 δ^*:

$$\theta=\int_0^\delta\frac{V_x}{U}\left(1-\frac{V_x}{U}\right)\mathrm{d}y=\int_0^\delta\left(\frac{y}{\delta}\right)^{1/n}\left[1-\left(\frac{y}{\delta}\right)^{1/n}\right]\mathrm{d}y=\frac{n}{(1+n)(2+n)}\delta=\frac{7}{72}\delta \tag{4.73}$$

$$\delta^*=\int_0^\delta\left(1-\frac{V_x}{U}\right)\mathrm{d}y=\int_0^\delta\left[1-\left(\frac{y}{\delta}\right)^{1/n}\right]\mathrm{d}y=\frac{1}{1+n}\delta=\frac{1}{8}\delta \tag{4.74}$$

将 θ 和 τ_0 代入平板边界层动量积分方程,即

$$\frac{\mathrm{d}\theta}{\mathrm{d}x}=\frac{\tau_0}{\rho U^2}$$

得

$$\frac{7}{72}\delta^{1/4}\mathrm{d}\delta=0.0225\left(\frac{\nu}{U}\right)^{1/4}\mathrm{d}x$$

所以

$$\delta=0.37\left(\frac{\nu}{U}\right)^{1/5}x^{4/5} \tag{4.75}$$

在层流中 $\delta\sim x^{1/2}$,而在湍流中 $\delta\sim x^{4/5}$,可见在湍流中 δ 的扩展大得多。这是由于在湍流中流体的混杂能力使得边界层的影响扩展得较快。图 4.12 是两种流态的比较。

将 δ 的表达式(4.75)回代到 τ_0 的表达式(4.72)得

$$\tau_0=0.0289\rho U^2\left(\frac{\nu}{Ux}\right)^{1/5} \tag{4.76}$$

在层流中 $\tau_0\sim x^{-1/2}$,而在湍流中 $\tau_0\sim x^{-1/5}$,即在湍流中 τ_0 的减小要缓慢一些。这是因

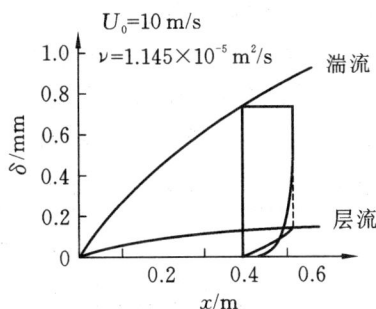

图 4.12 层流和湍流流态示意图

为湍流边界层的速度分布曲线较为丰满,使得在近壁处 $\dfrac{\partial V_x}{\partial y}$ 减小得缓慢一些。

现在来求平板湍流边界层的摩擦阻力系数。将 τ_0 在板面上积分得

$$R_f = \int_0^L \tau_0 b\,dx = \int_0^L 0.0289\rho U^2 \left(\frac{\nu}{Ux}\right)^{1/5} b\,dx = 0.036 L\rho U^2 \left(\frac{\nu}{UL}\right)^{1/5} \tag{4.77}$$

因此平板的摩擦阻力系数为

$$C_f = \frac{R_f}{\frac{1}{2}\rho U^2 Lb} = \frac{0.072}{Re^{1/5}} \tag{4.78}$$

如果将式(4.78)中的系数 0.072 修正为 0.074,则计算结果将和实测数据更加吻合,即

$$C_f = \frac{0.074}{Re^{1/5}} \tag{4.79}$$

实验证明,式(4.79)的适用范围为 $Re = 5\times10^5 \sim 10^7$。当 $Re > 10^7$ 时,常用普朗特和施利希廷(Hermann Schlichting)总结出的经验公式:

$$C_f = \frac{0.455}{(\lg Re)^{2.58}} \tag{4.80}$$

这个公式的适用范围可达 $Re = 10^9$。图 4.13 是以上两式和实验结果的比较。

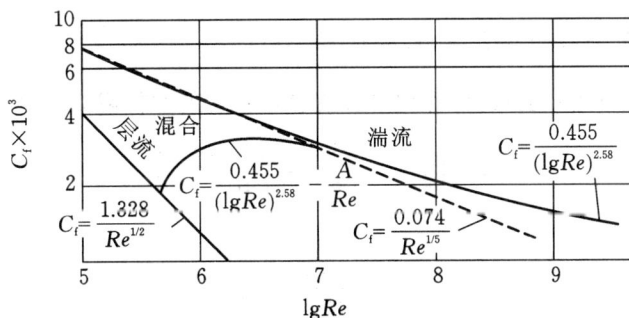

图 4.13 经验公式与实验结果的 C_f-$\lg Re$ 对比图

4.4.3 混合边界层

当 $L \geqslant x_{kp} = 5\times10^5 \dfrac{\nu}{U}$ 时,实际边界层为图 4.14 所示的混合边界层。前端为层流边界层,后部为湍流边界层,两者都不占绝对优势,中间存在一个过渡区。

在计算混合边界层相关系数时,引入两个假设:

(1) 层流转变为湍流是在 x_{kp} 处瞬时发生的,没有过渡区;

(2) 混合边界层的湍流区可以看作自点 O 开始的湍流边界层的一部分,如图 4.14(b)所示。有了后一个假设,就能采用 4.4.2 节的结果来计算湍流区的厚度和摩擦应力。

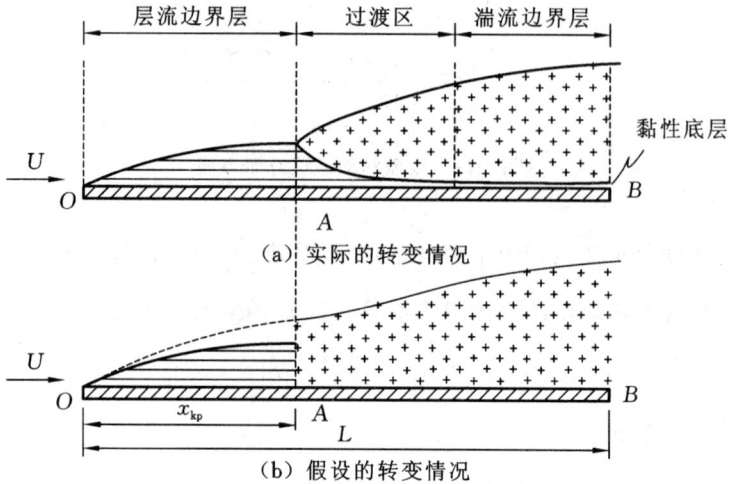

图 4.14　平板实际转变情况和假设转变情况示意图

根据以上假设,整个平板的摩擦阻力由 OA 段层流边界层的摩擦阻力和 AB 段湍流边界层的摩擦阻力两部分组成,即

$$R_{f} = R''_{fAB} + R'_{fOA} = (R''_{fOB} - R''_{fOA}) + R'_{fOA}$$

所以

$$R_{f} = R''_{fOB} - (R''_{fOA} - R'_{fOA})$$

式中:有两撇的是属于湍流边界层的量,有一撇的是属于层流边界层的量。

将对应的摩擦阻力系数代入上式,并化简得

$$C_{f} \cdot \frac{1}{2}\rho U^{2} L = C''_{fOB} \cdot \frac{1}{2}\rho U^{2} L - (C''_{fOA} - C'_{fOA}) \cdot \frac{1}{2}\rho U^{2} x_{kp}$$

$$C_{f} = C''_{fOB} - (C''_{fOA} - C'_{fOA})\frac{x_{kp}}{L}$$

将式(4.79)和式(4.65)代入上式,可得到平板混合边界层的摩擦阻力系数:

$$C_{f} = \frac{0.074}{Re^{1/5}} - \left(\frac{0.074}{Re_{kp}^{1/5}} - \frac{1.328}{Re_{kp}^{1/2}}\right)\frac{Re_{kp}}{Re} \tag{4.81}$$

或写成

$$C_{f} = \frac{0.074}{Re^{1/5}} - \frac{A}{Re}$$

式中:$A = 0.074\,Re_{kp}^{4/5} - 1.328\,Re_{kp}^{1/2}$,它的数值列于表 4.2 中。

表 4.2　Re_{kp} 和 A 的取值

Re_{kp}	10^3	3×10^5	5×10^5	10^6	3×10^6
A	320	1050	1700	3300	8700

如果用对数公式代替指数公式,则有相应的混合边界层公式:

$$C_f = \frac{0.455}{(\lg Re)^{2.58}} - \frac{A}{Re}$$

上式绘在图 4.13 中，A 值为 1700。

例 4.2　一平板宽为 2 m，长为 5 m，在空气中运动的速度为 2.42 m/s。试分别求其沿宽度方向及沿长度方向运动时的摩擦阻力。

解　首先判别边界层的流动状态：

$$x_{kp} = 5 \times 10^5 \frac{\nu}{U} = 5 \times 10^5 \times \frac{1.45 \times 10^{-5}}{2.42} \text{ m} = 3 \text{ m}$$

因此其沿宽度方向运动时边界层为层流边界层，而沿长度方向运动时边界层为混合边界层。

然后求沿宽度方向运动时的摩擦阻力，有

$$Re = \frac{2.42 \times 2}{1.45 \times 10^{-5}} = 3.34 \times 10^5$$

$$C_f = \frac{1.328}{\sqrt{Re}} = \frac{1.328}{\sqrt{3.34 \times 10^5}} = 2.298 \times 10^{-3}$$

$$R_f = C_f \cdot \frac{1}{2}\rho U^2 S = 2.298 \times 10^{-3} \times \frac{1}{2} \times 1.226 \times 2.42^2 \times 2 \times 5 \times 2 \text{ N} = 0.165 \text{ N}$$

接着求沿长度方向运动时的摩擦阻力，有

$$Re = \frac{2.42 \times 5}{1.45 \times 10^{-5}} = 8.35 \times 10^5$$

$$C_f = \frac{0.074}{Re^{1/5}} - \frac{1700}{Re} = 2.81 \times 10^{-3}$$

$$R_f = C_f \cdot \frac{1}{2}\rho U^2 S = 0.202 \text{ N}$$

可见沿长度方向运动较沿宽度方向运动时的阻力要高 22%。

4.5　曲面边界层流动

下面以翼型上表面的流动为例，来说明曲面边界层内的流动情况。

4.5.1　曲面压力变化及其对边界层内流动的影响

图 4.15 表示均匀来流 U 沿翼型曲面流动的情形，在翼型上表面形成了边界层。将曲线坐标原点取在前驻点 O 处，坐标轴 Ox 沿表面曲线，Oy 沿表面法线。点 C 为翼型上表面最凸出的一点。在同一法线上，边界层内各点的压力相同，即

$$\frac{\partial p}{\partial y} = 0$$

故边界层内的压力分布就等于其边界上的压力分布。

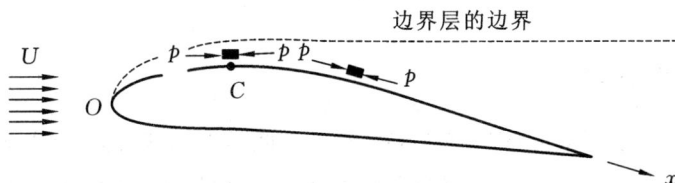

图 4.15　均匀来流沿翼型曲面流动

　　设点 C 处边界层外的势流速度达到最大值 U_{max}，压力达到最小值 p_{min}，从点 O 到点 C 外部势流是加速的，而压力是递减的，压力梯度 $\frac{\partial p}{\partial x}<0$，称为顺压梯度。超过点 C 后，压力沿流动方向不断增大，$\frac{\partial p}{\partial x}>0$，称为逆压梯度。边界层内部的流体在顺压梯度（减压加速）这一区段运动时，有部分压力能转变为动能，或者从力的观点来看，顺压梯度起着助推作用。虽然流体微团受到黏性力的阻滞作用，但仍有足够的动能使其能够顺利地继续前进。在到达点 C 时速度达到最大值而压力降到最小值。当流体微团通过点 C 以后，就进入逆压梯度（升压减速）这一区段。这时流体的部分动能不仅要转变为压力能，而且黏性力的阻滞作用还要继续消耗动能。从力的观点来看，流体微团受到了逆向压力差的反推作用与黏滞阻力的双重阻碍，其动能损耗，流速不断减小。

4.5.2　边界层速度剖面

　　（1）在最小压力点 C 以前，在物面上 $y=0$ 处，$V_x=0$；在 $y=\delta$ 处，$V_x\approx U(x)$；在 $0<y\leqslant\delta$ 处，$V_x>0$。因此速度剖面的 $\left(\frac{\partial V_x}{\partial y}\right)_{y=0}>0$，具有沿流动方向向外凸的形状。

　　（2）由于存在黏性力与逆压梯度对流动的双重阻滞，在点 C 以后的壁面上某一点 D 处（邻近壁面的地方），流体的动能将消耗殆尽，有 $V_x=0$，即 $\left(\frac{\partial V_x}{\partial y}\right)_{y=0}=0$，速度曲线在点 D 处与 y 轴相切，而且表面摩擦应力为

$$\tau_0=\mu\left(\frac{\partial V_x}{\partial y}\right)_{y=0}=0$$

　　（3）在点 D 之后，如图 4.16 所示的点 E，由于逆压梯度的反推作用，动能完全耗尽的流体微团产生倒流，可是靠近边界层外边界的流体微团必须流向后方，故速度剖面将如图 4.16 所示。其特点是紧邻固壁处的流体微团速度 V_x 反向（回流），而且在速度曲线上有 $V_x=0$ 的点。

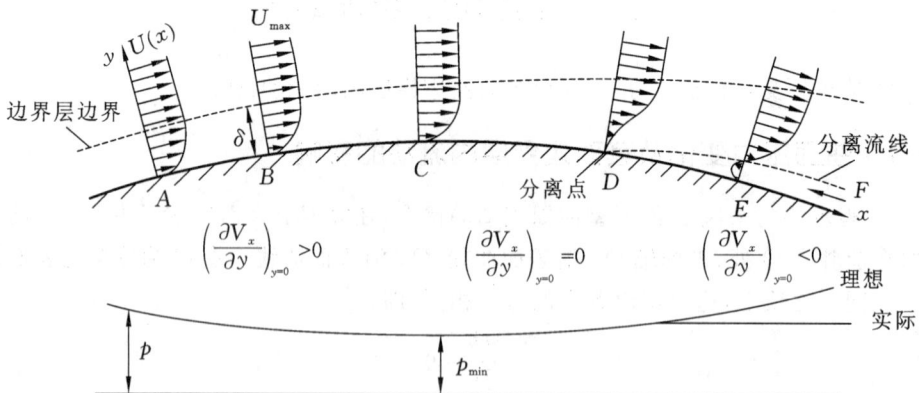

图 4.16　曲面边界层内速度剖面形状

4.5.3　边界层分离

　　如果将点 D 以后的各个速度剖面曲线上 $V_x=0$ 的各点连接起来，就得到主流与回流的分界面 DF，如图 4.16 所示。此分界面成为主流与回流之间的速度间断面。由于间断面的不稳

定性,回流与主流在点 D 附近相撞造成的扰动会引起间断面的波动,进而发展并破裂形成明显可见的大旋涡。这些旋涡像楔子一样将边界层和物体表面分开。这一现象称为边界层的分离,点 D 称为分离点。一般说来,边界层方程只适用于分离以前,在分离点以后边界层理论失效。另外,边界层分离产生的旋涡要耗散能量,使分离点下游的压力不能再升高,保持与分离点处的压力差不多相同的数值,如图 4.16 所示。这样,物体后部的平均压力远较物体前部的小,结果就形成所谓的"黏差阻力"。

以上是对边界层分离现象的一个定性解释。从中可以看出,产生分离需要两个条件:一个是壁面通过黏性对流动的阻滞作用,二是存在逆压梯度,二者缺一不可。但也必须指出,这两个条件仅是产生分离的必要条件而非充分条件。实际上,流体绕物体流动不一定都发生分离。如果将物体设计成流线型,因其特点是头圆尾尖,最大厚度偏于前缘一侧,后部的逆压梯度比较小,从而减小了尾部发生分离的可能性(即使发生分离,其旋涡区的范围也相当小)。另外,由于物体表面的压力分布也随来流方向的不同而不同,即使是流线型物体,在小攻角下边界层无分离,在大攻角下也会发生分离。因此,机翼和舵都要避免在大攻角(达到或超过发生边界层分离的临界攻角)条件下工作。

分离点 D 的位置可以这样来确定:由图 4.16 可以明显地看到,在分离点的前面,$(\partial V_x / \partial y)_{y=0} > 0$,因为流体是前进的;在分离点的后面,$(\partial V_x / \partial y)_{y=0} < 0$,因为流体发生回流。于是在分离点处,有:

$$\left(\frac{\partial V_x}{\partial y} \right)_{y=0} = 0 \qquad (4.82)$$

这是由普朗特首先提出的,称为普朗特流动分离判据。

可由边界层理论解出边界层内的 $V_x(x,y)$,然后由条件即式(4.82)确定分离点,也可由实验确定分离点的位置。

在连续的光滑曲面上,流动分离出现在什么地方跟边界层的流态有关。湍流边界层因其内部动量交换充分,不像层流那样容易分离,因此,湍流边界层的分离点靠后,层流的分离点靠前。这无疑表明,流动分离和 Re 数有关,圆柱体绕流随 Re 数的变化最能说明这个问题。图 4.17 所示的是圆柱体绕流随 Re 数变化的几个典型示意图。当 $Re < 5$ 时,流动无分离。5～15 $\leqslant Re < 40$ 时,圆柱体后面形成一对稳定的驻涡。$40 \leqslant Re < 150$ 时,尾流中开始出现脱落的旋涡,逐渐形成两边交替出现的稳定涡列——Kármán 涡街,涡街的斯特劳哈尔数 St 和雷诺数 Re 之间的近似关系为

$$St = 0.212(1 - 21.2/Re)$$

在这个 Re 数范围,边界层的分离属于层流分离,分离点的位置在 $\theta \approx \pm 84°$ 附近不断摆动。$150 \leqslant Re < 300$ 时,尾流中的层流涡转变为湍流涡,相应的 $St \approx 0.16 \sim 0.20$。$3000 \leqslant Re < 2.5 \times 10^5$ 为亚临界区,这时尾流已形成湍流涡街,$St \approx 0.2$,然而柱面上边界层仍出现层流分离。$2.5 \times 10^5 \leqslant Re < 3.5 \times 10^6$ 是临界区和超临界区,边界层由层流分离转变为湍流分离,分离点在 $\theta \approx \pm 120°$ 附近,旋涡脱落由规则变为不规则,流动现象呈现随机性。当 $Re \geqslant 3.5 \times 10^6$ 时,湍流涡街再度出现,尾流又呈现出周期性的特征。在以上整个雷诺数范围内,圆柱体绕流的 St 数变化规律如图 4.18 所示,其中在 $3 \times 10^5 \leqslant Re < 3 \times 10^6$ 范围内,St 的数值是不确定的。

光滑物面上流动分离和雷诺数有关,分离点的位置也不固定在一处。但是,如果物体有外突的棱角,流动空间在棱角后突然扩大,那么棱角处必然会发生分离,图 4.19 所示就是几个例子。其中图 4.19(a)上第一折角挡住了来流的去路,在它前面形成了一个驻点区,有很强的逆压

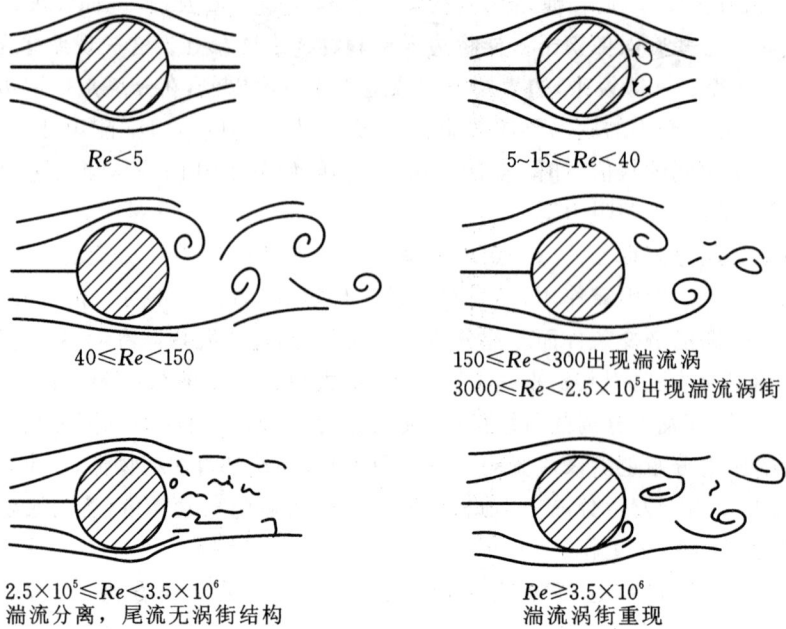

$Re<5$　　　　　　　　　　　　$5\sim15\leqslant Re<40$

$40\leqslant Re<150$　　　　　　　　$150\leqslant Re<300$出现湍流涡
　　　　　　　　　　　　　　　　　$3000\leqslant Re<2.5\times10^{5}$出现湍流涡街

$2.5\times10^{5}\leqslant Re<3.5\times10^{6}$　　　　$Re\geqslant3.5\times10^{6}$
湍流分离，尾流无涡街结构　　　　　湍流涡街重现

图 4.17　圆柱体绕流随 Re 数的变化

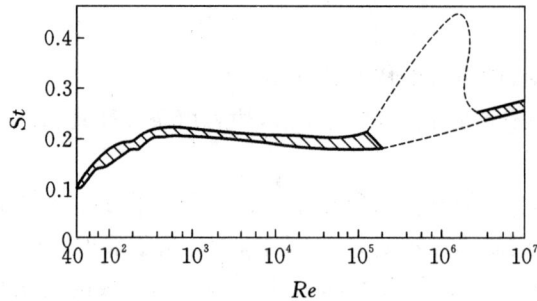

图 4.18　圆柱体绕流的 St-Re 曲线

梯度，迫使来流在 S_1 点分离。它的第二折角 S_2 外突，分离点就固定在该折角上。图 4.19(b)和图 4.19(c)所示物体都有外突的棱角，分离就发生在这些地方。和圆柱体绕流一样，图 4.19(b)和图 4.19(c)所示的物体后面也会出现尾涡。

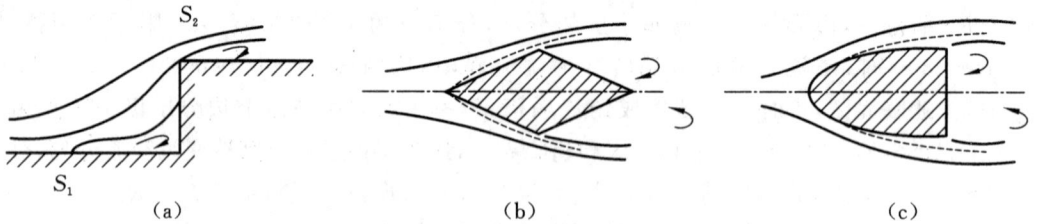

(a)　　　　　　　　　　(b)　　　　　　　　　　(c)

图 4.19　折角处的流动分离

习 题

4.1 设平板长为 L，板宽为 b，对于不可压缩流体平板边界层，试求当速度分布满足 $V_x/U = 2y/\delta - y^2/\delta^2$ 时的动量损失厚度、边界层排挤厚度、边界层厚度和摩擦阻力系数。已知壁面动量损失厚度 θ 和切应力 τ_0 满足动量积分方程 $\mathrm{d}\theta/\mathrm{d}x = \tau_0/(\rho U^2)$。

4.2 设平板长为 L，板宽为 b，对于不可压缩流体平板边界层，试求当速度分布满足 $V_x/U = 2y/\delta - 2(y/\delta)^3 + (y/\delta)^4$ 时的边界层厚度和摩擦阻力系数与雷诺数的关系。已知壁面动量损失厚度 θ 和切应力 τ_0 满足动量积分方程 $\mathrm{d}\theta/\mathrm{d}x = \tau_0/(\rho U^2)$。

4.3 一矩形平板长为 3 m，宽为 2 m，在海面上气流以 $U = 3$ m/s 的速度沿板长方向流过平板，求单面平板上的摩擦力。

4.4 平板长为 15 m，宽为 1.5 m，设水流沿平板表面长度方向流过，考虑流速为：①0.02 m/s，②0.2 m/s，③2 m/s。试计算平板的单面摩擦力。

4.5 一长为 100 m、湿表面积为 2000 m^2 的水面船，以 20 kn 的速度在静水中航行，试计算该船的摩擦阻力和克服此阻力所消耗的功率。

第5章　船舶静水直航流体动力

5.1　船舶运动受力

船体在静水中运动时所受到的阻力与船体周围的流动现象密切有关。根据观察,船体周围的流动情况是相当复杂的,主要有以下三种现象。

首先,船体在运动过程中兴起波浪,波浪的产生改变了船体表面的压力分布情况,如图5.1所示。船首的波峰使首部压力增加,而船尾的波谷使尾部压力降低,于是产生首尾流体动压力差。这种由兴波引起的压力分布的改变所产生的阻力称为兴波阻力,一般用 R_w 表示。从能量观点来看,船体兴起的波浪具有一定的能量,这种能量必然由船体供给。由于船体运动过程中不断产生波浪,也就不断耗散能量,从而形成兴波阻力。

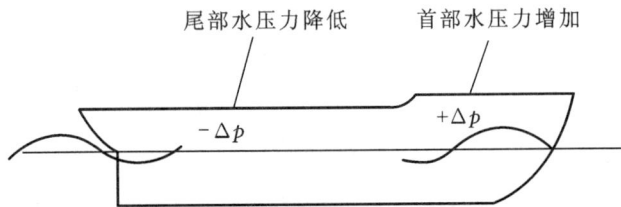

尾部水压力降低　　首部水压力增加

$-\Delta p$　　$+\Delta p$

图 5.1　兴波改变船体压力分布

其次,当船体运动时,由于水的黏性,在船体周围形成边界层,从而使船体在运动过程中受到黏性切应力作用,即船体表面产生了摩擦力,它在运动方向的合力便是船体摩擦阻力,用 R_f 表示。

最后,在船体曲度骤变处,特别是较丰满船的尾部常会产生旋涡。产生旋涡的根本原因也是水具有黏性。旋涡处的水压力下降,从而使沿船体表面的压力分布情况改变。这种由黏性导致船体前后压力不平衡而产生的阻力称为黏压阻力,用 R_{pv} 表示。从能量观点来看,克服黏压阻力所做的功耗散为旋涡的能量。黏压阻力习惯上也称旋涡阻力。应该指出,由于实际流体的黏性作用,即使在不产生分离的情况下,由于边界层在尾部排挤厚度大,船体前后部分存在压力差,因此同样存在黏压阻力。

按航行过程中船体周围的流动现象和产生阻力的原因来分类,则船体总阻力 R_t 由兴波阻力 R_w、摩擦阻力 R_f 和黏压阻力 R_{pv} 三者组成:

$$R_t = R_w + R_f + R_{pv} \tag{5.1}$$

对于不同航速的船舶,上述阻力成分在船体总阻力中所占比例是不同的。对低速船,兴波阻力成分较小,摩擦阻力为 $70\%\sim80\%$,黏压阻力占 10% 以上。对高速船,兴波阻力将增加至 $40\%\sim50\%$,摩擦阻力为 50% 左右,黏压阻力仅为 5% 左右。

5.1.1　摩擦阻力

由边界层理论可知,当水或空气流经平板表面时,由于流体的黏性作用,平板表面附近会形成边界层。虽然边界层厚度很小,但边界层内流体速度的变化率(即速度梯度)很大。由牛顿内摩擦定律可知,平板表面受到的摩擦切应力为

$$\tau = \mu \left.\frac{\partial V}{\partial y}\right|_{y=0} \tag{5.2}$$

式中:μ 为流体的动力黏度;$\partial V/\partial y$ 为边界层内的速度梯度。

尽管所讨论的介质是水,其动力黏度 μ 较小,但由于在边界层内的速度梯度 $\partial V/\partial y$ 很大,因此平板表面受到的摩擦切应力不能忽略不计。

由上所述,整个平板所受到的摩擦阻力 R_f 应是所有摩擦切应力的合力,可表示为

$$R_f = \int_S \tau \, \mathrm{d}S \tag{5.3}$$

如图 5.2 所示,设平板宽度为 b,则 x 段内全部摩擦阻力为 R_f,其无量纲形式可表示为

$$C_f = R_f \Big/ \left(\frac{1}{2}\rho V^2 S\right) = 2b\int_0^x \tau \, \mathrm{d}x \Big/ \left(\frac{1}{2}\rho V^2 \cdot 2bx\right) = \frac{1}{x}\int_0^x C_\tau \, \mathrm{d}x \tag{5.4}$$

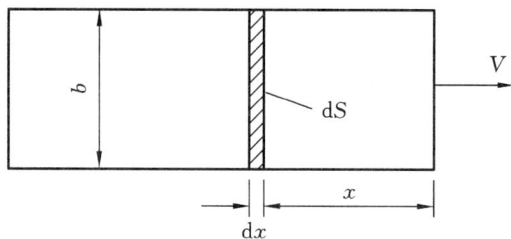

图 5.2　平均摩擦阻力系数的计算

式中:$C_\tau = \tau \big/ \left(\frac{1}{2}\rho V^2\right)$,为局部摩擦阻力系数;$C_f$ 为平均摩擦阻力系数,是局部摩擦阻力系数 C_τ 在整个 x 长度范围内的平均值,如图 5.3 所示。同时亦可说明平均摩擦阻力系数比同雷诺数的局部摩擦阻力系数大。这一结论无论对层流还是湍流情况均成立。

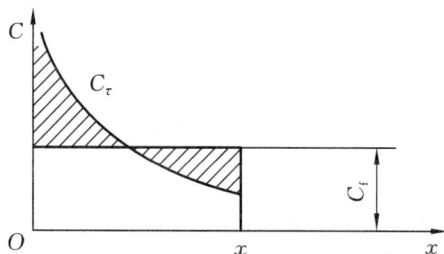

图 5.3　C_f 与 C_τ 的关系示意图

下面讨论摩擦阻力的主要特性。

1. 摩擦阻力与流态的关系

由以上分析可知,当流体介质一定时,对于给定的平板,其所受到的摩擦阻力取决于摩擦切应力。由式(5.2)可知,τ 与边界层内的速度分布有关。边界层内为层流和湍流时的速度分布如图 5.4 所示。在湍流边界层中,水质点互相撞击产生动量交换,以致边界层内的速度分布较层流时丰满,在相同来流条件下,速度梯度较大,所以其摩擦切应力比层流情况大,相应的摩擦阻力系数亦大。

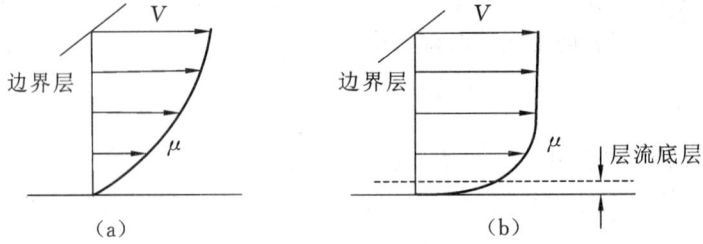

图 5.4　边界层内的速度分布

2. 雷诺数 Re 对摩擦阻力的影响

在固定流态情况下,摩擦切应力 τ 随局部雷诺数 $Re_x = \dfrac{Vx}{\nu}$ 变化而变化。

(1) 当来流速度 V 不变,x 增大引起 Re_x 增大时,边界层厚度增加,从而使边界层内的速度分布的丰满度有所下降,速度梯度 $\partial V/\partial y$ 必然随 x 增大而减小,摩擦切应力和局部摩擦阻力系数均随 Re_x 增大而减小。

(2) 当 x 一定,V 增大使 Re_x 增大时,边界层厚度将减小,从而使边界层内流速分布的丰满度增大,摩擦切应力 τ 随之增大。

应当指出,由流体力学平板边界层求解结果知:随来流速度 V 增加(x 一定时),摩擦切应力 τ 在湍流和层流流动时分别正比于 $V^{13/7}$ 和 $V^{3/2}$,即 τ 随 V 的增大情况均小于 V^2 关系。由此可知,其局部摩擦阻力系数 C_τ 仍然随 Re_x 增大而减小。

由于平均摩擦阻力系数 C_f 与局部摩擦阻力系数 C_τ 具有相同的变化规律,因此可推知:当 Re 增大时,C_τ 和 C_f 均随之下降。

3. 摩擦阻力与平板湿面积的关系

平板的摩擦阻力与式(5.2)有关。如果流体介质给定,当边界层内的流动状态固定时,动力黏度 μ 和边界层内的速度梯度 $\partial V/\partial y$ 均为常数,因而摩擦切应力 τ 为常数。显然板长为 L 的平板摩擦阻力的值正比于平板的湿面积 S,这一结论对研究船体形状以减小湿面积从而降低摩擦阻力具有实用意义。

船体表面是个三维曲面,水流经过时,其也会产生边界层。由于船体表面纵向和横向曲率的影响,船体周围的三维边界层与平板的二维边界层有明显的不同。其主要差别在于以下几点。

(1) 边界层外缘势流不同。对于平板,边界层外缘势流的速度和压力均保持不变。但对于船体,两者沿船体表面均发生变化。首先,船体表面各处的流速是不同的,船中部流速大于船的绝对速度而首尾两端流速却小于船的绝对速度。根据观察,其数值与由理想流体理论计算所得的沿船体周围的流速基本相等。如图 5.5 所示,虽然在边界层以外的部分也有速度梯度和摩擦切应力,但与边界层以内部分相比是很小的,所以黏性影响可以忽略不计。其次,由于外部势流沿船体表面的流速不同,由伯努利方程可知,沿船体表面的压力也不相等,船中压力较低,首尾压力较高,即存在纵向压力梯度。

(2) 层内纵向压力分布不同。根据边界层理论中边界层内部力等于其外缘力的假定,平板边界层内纵向压力处处相等,而船体边界层内则存在纵向压力梯度,即首部压力高,中部压力较低而尾部压力又相应有所升高。由于流体的黏性作用,在这种纵向压力分布情况下,不管尾部是否出现边界层分离,尾部的压力较首部压力都有所下降,因而船体不但受到摩擦阻力,

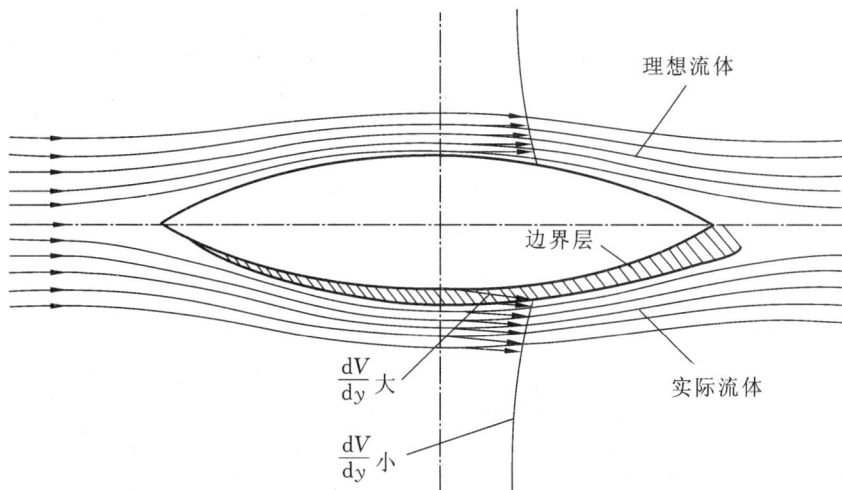

图 5.5　边界层内外的速度梯度比较

还将受到黏压阻力。这将在 5.1.2 小节中详细讨论。此外,船体边界层在边界层相对厚度以及横向绕流对边界层的影响等方面与平板边界层相比亦存在差异,但船体摩擦阻力的成因、特性与平板情况基本相同,因此船体摩擦阻力可以应用与平板摩擦阻力相同的方法进行处理。船体摩擦阻力亦可用能量观点进行解释。就某一封闭区而言,当船在静水中航行时,由于黏性作用,其必带动一部分水一起运动,这就是边界层。为携带这部分水一起前进,在运动过程中船体将不断给这部分水质点提供能量,因而产生摩擦阻力。

　　在船体摩擦阻力的计算方面,1957 年在西班牙马德里召开的第八届国际拖曳水池会议(ITTC)上根据几何相似船模阻力的试验结果,提出了“1957 年国际船模试验池实船-船模换算公式”,简称 1957ITTC 公式:

$$C_t = \frac{0.075}{(\lg Re - 2)^2} \tag{5.5}$$

应该指出,1957ITTC 公式并不完全是湍流下光滑平板摩擦阻力系数计算公式,它专用于船模和实船的阻力换算。

　　船体摩擦阻力可以由相当平板的摩擦阻力与由表面粗糙度增加的摩擦阻力之和来表示,即为

$$R_f = (C_f + \Delta C_f) \cdot \frac{1}{2}\rho V^2 S \tag{5.6}$$

具体计算步骤如下:

　　(1) 计算船的湿表面积。

　　(2) 计算雷诺数 $Re = \dfrac{V L_{wl}}{\nu}$,其中 L_{wl} 为水线长(m),V 是船速(m/s),ν 是水的运动黏度。

　　(3) 根据光滑平板摩擦阻力公式算出或由相应的表查出摩擦阻力系数 C_f。

　　(4) 确定表面粗糙度补贴系数 ΔC_f 的数值,目前我国一般取 $\Delta C_f = 0.4 \times 10^{-3}$。

　　(5) 根据式(5.6)算出船的摩擦阻力。

5.1.2　黏压阻力

黏压阻力是作用在物体表面的压力在来流方向的投影的总和。理想流体绕物体流动时不

存在黏压阻力。只有当黏性流体绕物体流动时在物体后部逆压梯度区域内出现边界层分离，产生旋涡，使压力不能恢复理想流体绕流时应有的压力数值时，才有黏压阻力。因此黏压阻力是黏性间接作用的结果。图 5.6 和图 5.7 给出了圆球和圆盘以及圆柱体的阻力系数与雷诺数的关系曲线。

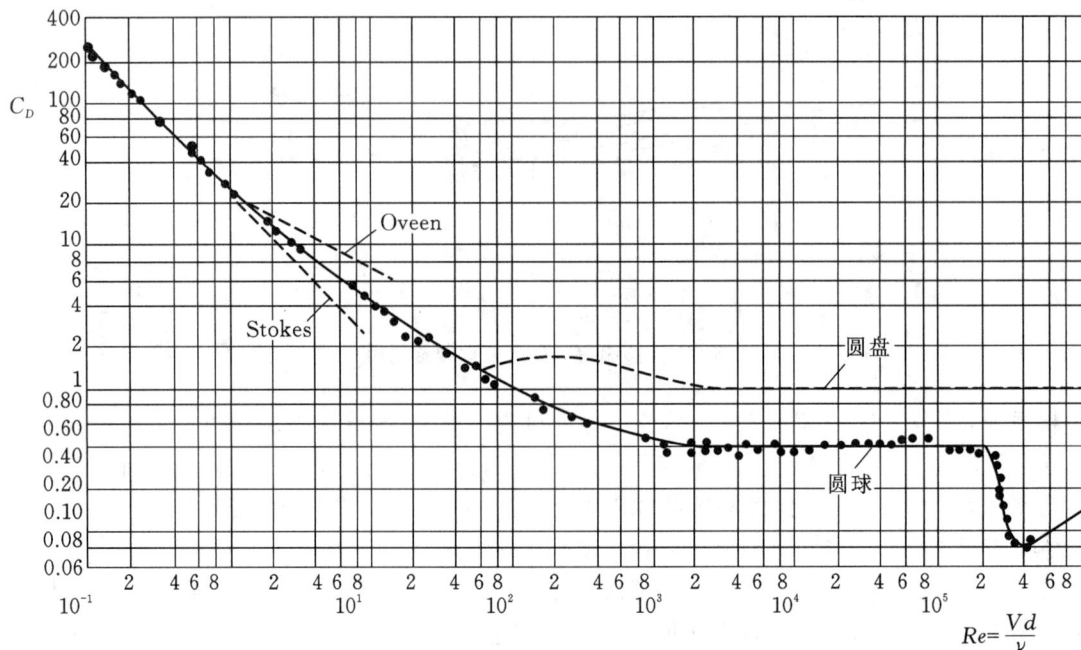

图 5.6　圆球和圆盘的阻力系数

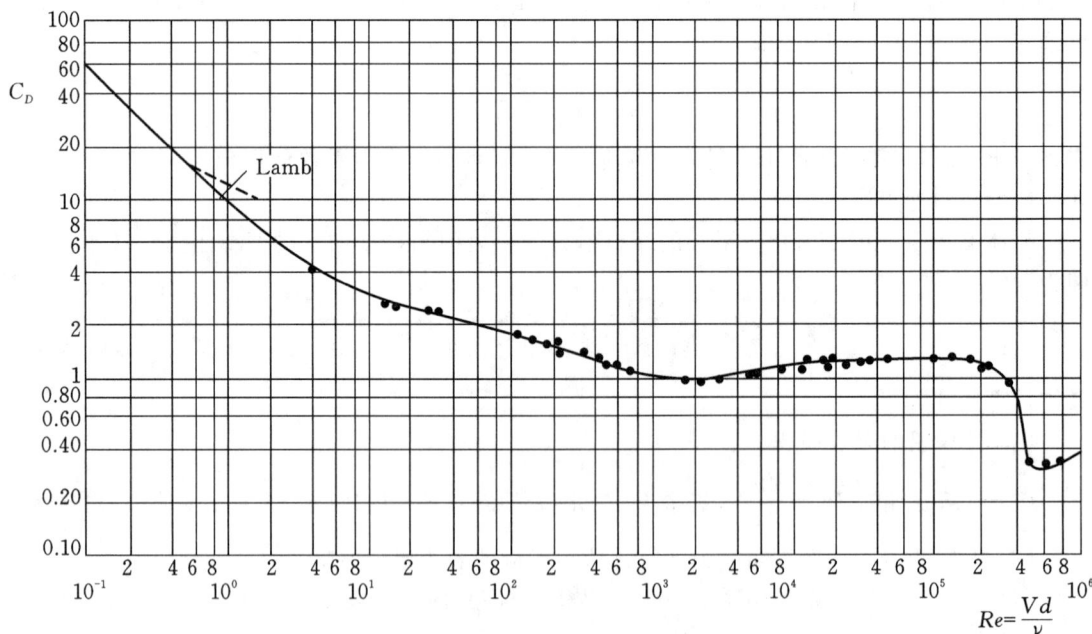

图 5.7　圆柱体的阻力系数

当雷诺数较低时，边界层发生层流，这时边界层的分离点在物面上最大截面的附近，并且在物体后面形成较广的尾涡区,从而产生很大的压差阻力。当雷诺数增加到 $2 \times 10^3 \sim 2 \times 10^5$ 范围时,圆球阻力系数稳定在 0.4 左右。出人意料的是,当雷诺数增加到约 3×10^5 时,阻力系数从大约 0.4 的数值突然急剧下降到 0.1 以下。这一现象在当时尚未得到很好的解释,被称为 "阻力危机"(drag crisis)。其实,这是因为雷诺数增到 3×10^5 时,边界层由层流到湍流转变的转捩点逐步前移到分离点之前。由于湍流边界层中流体的动能较大,分离点沿物面向后移动一段距离,尾涡区大大变窄,从而使阻力系数显著降低。普朗特用"人工激流"的方法证实了这一现象。他在紧靠圆球上层流分离点稍前的地方套一圈金属丝,人为地把层流边界层转变为湍流边界层,则在雷诺数小于 3×10^5 时,就出现阻力系数突然急剧降低的现象。这时,分离点从原来在圆球前驻点后约 $80°$ 处向后移到 $110° \sim 120°$ 的位置,如图 5.8 所示。

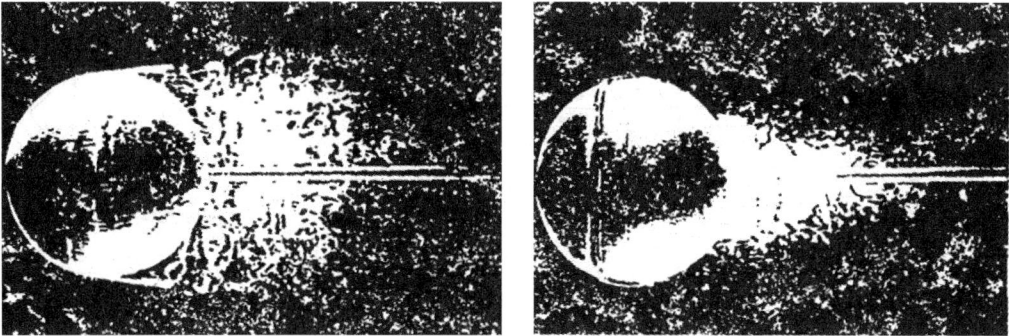

图 5.8　圆球绕流边界层分离

　　理想流体绕流流线型物体时,尾端速度为零,压力达到极大值,和前面的最大压力相互平衡,因此阻力为零。在真实流体中存在边界层,其流动图形如图 5.9 所示,在尾缘上方的边界层边界上点 B 处的速度不为零。由拉格朗日方程可知,该处压力不是极大值。由于压力沿边界层的厚度分布是不变的,尾端 B 的压力等于边界层边界上点 B 的压力,所以点 B 的压力也不能达到极大值。因此流线型物体虽然没有出现边界层分离现象,但尾部的压力仍然降低从而不能与前部的最大压力平衡,同样会导致产生黏压阻力,即形状阻力。

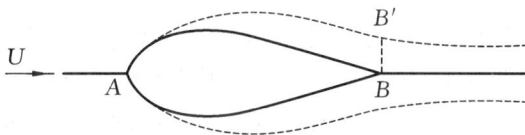

图 5.9　真实流体绕流流线型物体

　　流线型物体的浸湿面积虽然增加了,摩擦阻力增加了,但防止了边界层分离,大大降低了黏压阻力,因而减小了总阻力。例如圆柱体的阻力系数为 1.2,而一个优良流线型柱体的阻力系数仅为 0.065(对应的雷诺数为 10^5)。对于流线型物体,"阻力危机"现象不像圆球那样显著,其中的一些例子如图 5.10 所示。其原因在于对流线型物体而言,层流边界层分离较晚,尾流区较小,其压差阻力不大,故边界层由层流转换为湍流时,由于压差阻力的减小,总阻力的减小并不显著,故而阻力曲线比较平坦,阻力不像圆球或圆柱体那样会突然降低。

　　对于船体来说,黏压阻力产生的原因如下。设在深水中,水以等速流向船形物体,如图 5.11(a) 所示。假定水是理想流体,由流体力学可知,在前后驻点 A、B 处的速度为零,压力为最大值。当水质点沿船体表面由前驻点 A 流至最大剖面点 C 时,速度由零逐渐增加到最大值,由伯努

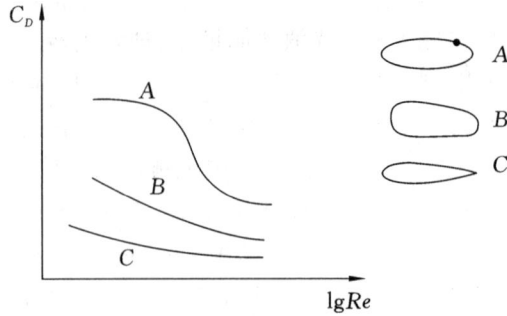

图 5.10　不同剖面物体的阻力系数

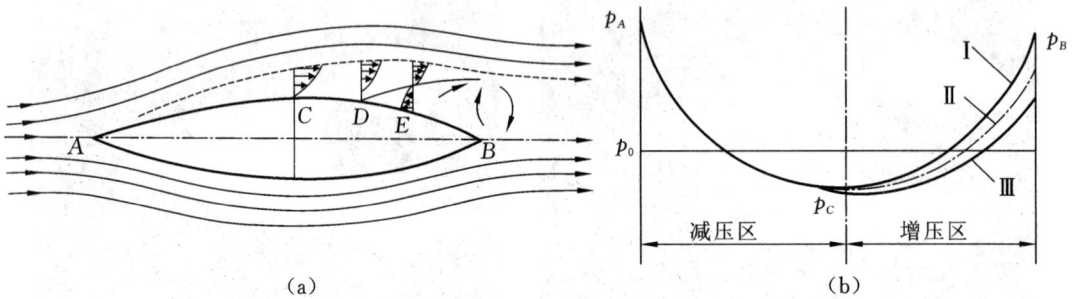

图 5.11　船体黏压阻力的成因

利方程知,压力逐渐减小到最小值,这个范围是减压区;相反,当水质点自点 C 流向后驻点 B 时,速度从最大值降低至零,而压力从最小值上升至最大值,这个范围是增压区。沿整个船形物体表面的压力分布如图 5.11(b)中的曲线 Ⅰ 所示。但作用在物体前体和后体上的合力相等,因此阻力为零。从能量转换观点来看:在减压区内,即 AC 段,压能逐渐转换为动能,而在增压区内,即 CB 段,动能又全部转换为压能。换句话说,水质点的动能逐步克服压力差到达点 B 时正好动能丧失殆尽,速度为零,压力回升到最大值,所以总能量无损耗,阻力为零。这就是理想流体中的达朗贝尔佯谬。

在实际流体中,由于黏性而形成边界层,认为边界层外部沿船体纵向曲度而发生变化的压力将传到边界层内部的流体中去且其大小不改变,因此出现与理想流体中不同的流动情况:当水质点从前驻点 A 到达最大剖面点 C 处时,速度达到最大值,压力最小。这个范围内的流动特点虽然仍是加速、减压,但是水质点在边界层内的运动受到黏性摩擦力和负压力差的双重作用。尽管后者的作用较前者大,但由于黏性力的阻滞作用,水质点在 C 处所能达到的最大速度不如理想流体中的大,它所具有的动能同样比理想流体中的要小;当水质点从点 C 向尾部流动时,即进入增压区,在黏性力及增压区的正压力差的作用下,水质点速度迅速降低,水质点所具有的动能已不能使它到达点 B。当到达点 D 时,水质点的速度已降为零,动能全部耗尽。过了点 D 后,在增压区的压力差的作用下流体往回流,迫使边界层向外移,出现边界层分离现象。因此,点 D 称为分离点。边界层分离后在船后部形成许多不稳定的旋涡,与水流一起被冲向后方,旋涡的产生使船尾部的压力下降,如图 5.11(b)中曲线 Ⅲ 所示,造成船首尾压差,这样便产生了阻力。这种由黏性消耗水质点的动能形成首尾压力差而产生的阻力称为黏压阻力。显然,分离点向前端移动,分离区必增大,产生的旋涡现象更严重,尾部压力下降更甚,则黏压阻力亦必增大。黏压阻力明显大时,通常伴随严重的流动分离和旋涡,因此黏压阻力曾被称为旋涡阻力。

从能量观点来看,在船尾部形成旋涡要消耗能量,一部分旋涡被冲向船的后方,同时船尾处又继续不断产生旋涡,这样船体就要不断地提供能量,这部分能量的损耗就是以黏压阻力的形式体现的。

应该指出的是:对于流线型物体,甚至某些优良船型可能并不发生流动分离现象,但黏压阻力仍然存在,仅数值大小不同而已。这是因为边界层的形成使尾部流线被排挤外移,因而流速较理想流体情况时增大,压力将下降。这样尾部的压力不会达到理想流体中的最大值。其压力分布曲线如图 5.11(b) 中曲线 Ⅱ 所示,首尾仍旧存在压力差,同样会产生黏压阻力,但与由边界层分离而引起的黏压阻力相比要小得多。

5.1.3　兴波阻力

船舶在水面上航行时产生波浪的原因主要在于:水流流经弯曲的船体时,沿船体表面的压力分布不一样,导致船体周围的水面升高或下降,在重力和惯性的作用下,在船后形成实际的船行波。船体在水下深处做匀速直线运动,由运动转换原理,可将船体视为在深水中不动,而无限远处水流以速度 V 流向船体,如图 5.12 所示。其中,图 5.12(b) 和图 5.12(c) 分别为船体压力分布和表面速度分布图,图 5.12(d) 为该船体周围的流动图,驻点 A 和 C 处的流速为零,压力值最大。

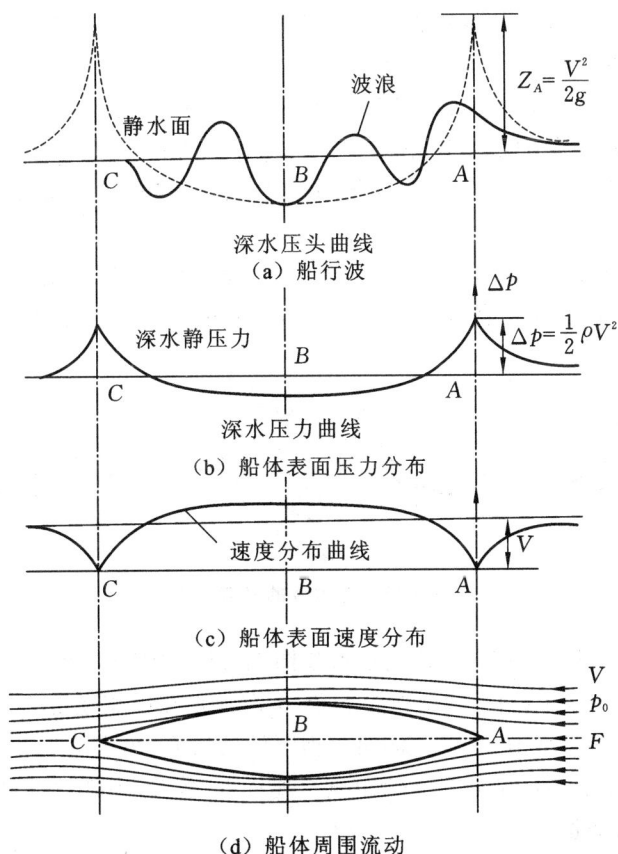

（a）船行波

（b）船体表面压力分布

（c）船体表面速度分布

（d）船体周围流动

图 5.12　船行波形成

船在水面上航行与在深水下航行有所不同。设远处点 F 的来流速度为 V，水表面的压力为大气压力 p_a，沿船体水线及远前方液面应用伯努利方程，则对于驻点 A 和远方点 F，有

$$\frac{V_A^2}{2g}+\frac{p_a}{\gamma}+Z_A=\frac{V^2}{2g}+\frac{p_a}{\gamma} \tag{5.7}$$

由于驻点的流速 $V_A=0$，故得点 A 波面的升高量为

$$Z_A=\frac{V^2}{2g}>0$$

同理可得点 B 和点 C 的波面升高量分别为

$$Z_B=\frac{V^2-V_B^2}{2g}<0$$

$$Z_C=\frac{V^2}{2g}>0 \tag{5.8}$$

由此可见，点 A 和点 C 处的水面被抬高，而点 B 的水面下降，整个水面高度的变化情况如图 5.12(a)中的虚线所示。同时可见，水面高度的变化与速度的平方成比例，由此推想，船行波的波高将正比于船速的平方。

实际上，船行波与上述船体周围的水面变化是有差别的，主要表现在如下三个方面。

第一，实际水面抬高量小于 $Z_A=\dfrac{V^2}{2g}$。这是因为水流流向点 A、点 C 处时，压力已渐增，水面处的水质点已具有向上的速度，并非如深水中 $V_A=V_C=0$ 一样，所有的动能全部转换成势能。实际上点 A 和点 C 不是真正的驻点。

第二，由于惯性作用，水面最高位置存在滞后。水质点经过点 A 以后，动能增加，水面本应下降，但由于水质点运动的惯性作用，在点 A 后水面将继续上升到某一位置才开始下降。所以实际船行波的首波峰总是在船首柱稍后的地方，尾波峰位于尾柱之后，尾柱前总为一波谷。

第三，水质点受到流体动压力的扰动而离开其平衡位置后，便在重力和惯性力的相互作用下，绕其平衡位置振荡，形成波浪，如图 5.13 所示。这里重力是振荡的回复力，因此船行波是重力波。

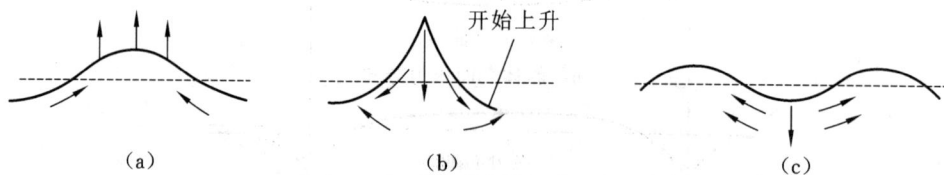

图 5.13   重力波的兴波过程

综上可知，船体在航行过程中形成的波形如图 5.12(a)中实线所示。

船舶以等速 U 在平静的深水域做直线运动，下游只存在以相速度 $C(C=U)$ 传播的波浪，不必注重船体附近的流动细节，主要关注船后远下游的波系(见图 5.14)。在远下游取一个固定的控制面 Ⅰ—Ⅰ，船舶和控制面之间的距离以速度 U 增大，不断兴起新波浪。单位时间内新兴起的波浪具有的能量为

$$C\overline{E}=\frac{1}{2}\rho gA^2U \tag{5.9}$$

其中一部分能量由已有的波浪通过波能传递的方式提供,这部分能量为

$$C_g \overline{E} = \frac{1}{2}\rho g A^2 \frac{C}{2} = \frac{1}{4}\rho g A^2 U \tag{5.10}$$

其余部分来自船克服的兴波阻力,因此有

$$C\overline{E} = C_g \overline{E} + R_w U \tag{5.11}$$

将式(5.9)和式(5.10)代入式(5.11),得兴波阻力为

$$R_w = \frac{1}{4}\rho g A^2 \tag{5.12}$$

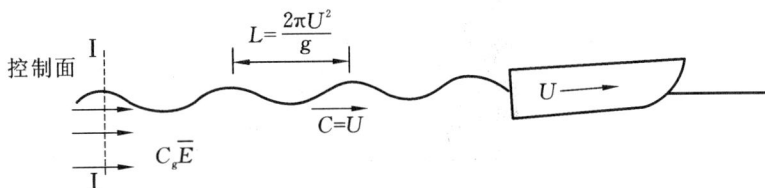

图 5.14　船体兴波示意

兴波阻力公式(5.12)仅表明 R_w 和 A^2 成正比,并不能用于计算兴波阻力。波幅 A 的值既与船体的形状、大小有关,也与运动速度有关,此外,还受波系之间的干扰因素的影响。下面通过例子来说明波系的干扰影响。

第一个扰源单独以速度 U 做等速直线运动,将产生一个波幅为 A 的小振幅波,在运动坐标系(固连于扰源上的坐标系)上,此波的波面方程为

$$\zeta_1 = A\cos(kx+\varepsilon) \tag{5.13}$$

式中:$k = g/C^2 = g/U^2$;ε 为相位角,可任意设定。

根据式(5.12),第一个扰源要克服的兴波阻力为

$$R_{w1} = \frac{1}{4}\rho g A^2 \tag{5.14}$$

现在将第二个扰源加上去。第二个扰源在第一个扰源的下游,相隔距离为 l,它引起的波幅大小和第一个一样,但方向正好相反,因而第二个扰源引起的波面方程为

$$\zeta_2 = -A\cos(kx+\varepsilon+kl) \tag{5.15}$$

两个波叠加得

$$\zeta = \zeta_1 + \zeta_2 = A[\cos(kx+\varepsilon) - \cos(kx+\varepsilon+kl)] \tag{5.16}$$

ζ 可用复变函数的实部表达,即

$$\zeta = \mathrm{Re}[A\,\mathrm{e}^{\mathrm{i}(kx+\varepsilon)}(1-\mathrm{e}^{\mathrm{i}kl})] \tag{5.17}$$

因此,合成波的最大波幅为

$$A_{\max} = A|1-\mathrm{e}^{\mathrm{i}kl}| = A\sqrt{(1-\cos(kl))^2 + \sin^2(kl)}$$

即

$$A_{\max} = 2A\sin\left(\frac{kl}{2}\right) \tag{5.18}$$

于是,两个扰源产生的兴波阻力为

$$R_w = \frac{1}{4}\rho g A_{\max}^2 = \rho g A^2 \sin^2\left(\frac{kl}{2}\right) \tag{5.19}$$

因此

$$\frac{R_{\text{w}}}{R_{\text{w1}}} = 4 \sin^2\left(\frac{kl}{2}\right) = 4 \sin^2\left(\frac{1}{2Fr}\right) \tag{5.20}$$

式中:Fr 为无量纲的弗劳德数,代表运动惯性力和重力之比,即

$$Fr = U/\sqrt{gl} \tag{5.21}$$

式(5.20)的曲线如图 5.15 所示。

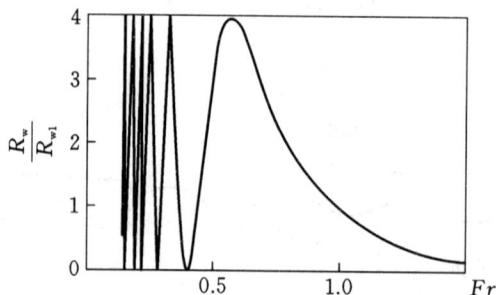

图 5.15　兴波阻力曲线

从式(5.20)可知,当 $kl/2 = m\pi$,m 为任意整数,即 $l = m2\pi/k = mL$ 时,$R_{\text{w}}/R_{\text{w1}} = 0$;当 $kl/2 = (m+1/2)\pi$,即 $l = (m+1/2)L$ 时,$R_{\text{w}}/R_{\text{w1}} = 4$,干扰达到极大值;当 $Fr > 0.955$ 时,兴波阻力的不利影响不再存在。

上面这个例子可以用来定性说明实船首波系和尾波系之间的干扰。

现在将第二扰源的扰动改成正的,即令

$$\zeta_2' = A\cos(kx + \varepsilon + kl) \tag{5.22}$$

将它和 ζ_1 叠加,得

$$\zeta = \zeta_1 + \zeta_2' = \text{Re}\left[A\,\text{e}^{\text{i}(kx+\varepsilon)}(1 + \text{e}^{\text{i}kl})\right] \tag{5.23}$$

这时,有

$$A'_{\max} = A\,|1 + \text{e}^{\text{i}kl}| = 2A\cos\left(\frac{kl}{2}\right) \tag{5.24}$$

相应的兴波阻力为

$$R_{\text{w}}' = \rho g A^2 \cos^2\left(\frac{kl}{2}\right) \tag{5.25}$$

兴波阻力的比为

$$\frac{R_{\text{w}}'}{R_{\text{w1}}} = 4\cos^2\left(\frac{kl}{2}\right) = 4\cos^2\left(\frac{1}{2Fr}\right) \tag{5.26}$$

这个比值的曲线和图 5.15 所示的差不多,在低速时($Fr < 1$),干扰的影响大,当两扰源相距整数波长($l = mL$)时,$R_{\text{w}}'/R_{\text{w1}} = 4$,当 $l = \left(m + \dfrac{1}{2}\right)L$ 时,$R_{\text{w}}'/R_{\text{w1}} = 0$,不过比值为零并不一定意味着两个扰源的兴波阻力都为零,可能是第一个扰源受到兴波阻力,而第二个扰源受到一个大小相等、方向相反的推力。这个例子显示的推力效应在船舶编队航行时起作用。冲浪板运动员在上游船舶所产生的波系上也可以设法利用这种效应。

5.2　螺旋桨运动受力

5.2.1　桨叶切面

与螺旋桨共轴的圆柱面和桨叶相截所得的截面称为桨叶的切面,简称叶切面或叶剖面,如图 5.16(b)所示。将圆柱面展为平面后则得图 5.16(c)所示的叶切面形状,其形状与机翼切面相仿。所以表征机翼切面几何特性的方法可以用于桨叶切面。

桨叶切面通常为圆背式切面(弓形切面)或机翼形切面,特殊的也有梭形切面和月牙形切面,如图 5.17 所示。一般来说,机翼形切面的叶型效率较高,但空泡性能较差,弓形切面则相反。普通弓形切面展开后叶面为一直线,叶背为一曲线,中部最厚两端颇尖。机翼形切面在展开后无一定形状,叶面大致为一直线或曲线,叶背为曲线,导边钝而随边较尖,其最大厚度则近于导边,在离导边 $25\% \sim 40\%$ 弦长处。

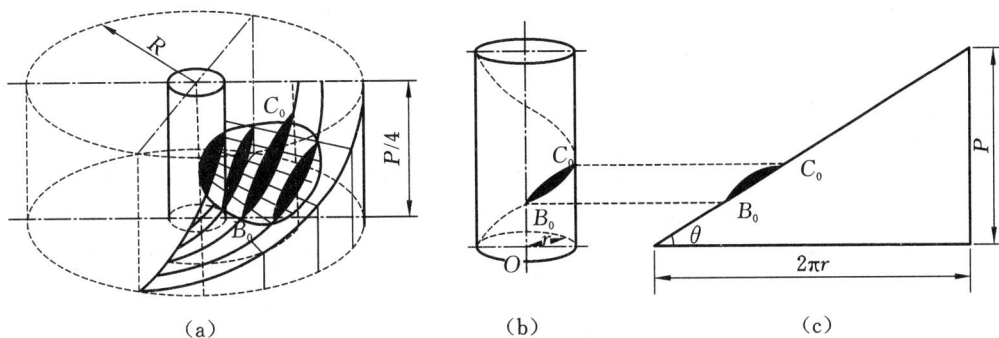

图 5.16　螺旋桨的面螺距

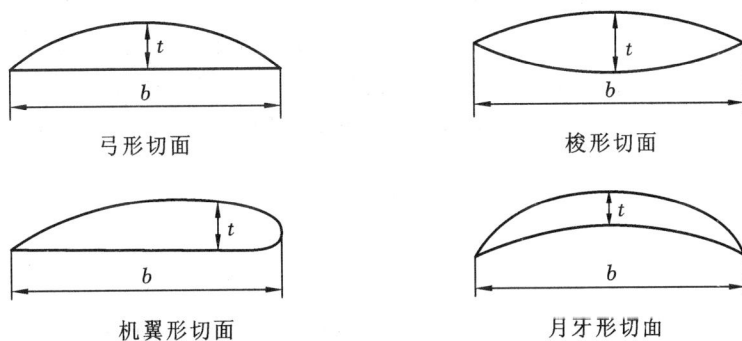

图 5.17　桨叶切面的形状

切面的弦长一般有内弦和外弦之分。连接切面导边与随边的直线 AB 称为内弦(见图 5.18),图中所示线段 BC 称为外弦。对于系列图谱螺旋桨来说,通常称外弦为弦线,而对于理论设计的螺旋桨来说,则常以内弦为弦线,弦长及螺距也根据所取弦线来定义。图 5.18 所示的弦长 b 为系列螺旋桨的表示方法。

切面厚度以垂直于所取弦线方向与切面上、下面交点间的距离来表示。其最大厚度 t 称为叶厚,t 与切面弦长 b 之比称为切面的相对厚度或叶厚比 $\delta = t/b$。切面的中线或平均线称

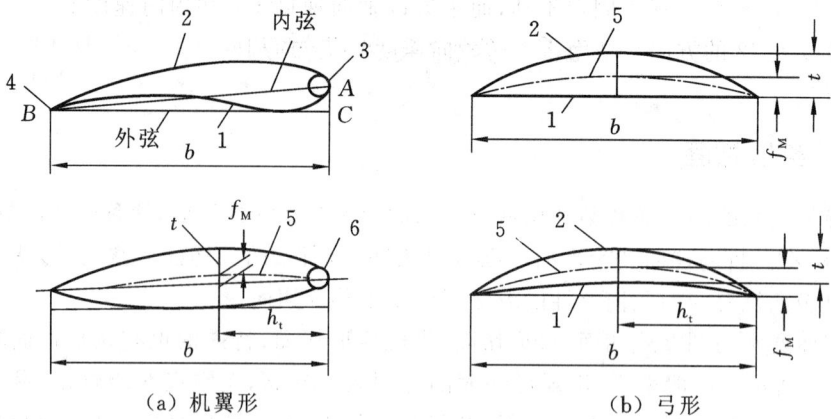

（a）机翼形　　　　　　　　　　（b）弓形

图 5.18　切面的几何特征

1—面线；2—背线；3—导缘；4—随缘；5—拱线；6—导缘短圆

为拱线或中线,拱线到内弦线的最大垂直距离称为切面的拱度,以 f_M 表示。f_M 与弦长 b 之比称切面的拱度比 $f = f_M/b$,如图 5.18 所示。

5.2.2　桨叶受力

在操作螺旋桨时周围的水流情况可简要地描述如下:轴向诱导速度自桨盘远前方的零值起逐渐增加,至桨盘远后方处达到最大值,而在盘面处的轴向诱导速度等于远后方处的一半。周向诱导速度在桨盘前并不存在,而在桨盘后立即达到最大值,桨盘处的周向诱导速度是后方的一半。

严格说来,上述结论只适用于在理想流体中工作的具有无限叶数的螺旋桨。但对于有限叶数的螺旋桨,在螺旋桨桨叶上的诱导速度与远后方相应位置处诱导速度间的关系也是这样。

因此,当讨论螺旋桨周围的流动情况时,除考虑螺旋桨本身的前进速度及旋转速度外,还需要考虑轴向诱导速度和周向诱导速度。在绝对运动系统中,轴向诱导速度的方向与螺旋桨的前进方向相反,而周向诱导速度的方向与螺旋桨的转向相同。参阅图 5.19,半径为 r 的共轴圆柱面与桨叶相交并展成平面,叶元体的倾斜角 θ 即为螺距角,且可由下式确定:

$$\theta = \arctan \frac{P}{2\pi r}$$

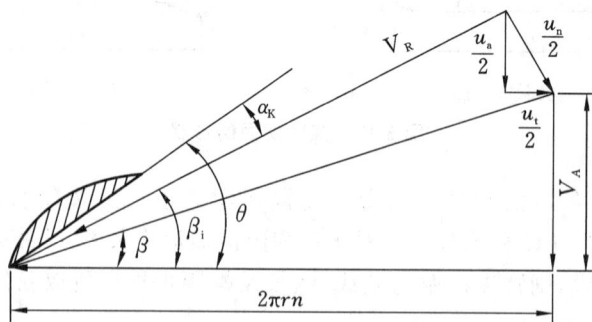

图 5.19　叶元体的速度多边形

设螺旋桨的进速为 V_A,转速为 n,则叶元体将以进速 V_A、周向速度 $U = 2\pi rn$ 运动。经过运动转换以后,叶元体可视为固定不动,而水流以轴向速度 V_A 和周向速度 U 流向桨叶切面。轴向诱导速度 $u_a/2$ 的方向与迎面水流的轴向速度 V_A 方向相同,而周向诱导速度 $u_t/2$ 的方向则与周向速度 U 的方向相反,从而得到叶元体的速度多边形(见图 5.19)。图 5.19 中 β 为进角,β_i 为水动力螺距角,V_R 为相对来流的合成速度。由图 5.19 所示的速度多边形可知,桨叶切面的复杂运动最后可归结为水流以速度 V_R、攻角 α_K 流向桨叶切面。因此,在讨论桨叶任意半径处叶元体上的作用力时,可以把它作为机翼剖面来进行研究。

回顾作用在机翼上的升力和阻力,将有助于讨论桨叶上受力情况。对于二因次机翼,我们可以用环量为 Γ 的一根无限长的涡线来代替机翼,这根涡线称为附着涡。在理想流体中,作用在单位长度机翼上的只有垂直于来流方向的升力 L,其值由库塔-茹科夫斯基升力定理确定:

$$L = \rho V \Gamma \tag{5.27}$$

式中:ρ 为流体的密度;V 为来流速度。

实际上流体是有黏性的,所以无限翼展机翼除了产生与运动方向相垂直的升力 L 外,尚有与运动方向相反的阻力 D。机翼在实际流体中所受的升力和阻力可以由风洞试验来测定。图 5.20(a) 是某一机翼的 C_L、C_D 和 α_K 的关系曲线。

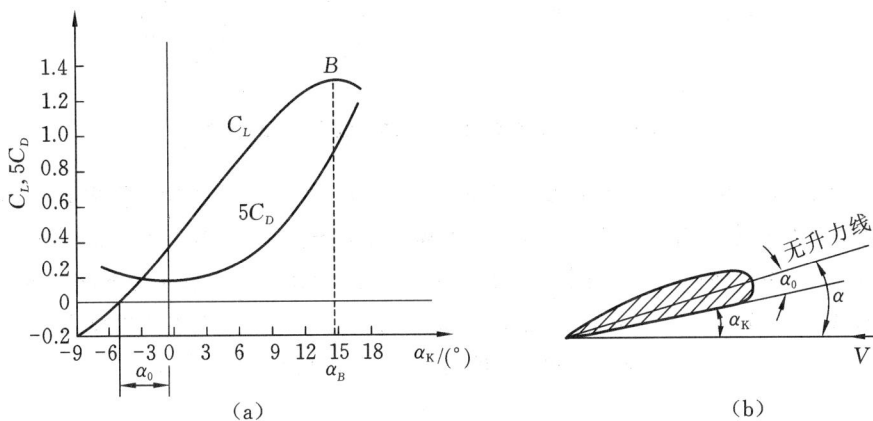

图 5.20 机翼 C_L、C_D 和攻角 α_K 的关系曲线

图 5.20 中:升力系数为

$$C_L = \frac{L}{\dfrac{\rho}{2} V^2 S} \tag{5.28}$$

阻力系数为

$$C_D = \frac{D}{\dfrac{\rho}{2} V^2 S} \tag{5.29}$$

式中:V 为来流的速度(即机翼前进的速度);S 为机翼平面的面积;L 为机翼的升力;D 为机翼的阻力。

实验证明,在实用范围内,升力系数 C_L 与几何攻角 α_K 约成线性关系。当几何攻角为零时,C_L 不等于零,这是因为机翼剖面不对称。升力为零时的攻角称为无升力角,以 α_0 表示。升力为零的来流方向称为无升力线,来流与此线的夹角 α 称为流体动力攻角或绝对攻角,如

图 5.20(b)所示。显然,$\alpha = \alpha_0 + \alpha_K$。

对于有限翼展机翼,由于机翼上下表面的压差作用,下表面高压区的流体会绕过翼梢流向上表面的低压区。翼梢的横向绕流与来流的共同作用,使机翼后缘形成旋涡层。这些旋涡称为自由涡。它们在后方不远处卷成两股大旋涡而随流速 V 延伸至无限远处,如图 5.21 所示。

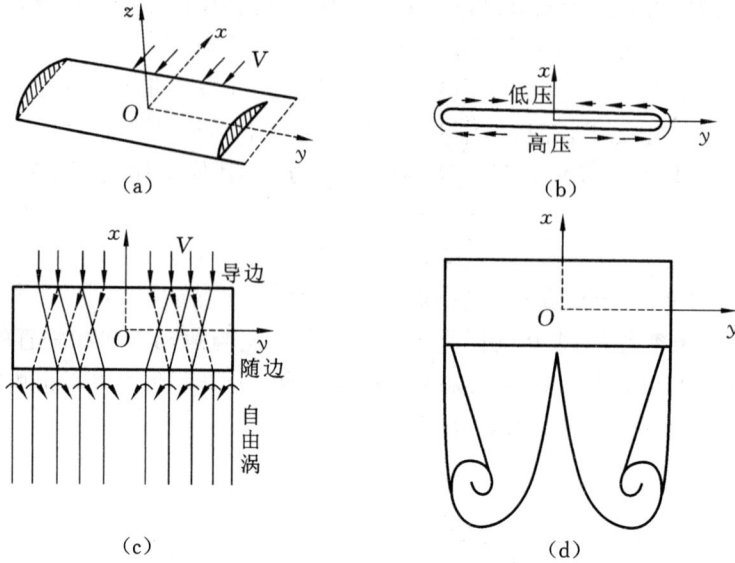

图 5.21　有限翼展机翼的横向绕流及自由涡片

由于自由涡的存在,在空间会产生一个诱导速度场。在机翼后缘处,诱导速度垂直于运动方向,故也称下洗速度。由于产生下洗速度,机翼周围的流动图形有所改变,相当于无限远处来流速度 V 发生偏转,真正的攻角发生变化,如图 5.22 所示。由于机翼处下洗速度 $u_n/2$ 使得原来流速度 V 改变为 V_R,故真正的攻角由 α_K' 改变为 α_K,α_K' 为三元的名义弦线攻角,α_K 称为有效几何攻角。$\Delta\alpha = \alpha_K' - \alpha_K$ 称为下洗角,一般为 $2° \sim 3°$,因此可近似地认为

$$\Delta\alpha = \frac{\frac{1}{2}u_n}{V} \tag{5.30}$$

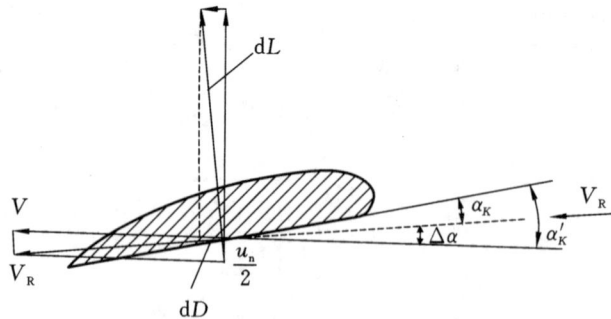

图 5.22　有限翼展机翼剖面处的下洗速度和下洗角

考虑了尾涡的诱导速度后,我们可以将有限翼展的机翼微段近似地看作二元机翼的一段,如果在 y 处的环量为 $\Gamma(y)$,由库塔-茹科夫斯基升力公式可知,$\mathrm{d}y$ 段机翼所受的升力 $\mathrm{d}L$ 垂直于来流 V_R,其大小为

$$dL = \rho V_R \Gamma(y) dy \tag{5.31}$$

也就是说,有限翼展的机翼微段相当于来流速度为 V_R、攻角为 α_K 的二因次机翼,故机翼微段将受到与 V_R 垂直的升力 dL 和与 V_R 方向一致的黏性阻力 dD。

由上面的分析可知,在给定螺旋桨的进速 V_A 和转速 n 的条件下,如果能求得诱导速度 u_a 及 u_t,则可根据机翼理论求出任意半径处叶元体上的作用力,进而求出整个螺旋桨的作用力。

取半径 r 处 dr 段的叶元体进行讨论,其速度多边形如图 5.23 所示。当水流以合速度 V_R、攻角 α_K 流向此叶元体时,便产生了升力 dL 和阻力 dD,将升力 dL 分解为沿螺旋桨轴向的分力 dL_a 和沿旋转方向的分力 dL_t,阻力 dD 相应地分解为 dD_a 和 dD_t。该叶元体所产生的推力 dT 及遭受的旋转阻力 dF 是

$$\begin{aligned} dT &= dL_a - dD_a = dL\cos\beta_i - dD\sin\beta_i \\ dF &= dL_t + dD_t = dL\sin\beta_i + dD\cos\beta_i \end{aligned} \tag{5.32}$$

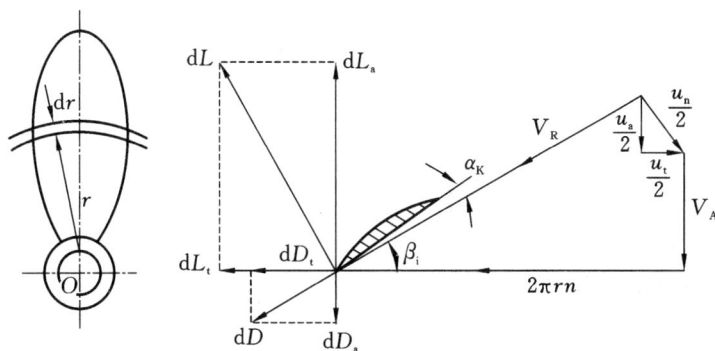

图 5.23　叶元体的速度多边形和产生的力

根据库塔-茹科夫斯基升力公式,叶元体上 dr 产生的升力为

$$dL = \rho V_R \Gamma(r) dr \tag{5.33}$$

将式(5.33)代入式(5.32),并考虑到 $dD = \varepsilon dL$(ε 为叶元体的阻升比),叶元体转矩 $dQ = r dF$,可得

$$\begin{aligned} dT &= \rho \Gamma(r) V_R \cos\beta_i (1 - \varepsilon \tan\beta_i) dr \\ dQ &= \rho \Gamma(r) V_R \sin\beta_i (1 + \varepsilon \cot\beta_i) r dr \end{aligned} \tag{5.34}$$

从图 5.23 可得到如下关系式:

$$V_R \cos\beta_i = \omega r - \frac{1}{2} u_t$$

$$V_R \sin\beta_i = V_A + \frac{1}{2} u_a$$

将这些关系式代入式(5.34),可得

$$\begin{aligned} dT &= \rho \Gamma(r) \left(\omega r - \frac{1}{2} u_t \right) (1 - \varepsilon \tan\beta_i) dr \\ dQ &= \rho \Gamma(r) \left(V_A + \frac{1}{2} u_a \right) (1 + \varepsilon \cot\beta_i) r dr \end{aligned} \tag{5.35}$$

类似地,求得叶元体的效率为

$$\eta_r = \frac{V_A \, dT}{\omega r \, dF} = \frac{V_A \, dL (\cos\beta_i - \varepsilon \sin\beta_i)}{\omega r \, dL (\sin\beta_i + \varepsilon \cos\beta_i)} = \frac{V_A \cos\beta_i (1 - \varepsilon \tan\beta_i)}{\omega r \sin\beta_i (1 + \varepsilon \cot\beta_i)}$$

(5.36)

$$= \frac{V_A}{V_A + \frac{u_a}{2}} \cdot \frac{\omega r - \frac{u_t}{2}}{\omega r} \cdot \frac{1 - \varepsilon \tan\beta_i}{1 + \frac{\varepsilon}{\tan\beta_i}} = \eta_{iA} \eta_{iT} \eta_\varepsilon$$

式中：η_{iA}、η_{iT} 为轴向诱导效率和周向诱导效率；$\eta_\varepsilon = (1 - \varepsilon \tan\beta_i)/(1 + \varepsilon/\tan\beta_i)$ 为叶元体的结构效率，由螺旋桨作用于真实黏性流体所引起。在真实流体中，因 $\varepsilon \neq 0$，故 $\eta_\varepsilon < 1$，说明螺旋桨在实际流体中工作的效率比在理想流体中要低。

图 5.19 中曾定义 β 为进角，β_i 为水动力螺距角，利用关系式：

$$\tan\beta = \frac{V_A}{\omega r}$$

$$\tan\beta_i = \frac{V_A + \frac{u_a}{2}}{\omega r - \frac{u_t}{2}}$$

就可以将叶元体效率 η_{0r} 表示为另一种简单而有用的形式：

$$\eta_{0r} = \frac{\tan\beta}{\tan\beta_i} \eta_\varepsilon$$

(5.37)

也就是说叶元体的理想效率为

$$\eta_i = \frac{\tan\beta}{\tan\beta_i}$$

(5.38)

将式(5.35)沿半径方向从桨至叶梢进行积分并乘以叶数 Z 以后，便得到整个螺旋桨的推力和转矩：

$$\begin{cases} T = Z\rho \int_{r_h}^{R} \Gamma(r) \left(\omega r - \frac{1}{2} u_t \right) (1 - \varepsilon \tan\beta_i) \, dr \\ Q = Z\rho \int_{r_h}^{R} \Gamma(r) \left(V_A + \frac{1}{2} u_a \right) \left(1 + \frac{\varepsilon}{\tan\beta_i} \right) r \, dr \end{cases}$$

(5.39)

式中：r_h 为桨毂半径；R 为螺旋桨半径。式(5.39)表明了螺旋桨的推力、转矩与流场及螺旋桨几何特征之间的联系。

当螺旋桨以进速 V_A 和转速 n 工作时，必须吸收主机所供给的转矩 Q 才能发出推力 T，其所做的有用功率为 TV_A，而吸收的功率为 $2\pi nQ$，故螺旋桨的效率为

$$\eta_0 = \frac{TV_A}{2\pi nQ}$$

(5.40)

由式(5.39)可见，欲求某一螺旋桨在给定的进速和转速下所产生的推力、转矩和效率，必须知道环量 $\Gamma(r)$ 和诱导速度沿半径方向的分布情况。

习　题

5.1　请论述水下航行器的阻力成分。

5.2　请比较实尺度和模型尺度下摩擦阻力系数的大小，并说明原因。

5.3　已知某船长 $L = 212$ m，湿表面积 $S = 5000$ m²，试估算出船速 $V = 10$ kn，15 kn，

20 kn时的摩擦阻力。15 ℃时运动黏度 $\nu = 1.19 \times 10^{-6}$ m^2/s。

　　5.4　请解释为什么表面有凹槽的高尔夫球比表面光滑的高尔夫球飞行得更远。

　　5.5　请分析相对无限翼展机翼,有限翼展机翼的诱导速度对翼型受力的影响。

　　5.6　请论述螺旋桨的推力、转矩与流场及螺旋桨几何特征之间的联系。

第6章　船舶波浪运动流体动力

6.1　船舶在波浪中运动方程

用流体力学理论研究船舶在波浪中的摇荡运动时,一般需要引进以下一些基本假定:

(1) 假定船舶是一个刚体,忽略它的弹性变形。

(2) 不考虑水的黏性和可压缩性。对于船舶的横摇运动而言,黏性是不可忽视的,横摇阻尼中黏性成分占据支配地位,然而,如果单独计算横摇阻尼,则在确定其他流体动力时可以忽略流体的黏性,采用势流理论方法计算。

(3) 假定作用在船体上的是微幅规则波。一般情况下,大洋上表面波的波高与波长之比不大于1/20,在这样的波倾范围内,线性理论(微幅波理论)成立。

(4) 假定船舶摇荡的幅值是微小的,除了大角度的横摇之外,船舶在波浪中的受力和运动都可以当作线性问题处理,因而可应用线性叠加原理。

船舶在波浪中做摇荡运动时受到以下六种力的作用:

(1) 大小、方向和作用点不变的重力;

(2) 船体本身的惯性力;

(3) 在船舶运动过程中变化的浮力;

(4) 由船舶摇荡运动(船动水不动)而产生的辐射流体动力;

(5) 波浪扰动力,包括不受船体扰动的入射波的变动水压力形成的流体动力,一般称为弗劳德-克雷洛夫(Froude-Krylov)力,以及由于船体表面不可穿透,波浪遇到船体产生绕射,相当于水动船不动形成的绕射流体动力;

(6) 除了横摇运动一般不考虑的流体黏性力。

由于一般船体是形状左右对称的细长体,船体前后形状也大致对称,船体6个自由度运动并不都互相耦合,从而可以把船舶摇荡运动分成三个基本耦合运动,它们是:

(1) 纵荡运动;

(2) 纵向运动,即在船体纵轴竖直面内纵摇和垂荡的耦合运动;

(3) 横向运动,即横摇、横荡和艏摇的耦合运动。

为方便推导,在船舶6个自由度模式中对应纵荡、横荡、垂荡、横摇、纵摇和艏摇的位移分别用 $x_j, j=1,2,3,4,5,6$ 来表示。x_1, x_2, x_3 具有长度量纲,x_4, x_5, x_6 具有角度量纲。

在运动过程中,船舶在第 i 个模态运动方向上所受到的惯性力可表示为

$$F_{1i} = \sum_{j=1}^{6} M_{ij} \ddot{x}_j \quad (i=1,2,\cdots,6) \tag{6.1}$$

当船体形状左右对称,且坐标原点取在接近船舶重心位置时,通常可以忽略惯性积项,由船舶本身质量惯性力系数 M_{ij} 组成的矩阵 $\boldsymbol{M}$ 可以写成

$$\boldsymbol{M} = \begin{bmatrix} m_0 & 0 & 0 & 0 & m_0 z_G & 0 \\ 0 & m_0 & 0 & -m_0 z_G & 0 & 0 \\ 0 & 0 & m_0 & 0 & 0 & 0 \\ 0 & -m_0 z_G & 0 & I_{11} & 0 & 0 \\ m_0 z_G & 0 & 0 & 0 & I_{22} & 0 \\ 0 & 0 & 0 & 0 & 0 & I_{33} \end{bmatrix} \tag{6.2}$$

式中：m_0 为船体的质量；z_G 为船舶重心垂向坐标；$I_{ii}(i=1,2,3)$ 为船舶质量惯性力矩。

通常把船舶运动时遭受的辐射流体动力 $F_R(t)$ 分解为与船舶运动加速度和速度成比例的两部分。与加速度成比例的部分称为广义附加质量，这里广义指相对转动而言，应把平动的质量量纲换成转动的转动惯量量纲。与速度成比例的部分称为广义兴波阻尼。辐射流体动力可以表示为

$$F_{Ri} = -\sum_{j=1}^{6} (m_{ij} \ddot{x}_j + N_{ij} \dot{x}_j) \quad (i=1,2,\cdots,6) \tag{6.3}$$

式中：系数 m_{ij} 和 N_{ij} 是实数；m_{ij} 称为广义附加质量系数；N_{ij} 称为广义兴波阻尼系数。下脚标依次表示作用力和运动的方向，例如，$m_{53} x_3$ 表示船舶垂荡（$j=3$）在纵摇方向（$i=5$）引起的附加惯性力（具有力矩的因次），即表示耦合力的相应分量。

由于船体形状特点，耦合的辐射流体动力中有一些项可以忽略。这时耦合力的分量只有垂荡和纵摇的耦合部分，以及横摇和艏摇的耦合部分。由广义附加质量系数 m_{ij} 和广义兴波阻尼系数 N_{ij} 组成的矩阵可分别表示为

$$\boldsymbol{m} = \begin{bmatrix} m_{11} & 0 & 0 & 0 & 0 & 0 \\ 0 & m_{22} & 0 & m_{24} & 0 & m_{26} \\ 0 & 0 & m_{33} & 0 & m_{35} & 0 \\ 0 & m_{42} & 0 & m_{44} & 0 & m_{46} \\ 0 & 0 & m_{53} & 0 & m_{55} & 0 \\ 0 & m_{62} & 0 & m_{64} & 0 & m_{66} \end{bmatrix} \tag{6.4}$$

$$\boldsymbol{N} = \begin{bmatrix} N_{11} & 0 & 0 & 0 & 0 & 0 \\ 0 & N_{22} & 0 & N_{24} & 0 & N_{26} \\ 0 & 0 & N_{33} & 0 & N_{35} & 0 \\ 0 & N_{42} & 0 & N_{44} & 0 & N_{46} \\ 0 & 0 & N_{53} & 0 & N_{55} & 0 \\ 0 & N_{62} & 0 & N_{64} & 0 & N_{66} \end{bmatrix} \tag{6.5}$$

在船舶横摇运动中需要考虑流体黏性力 $F_{V4}(t)$。通常黏性力是非线性的，但可用等效线性化的形式表示：

$$F_{Vi}(t) = -\sum_{j=1}^{6} N_{eij} \dot{x}_j \delta_{4j} \quad (i=1,2,\cdots,6) \tag{6.6}$$

式中：N_{eij} 为等效线性化形式的黏性阻尼系数；函数 δ_{4j} 定义为

$$\delta_{4j} = \begin{cases} 1 & (j=4) \\ 0 & (j \neq 4) \end{cases} \tag{6.7}$$

在线性化范围内，复原力可写成如下一般形式：

$$F_{\mathrm{S}i}(t)=-\sum_{j=1}^{6}C_{ij}x_j \quad (i=1,2,\cdots,6) \tag{6.8}$$

其中由复原力系数 C_{ij} 组成的矩阵为

$$\boldsymbol{C}=\begin{bmatrix} 0 & 0 & 0 & 0 & 0 & 0 \\ 0 & 0 & 0 & 0 & 0 & 0 \\ 0 & 0 & C_{33} & 0 & C_{35} & 0 \\ 0 & 0 & 0 & C_{44} & 0 & 0 \\ 0 & 0 & C_{53} & 0 & C_{55} & 0 \\ 0 & 0 & 0 & 0 & 0 & 0 \end{bmatrix} \tag{6.9}$$

波浪扰动力与入射波的幅值 ζ_{A} 有关,可表示成

$$F_{\mathrm{E}i}(t)=\mathrm{Re}\,[\zeta_{\mathrm{A}}E_i\mathrm{e}^{i\omega t}] \quad (i=1,2,\cdots,6) \tag{6.10}$$

其中:E_i 为单位入射波对船舶产生的扰动力或力矩的复数表示,是波长、波向、船体形状和航行速度的函数;ω 表示与规则波的遭遇频率;$\mathrm{e}^{i\omega t}$ 中的 i 表示虚数单位。

根据牛顿定律,建立船舶受力平衡方程,即船舶在规则波中的运动方程式:

$$F_{\mathrm{I}i}(t)=F_{\mathrm{R}i}(t)+F_{\mathrm{V}i}(t)+F_{\mathrm{S}i}(t)+F_{\mathrm{E}i}(t) \tag{6.11}$$

代入各种力的具体表达式,整理后可得如下运动方程式:

$$\sum_{j=1}^{6}\{(M_{ij}+m_{ij})\ddot{x}_j+(N_{ij}+N_{eij}\delta_{4j})\dot{x}_j+C_{ij}x_j\}=\mathrm{Re}\,[\zeta_{\mathrm{A}}E_i\mathrm{e}^{i\omega t}] \quad (i=1,2,\cdots,6) \tag{6.12}$$

考虑六自由度运动之间的耦合关系,可以把六自由度运动方程分成三组:

(1) 将 $i=1$ 代入式(6.12)得到纵荡运动方程式:

$$(m_0+m_{11})\ddot{x}_1+N_{11}\dot{x}_1=\mathrm{Re}\,[\zeta_{\mathrm{A}}E_1\mathrm{e}^{i\omega t}] \tag{6.13}$$

(2) 将 $i=3,5$ 代入式(6.12)得到纵向运动方程组,即纵摇和垂荡耦合运动方程组:

$$\begin{bmatrix} m_0+m_{33} & m_{35} \\ m_{53} & I_{22}+m_{55} \end{bmatrix}\begin{bmatrix}\ddot{x}_3\\\ddot{x}_5\end{bmatrix}+\begin{bmatrix}N_{33} & N_{35}\\N_{53} & N_{55}\end{bmatrix}\begin{bmatrix}\dot{x}_3\\\dot{x}_5\end{bmatrix}+\begin{bmatrix}C_{33} & C_{35}\\C_{53} & C_{55}\end{bmatrix}\begin{bmatrix}x_3\\x_5\end{bmatrix}=\begin{bmatrix}\mathrm{Re}\,[\zeta_{\mathrm{A}}E_3\mathrm{e}^{i\omega t}]\\\mathrm{Re}\,[\zeta_{\mathrm{A}}E_5\mathrm{e}^{i\omega t}]\end{bmatrix} \tag{6.14}$$

(3) 将 $i=2,4,6$ 代入式(6.12)得到横向运动方程组,即横荡、横摇和艏摇耦合运动方程组:

$$\begin{bmatrix} m_0+m_{22} & m_{24}-m_0z_G & m_{26} \\ m_{42}-m_0z_G & I_{11}+m_{44} & m_{46} \\ m_{62} & m_{64} & I_{33}+m_{66} \end{bmatrix}\begin{bmatrix}\ddot{x}_2\\\ddot{x}_4\\\ddot{x}_6\end{bmatrix}+\begin{bmatrix}N_{22} & N_{24} & N_{26}\\N_{42} & N_{44}+N_{e44} & N_{46}\\N_{62} & N_{64} & N_{66}\end{bmatrix}\begin{bmatrix}\dot{x}_2\\\dot{x}_4\\\dot{x}_6\end{bmatrix}+$$

$$\begin{bmatrix} 0 & 0 & 0 \\ 0 & C_{44} & 0 \\ 0 & 0 & 0 \end{bmatrix}\begin{bmatrix}x_2\\x_4\\x_6\end{bmatrix}=\begin{bmatrix}\mathrm{Re}\,[\zeta_{\mathrm{A}}E_2\mathrm{e}^{i\omega t}]\\\mathrm{Re}\,[\zeta_{\mathrm{A}}E_4\mathrm{e}^{i\omega t}]\\\mathrm{Re}\,[\zeta_{\mathrm{A}}E_6\mathrm{e}^{i\omega t}]\end{bmatrix} \tag{6.15}$$

每组方程独立求解,可以得到船舶在规则波中 6 个自由度运动的位移 $x_i(i=1,2,3,\cdots,6)$,进而可以求得船体运动速度、加速度等数据。

对于非黏性无旋势流,原则上作用在船舶上的辐射流体动力和波浪扰动力均能通过理论计算方法得到,但是由于船体的三维几何特性和船舶具有前进速度,从理论上严格求解是不容易的。在船舶与海洋工程界,基于三维势流理论和边界元方法计算零航速问题的数值软件有

WADAM(DNV)、WAMIT,可计算航速问题的数值软件有 AQWA、WASIM 等。波浪频率范围一般选取为 0.1~2.4 rad/s,间隔 0.05 rad/s;浪向角一般选取在 0°~180°之间,间隔 15°。

6.2　船舶在规则波中线性横摇

波面上质点的合力(表观重力)垂直于波面。但由于船舶具有一定的宽度和吃水,沿船宽方向波倾角是变化的,在吃水范围内波浪的轨圆半径随水深急剧减小。因此船的表观重力并不垂直于波表面,而是垂直于水下某一深度的次波面,称为有效波面,对应的波倾角为有效波倾角。有效波倾角 a_m 和表面波倾角 a 存在如下关系,如图 6.1 所示。

$$a_m = K_\phi a = K_\phi a_0 \sin\omega t = a_{m0} \sin\omega t \tag{6.16}$$

式中:a_{m0} 是有效波倾角的幅值,称为有效波倾,代表对船舶整个水下体积起作用的波倾;K_ϕ 是有效波倾系数,它是表面波倾 a_0 与有效波倾 a_{m0} 的比例系数。根据上述定义,K_ϕ 应小于 1,它是船体形状、船宽与波长比、吃水和重心位置(与横摇瞬时轴位置有关)、波浪频率 ω 等因素的函数。风浪中横摇的响应主要集中在共振区(谐摇区)狭窄的频带内,通常用共振(谐摇)时的有效波倾系数代替整个频率区间内的有效波倾系数。

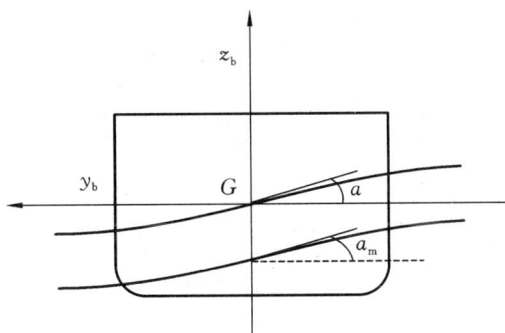

图 6.1　波倾角

克雷洛夫-勃拉哥维新斯基(Krylov-Blagoveshchensk)由理论推导得到有效波倾系数为

$$K_\phi = K_{T\phi} K_{B\phi} \tag{6.17}$$

式中:$K_{T\phi}$ 为有限吃水的修正系数,它是吃水与波长比 T/λ 和垂向棱形系数 C_{vp} 的函数,可由图 6.2 查取;$K_{B\phi}$ 为有限船宽的修正系数,有

$$K_{B\phi} = 1 - \sqrt{C_w}\left(\frac{B}{\lambda}\right)^2 \tag{6.18}$$

式中:C_w 为水线面系数。

在波浪作用下,作为刚体的船舶绕 x 轴的转动称为横摇。用角度 ϕ、角速度 $\dot{\phi}$ 和角加速度 $\ddot{\phi}$ 表征横摇运动情况,并规定从船尾向船首看时,以顺时针方向为正,逆时针方向为负,如图 6.3 所示。

为简化分析并得到单纯横摇的微分方程,在分析船体受力时做以下假定:

(1) 遭遇浪向角为 $\beta = 90°$,即波峰线平行于船体中线面;

(2) 船宽远小于波长,因此可把波浪对船体的作用,近似用一做简谐角振荡的流体平面来代替;

(3) 在横摇角比较小的情况下,可以认为横摇是等体积倾斜,初稳性公式仍适用;

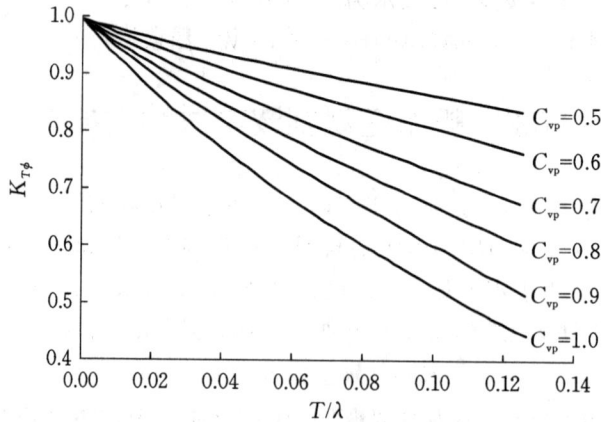

图 6.2 $K_{T\phi}$ 与 T/λ、C_{vp} 的关系曲线

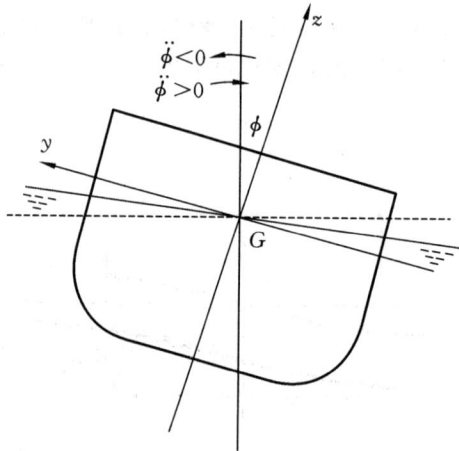

图 6.3 角度 ϕ、角速度 $\dot{\phi}$ 和角加速度 $\ddot{\phi}$ 正负的规定

（4）波内的压力场不因船体的存在而受影响。实际上由于船体的存在,船体和波浪之间相互影响十分复杂,在一般情况下,忽略这种影响所得结果与实际情况相差不大。

船舶在波浪中横摇所受的力矩可以看成船舶在静水中横摇所受的力矩加上波浪对正浮状态船体的扰动力矩。因此,船舶在波浪上的横摇受以下四种力矩的作用。

1）复原力矩

当船舶横摇某一角度 ϕ 时,浮心和重力不在同一竖直线上,形成使船回复到原来位置的复原力矩 $M(\phi)$。当横摇角较小时,可以应用初稳性公式:

$$M(\phi) = -Dh\phi \tag{6.19}$$

式中:D 为船的排水质量;h 为船的初稳性高。负号表示复原力矩方向与横摇角方向相反。

2）阻尼力矩

船在水中横摇时,由于船体和水之间存在相对速度,船体必然受到阻力,对于转动,则表现为力矩的形式。阻尼力矩包括摩擦阻尼、兴波阻尼和旋涡阻尼等。船舶横摇阻尼力矩与船体形状、装载情况、舭龙骨、横摇频率和幅值等多种因素有关,由理论方法确定的阻尼力矩尚不能用于实际。最可靠的方法是进行实船或模型试验,在设计初期可以应用经验公式进行估计。

横摇阻尼是角速度的函数,一般表示为

$$M(\dot{\phi}) = -2N\dot{\phi} - W|\dot{\phi}|\dot{\phi} \tag{6.20}$$

式中:N 和 W 分别为横摇线性和非线性阻尼力矩系数,N 的单位为 N·m·s,W 的单位为 N·m·s²。

大角度横摇时,阻尼力矩与角速度成平方关系更接近实际情况,即:

$$M(\dot{\phi}) = -W|\dot{\phi}|\dot{\phi} \tag{6.21}$$

小角度横摇时,认为船舶是时间恒定的线性系统,阻尼力矩与角速度成线性关系:

$$M(\dot{\phi}) = -2N\dot{\phi} \tag{6.22}$$

3)惯性力矩

船舶在横摇过程中有角加速度存在,必然产生惯性力矩。横摇的惯性力矩由两部分组成,即船体本身的惯性力矩 I_{xx} 和附加惯性力矩 J_{xx}。它们都与角加速度成线性关系:

$$M(\ddot{\phi}) = -(I_{xx} + J_{xx})\ddot{\phi} = -I'_{xx}\ddot{\phi} \tag{6.23}$$

式中:I'_{xx} 为船体本身惯性力矩和附加惯性力矩之和,称为总惯性力矩。负号表示惯性力矩方向与角加速度方向相反。

4)波浪扰动力矩

波浪对正浮状态船体的扰动力矩由复原扰动力矩 Dha_m、阻尼扰动力矩 $2N\dot{a}_m$ 和惯性扰动力矩 $J_{xx}\ddot{a}_m$ 组成。通常复原扰动力矩占主要部分,总波浪扰动力矩为

$$M(a_m, \dot{a}_m, \ddot{a}_m) = Dha_m + 2N\dot{a}_m + J_{xx}\ddot{a}_m \approx Dha_m \tag{6.24}$$

根据物体动力的平衡原理,船舶横摇的力矩平衡条件为 $\sum M = 0$,考虑到式(6.19)、式(6.22)、式(6.23)和式(6.24)得

$$-I'_{xx}\ddot{\phi} - 2N\dot{\phi} - Dh\phi + Dha_m = 0 \tag{6.25}$$

将式(6.16)代入得

$$I'_{xx}\ddot{\phi} + 2N\dot{\phi} + Dh\phi = Dha_{m0}\sin\omega t \tag{6.26}$$

把式(6.26)各项均除以 I'_{xx} 得

$$\ddot{\phi} + 2\upsilon_\phi\dot{\phi} + \omega_\phi^2\phi = a_{m0}\omega_\phi^2\sin\omega t \tag{6.27}$$

式中:$\omega_\phi = \sqrt{Dh/I'_{xx}}$ 为横摇固有频率,它是表征横摇的一个重要参数,相当于船舶不受阻尼作用时在静水中的横摇频率;$\upsilon_\phi = N/I'_{xx}$ 为衰减系数,它表征阻尼和惯性对横摇衰减的影响程度。

式(6.27)是二阶常系数非齐次微分方程,由于方程的系数是常数,因此它代表了作为线性系统的船舶横摇方程。根据微分方程理论,它的解是齐次方程的通解加上非齐次方程的特解,它的一般积分为

$$\phi = e^{-\upsilon_\phi t}(C_1\cos\omega'_\phi t + C_2\sin\omega'_\phi t) + \overline{\phi} \tag{6.28}$$

其中:$\omega'_\phi = \sqrt{\omega_\phi^2 - \upsilon_\phi^2}$ 是考虑水阻尼后船舶在水中的横摇频率,由于 υ_ϕ 值很小,因此它接近横摇固有频率。

式(6.28)的第一项是式(6.27)对应的齐次方程的通解,相当于船舶在静水中做自由横摇,当时间足够长时其幅值趋于零。因此,船舶在规则波中的横摇仅由式(6.27)的特解所决定,即仅由波浪的强迫横摇所决定:

$$\phi = \overline{\phi} = \phi_A\sin(\omega t + \varepsilon_{\phi a}) \tag{6.29}$$

式中:ϕ_A 为横摇幅值;$\varepsilon_{\phi a}$ 为横摇运动与波浪扰动力矩之间的相位角。

将式(6.29)及其对时间的一阶导数和二阶导数代入式(6.27)得

$$-\omega^2\phi_A\sin(\omega t+\varepsilon_{\phi a})+2\upsilon_\phi\omega\phi_A\cos(\omega t+\varepsilon_{\phi a})+\omega_\phi^2\phi_A\sin(\omega t+\varepsilon_{\phi a})=\omega_\phi^2 a_{m0}\sin\omega t \tag{6.30}$$

将式(6.30)等号左边各项中的括号展开并比较 $\sin\omega t$ 和 $\cos\omega t$ 项前的系数得

$$-\omega^2\phi_A\cos\varepsilon_{\phi a}-2\upsilon_\phi\omega\phi_A\sin\varepsilon_{\phi a}+\omega_\phi^2\phi_A\cos\varepsilon_{\phi a}=\omega_\phi^2 a_{m0} \tag{6.31}$$

$$-\omega^2\phi_A\sin\varepsilon_{\phi a}+2\upsilon_\phi\omega\phi_A\cos\varepsilon_{\phi a}+\omega_\phi^2\phi_A\sin\varepsilon_{\phi a}=0 \tag{6.32}$$

由式(6.32)得

$$\tan\varepsilon_{\phi a}=\frac{-2\upsilon_\phi\omega}{\omega_\phi^2-\omega^2} \tag{6.33}$$

$$\varepsilon_{\phi a}=\arctan\left(\frac{-2\upsilon_\phi\omega}{\omega_\phi^2-\omega^2}\right) \tag{6.34}$$

$$\begin{cases}\sin\varepsilon_{\phi a}=\dfrac{-\upsilon_\phi\omega}{\sqrt{(\omega_\phi^2-\omega^2)^2+4\upsilon_\phi^2\omega^2}} \\[3mm] \cos\varepsilon_{\phi a}=\dfrac{\omega_\phi^2-\omega^2}{\sqrt{(\omega_\phi^2-\omega^2)^2+4\upsilon_\phi^2\omega^2}}\end{cases} \tag{6.35}$$

将式(6.35)代入式(6.31)得到放大因数:

$$K_{\phi a}=\frac{\phi_A}{a_{m0}}=\frac{1}{\sqrt{(1-\Lambda_\phi^2)^2+4\mu_\phi^2\Lambda_\phi^2}} \tag{6.36}$$

式中: $\Lambda_\phi=\dfrac{\omega}{\omega_\phi}=\dfrac{T_\phi}{T}$ 是协调因数; $\mu_\phi=\dfrac{\upsilon_\phi}{I'_{xx}}$ 是无因次衰减系数,它表征阻尼、惯性和复原力矩对横摇的影响。

对于不同的 Λ_ϕ 和 μ_ϕ,可以预先计算出 $K_{\phi a}$ 和 $\varepsilon_{\phi a}$ 并绘制成图 6.4、图 6.5,便于计算使用。

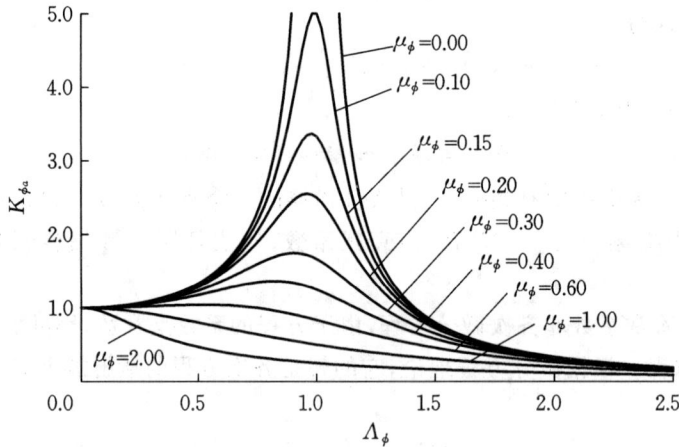

图 6.4 Λ_ϕ、$K_{\phi a}$ 图

下面讨论放大因数的几种特殊情况。

(1) $\Lambda_\phi\to0$。

$$\begin{cases}K_{\phi a}\approx1 \\ \varepsilon_{\phi a}=0\end{cases} \tag{6.37}$$

这种情况相当于波浪很长(波浪周期 T 很大)而船的初稳性高很大,横摇固有周期 T_ϕ 很小。例如平底船、救生筏在海浪上随波漂浮,横摇角等于波面角,如图 6.6 所示。

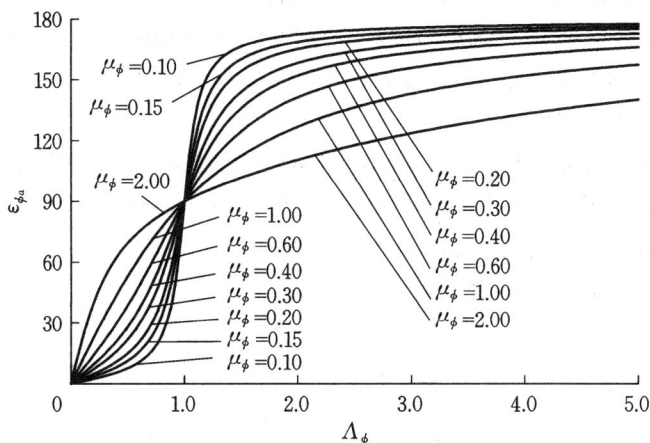

图 6.5　Λ_ϕ、$\varepsilon_{\phi a}$ 图

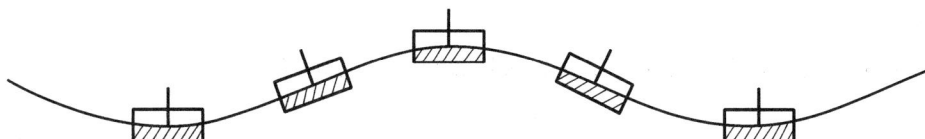

图 6.6　船在长波浪中的横摇

（2）$\Lambda_\phi \rightarrow +\infty$。

$$\begin{cases} K_{\phi a} \rightarrow 0 \\ \varepsilon_{\phi a} \rightarrow -180° \end{cases} \tag{6.38}$$

这种情况相当于大船处在极短的波浪上，此时船几乎不发生横摇运动，如图 6.7 所示。

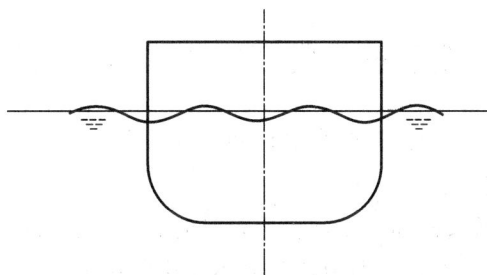

图 6.7　船在短波浪中的横摇

（3）$\Lambda_\phi \rightarrow 1$。

$$\begin{cases} K_{\phi a} = \dfrac{1}{2\mu_\phi} \\ \varepsilon_{\phi a} = -90° \end{cases} \tag{6.39}$$

此时波浪周期 T 等于船舶的横摇固有周期 T_ϕ，船舶的横摇运动滞后波浪90°。因为横摇无因次衰减系数 μ_ϕ 很小，因此放大因数很大，横摇可能达到很大值。当 $\Lambda_\phi = 1$ 时，出现共振现象，它是船舶航行中比较危险的情况。

如图 6.4 所示，在 $\Lambda_\phi = 1$ 附近，横摇幅值可能是相当大的，一般称 $0.7 < \Lambda_\phi < 1.3$ 的范围为共振区。在共振区内增大阻尼系数可使横摇幅值迅速减小。增大阻尼系数是减小船舶横摇幅

值的有效方法,如装舭龙骨、减摇鳍等。

要求船舶在波浪上具有良好的横摇性能,即缓和的横摇、小的摇幅,必须从两方面考虑:一是要使船舶的固有周期远离波浪周期,避开共振区;二是增加横摇阻尼,以增大 2 倍无因次衰减系数 $2\mu_\phi$,减小共振区摇幅。

由大量的统计资料可知,周期大于 10 s 以上的波浪比较罕见,短周期波浪出现较多。因此,在船舶设计中,必须根据船舶航行海区的波浪情况,确定船舶的固有周期。一般使船的固有周期尽量大些好,以避免共振横摇的发生。大致取 $\Lambda_\phi > 1.3$。

规则波的波长 λ 与周期 T 有如下关系:

$$T = 0.8\sqrt{\lambda} \tag{6.40}$$

例如,某海区出现的波长为 100 m,那么在该海区航行的船舶的横摇固有周期应为

$$T_\phi > 1.3 \times 0.8 \times \sqrt{100} \text{ s} = 10.4 \text{ s}$$

例 6.1 在静水中测得缩尺比 $\lambda_0 = 25$ 的船模的横摇固有周期 $T_{\phi 1} = 2$ s,求实船的横摇固有周期。实船航行于波长为 60 m 的海区,若无因次衰减系数为 0.1,求实船的放大因数并评估其横摇性能。

解 应保证模型和实船的弗劳德数和斯特劳哈尔数相等,有

$$T_{\phi 2} = \sqrt{\lambda_0}\, T_{\phi 1} = 10 \text{ s}$$

$$T = 0.8 \times \sqrt{\lambda} = 6.20 \text{ s}$$

$$\Lambda_\phi = \frac{T_{\phi 2}}{T} = 1.6 > 1.3$$

所以此船稳性良好。

$$K_{\phi a} = \frac{1}{\sqrt{(1 - \Lambda_\phi^2)^2 + 4\mu_\phi^2 \Lambda_\phi^2}} = 0.63$$

6.3 船舶在规则波中线性垂荡和纵摇

在讨论船舶在规则波中顶浪航行时的纵摇和垂荡的耦合运动时,纵摇角用 θ 表示,以代替 x_5,垂荡位移用 z 表示,以代替 x_3。

在分析船体某一切片做垂荡和纵摇耦合运动时的受力之前,首先分析切片的运动,当船体做小幅度纵摇和垂荡运动时,可以近似地认为船体切片做垂向运动。

考察在运动坐标系 $OXYZ$ 中 X 处船体横剖面切片的运动(见图 6.8)。切片因垂荡随重心上升了 z,由于纵摇下降了 $-X\theta$,此时剖面处的波面坐标为 ζ^*,因此该剖面与波面的垂向相对位置为

$$z_{\mathrm{R}} = z - X\theta - \zeta^* \tag{6.41}$$

在考虑波动引起的切片受力时,需要考虑流场内史密斯效应的影响,即不能直接用表面波进行计算,而需要用某一深度的等效波来计算。在工程计算中,可以取切片的平均吃水作为等效波的深度。若水线以下切片面积为 S,切片宽为 $2b$,则平均吃水为

$$T_{\mathrm{m}} = \frac{S}{2b} \tag{6.42}$$

那么等效波面的方程为

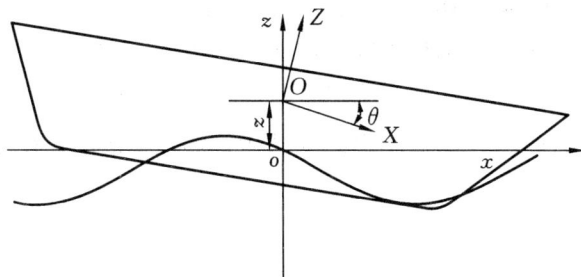

图 6.8　船体横剖面切片的运动

$$\zeta^* = e^{-kT_m}\zeta_A\cos(kx\cos\beta - ky\sin\beta + \omega_e t) \tag{6.43}$$

有三种成分的流体动力作用在垂向运动的切片上。

1）流体静力

由于切片吃水的变化，单位长度上浮力为

$$F_1' = -2\rho g b(z - X\theta - \zeta^*) \tag{6.44}$$

2）兴波阻力

对式（6.41）进行微分可以得到切片垂向速度为

$$\dot{z}_R = \frac{d}{dt}(z - X\theta - \zeta^*) = \dot{z} - X\dot{\theta} - \theta\frac{dX}{dt} - \dot{\zeta}^* \tag{6.45}$$

船以速度 V 在水中前进，在半固定坐标系上观察船的运动，相当于观察该剖面通过空间某固定位置时的情况，即

$$x_0 = Vt + X = 常数$$

$$\frac{dX}{dt} = -V \tag{6.46}$$

代入式（6.45）得

$$\dot{z}_R = \dot{z} - X\dot{\theta} + V\theta - \dot{\zeta}^* \tag{6.47}$$

阻尼力定义为与速度成比例的力，若阻尼系数为 N_H，则切片上的兴波阻力为

$$F_2' = -N_H(\dot{z} - X\dot{\theta} + V\theta - \dot{\zeta}^*) \tag{6.48}$$

3）附加惯性力

切片运动引起水的加速运动，这时由附加质量产生的动量为

$$M_H(\dot{z} - X\dot{\theta} + V\theta - \dot{\zeta}^*) \tag{6.49}$$

式中：M_H 为单位长度切片的附加质量。

因为动量的变化率等于附加惯性力，所以

$$F_3' = -\frac{d}{dt}[M_H(\dot{z} - X\dot{\theta} + V\theta - \dot{\zeta}^*)] \tag{6.50}$$

$$= -M_H(\ddot{z} - X\ddot{\theta} + 2V\dot{\theta} - \ddot{\zeta}^*) + V\frac{dM_H}{dX}(\dot{z} - X\dot{\theta} + V\theta - \dot{\zeta}^*)$$

式中：$\dfrac{dM_H}{dX}$ 为附加质量沿船长的变化率。

由船体运动而产生的作用在整个船体上的垂荡力 F_z，以及纵摇力矩 M_θ 可以分别由上述诸力和将各个力乘以 X 所得力矩，沿船长方向从船尾至船首积分得到：

$$F_z = \int_L (F'_1 + F'_2 + F'_3) \, dX \qquad (6.51)$$

$$M_\theta = \int_L X(F'_1 + F'_2 + F'_3) \, dX \qquad (6.52)$$

根据牛顿第二定律,惯性力和外力平衡,船体垂荡和纵摇运动方程分别为

$$\frac{D}{g} \ddot{z} = F_z \qquad (6.53)$$

$$I_{yy} \ddot{\theta} = M_\theta \qquad (6.54)$$

式中:D 为排水量;I_{yy} 为纵向惯性力矩。

将各力的表达式代入式(6.53)和式(6.54)得到如下形式的运动方程:

$$a_{zz} \ddot{z} + b_{zz} \dot{z} + c_{zz} z + a_{z\theta} \ddot{\theta} + b_{z\theta} \dot{\theta} + c_{z\theta} \theta = F_{zc} \cos\omega_e t + F_{zs} \sin\omega_e t \qquad (6.55)$$

$$a_{\theta\theta} \ddot{\theta} + b_{\theta\theta} \dot{\theta} + c_{\theta\theta} \theta + a_{\theta z} \ddot{z} + b_{\theta z} \dot{z} + c_{\theta z} z = F_{\theta c} \cos\omega_e t + F_{\theta s} \sin\omega_e t \qquad (6.56)$$

式(6.55)是垂荡运动方程,$a_{z\theta} \ddot{\theta} + b_{z\theta} \dot{\theta} + c_{z\theta} \theta$ 是纵摇对垂荡的影响,即耦合项,等号右端是波浪产生的垂荡扰动力。

式(6.56)是纵摇运动方程,$a_{\theta z} \ddot{z} + b_{\theta z} \dot{z} + c_{\theta z} z$ 是垂荡对纵摇的影响,即耦合项,等号右端是波浪产生的纵摇扰动力矩。

式(6.55)和式(6.56)中的系数为

$$\begin{cases} a_{zz} = \dfrac{D}{g} + \displaystyle\int_L M_H \, dX \\[2mm] b_{zz} = \displaystyle\int_L N_H \, dX \\[2mm] c_{zz} = 2\rho g \displaystyle\int_L b \, dX \\[2mm] a_{z\theta} = -\displaystyle\int_L M_H X \, dX \\[2mm] b_{z\theta} = -\displaystyle\int_L N_H X \, dX + V \displaystyle\int_L M_H \, dX \\[2mm] c_{z\theta} = -2\rho g \displaystyle\int_L b X \, dX + V \displaystyle\int_L N_H \, dX \\[2mm] a_{\theta\theta} = I_{yy} + \displaystyle\int_L M_H X^2 \, dX \\[2mm] b_{\theta\theta} = \displaystyle\int_L N_H X^2 \, dX \\[2mm] c_{\theta\theta} = 2\rho g \displaystyle\int_L b X^2 \, dX - V \displaystyle\int_L N_H X \, dX - V^2 \displaystyle\int_L M_H \, dX \\[2mm] a_{\theta z} = -\displaystyle\int_L M_H X \, dX \\[2mm] b_{\theta z} = -\displaystyle\int_L N_H X \, dX - V \displaystyle\int_L M_H \, dX \\[2mm] c_{\theta z} = -2\rho g \displaystyle\int_L b X \, dX \end{cases} \qquad (6.57)$$

式中:D 为船体排水量;V 为航速;ρ 为水的密度;g 为重力加速度;M_H 为各切片的附加质量;N_H 为各切片的阻尼系数;b 为水线面半宽;I_{yy} 为船体纵向惯性力矩。

波浪对船体的扰动力系数和扰动力矩系数分别为

$$\begin{bmatrix} F_{zc} \\ F_{zs} \end{bmatrix} = \omega \int_L e^{-kT_m} N_H \begin{bmatrix} \sin k^* X \\ -\cos k^* X \end{bmatrix} dX - \omega \omega_e \int_L e^{-kT_m} M_H \begin{bmatrix} \cos k^* X \\ \sin k^* X \end{bmatrix} dX + 2\rho g \int_L e^{-kT_m} b \begin{bmatrix} \cos k^* X \\ \sin k^* X \end{bmatrix} dX$$

$$\tag{6.58}$$

$$\begin{bmatrix} F_{\theta c} \\ F_{\theta s} \end{bmatrix} = \omega \int_L e^{-kT_m} N_H X \begin{bmatrix} -\sin k^* X \\ \cos k^* X \end{bmatrix} dX + \omega \omega_e \int_L e^{-kT_m} M_H X \begin{bmatrix} \cos k^* X \\ \sin k^* X \end{bmatrix} dX -$$

$$\omega V \int_L e^{-kT_m} M_H \begin{bmatrix} \sin k^* X \\ -\cos k^* X \end{bmatrix} dX - 2\rho g \int_L e^{-kT_m} b X \begin{bmatrix} \cos k^* X \\ \sin k^* X \end{bmatrix} dX$$

$$\tag{6.59}$$

式中:$k = \omega^2/g$ 为波数;$k^* = \cos\beta$,β 为浪向角;$\int_L$ 表示沿船长积分,不计端部影响。

在上述诸表达式中已假定波幅为 1.0,且设式(6.55)和式(6.56)的解具有如下形式:

$$z = z_0 \cos(\omega_e t + \varepsilon_{z\zeta}) \tag{6.60}$$

$$\theta = \theta_0 \cos(\omega_e t + \varepsilon_{\theta\zeta}) \tag{6.61}$$

其中

$$\begin{cases} z_0 = \sqrt{\dfrac{K^2 + L^2}{M^2 + N^2}} \\[2mm] \varepsilon_{z\zeta} = \arctan \dfrac{ML - KN}{KM + LN} \\[2mm] \theta_0 = \sqrt{\dfrac{H^2 + T^2}{M^2 + N^2}} \\[2mm] \varepsilon_{\theta\zeta} = \arctan \dfrac{MT - NH}{HM + NT} \end{cases} \tag{6.62}$$

其中

$$\begin{cases} M = [(-a_{z\theta}\omega_e^2 + c_{z\theta})(-a_{\theta z}\omega_e^2 + c_{\theta z}) - b_{z\theta}b_{\theta z}\omega_e^2] - \\ \quad [(-a_{zz}\omega_e^2 + c_{zz})(-a_{\theta\theta}\omega_e^2 + c_{\theta\theta}) - b_{\theta\theta}b_{zz}\omega_e^2] \\ N = [b_{z\theta}\omega_e(-a_{\theta z}\omega_e^2 + c_{\theta z}) + b_{\theta z}\omega_e(-a_{z\theta}\omega_e^2 + c_{z\theta})] - \\ \quad [b_{zz}\omega_e(-a_{\theta\theta}\omega_e^2 + c_{\theta\theta}) + b_{\theta\theta}(-a_{zz}\omega_e^2 + c_{zz})] \\ K = [F_{\theta c}(-a_{z\theta}\omega_e^2 + c_{z\theta}) + F_{\theta s}b_{z\theta}\omega_e] - [F_{zc}(-a_{\theta\theta}\omega_e^2 + c_{\theta\theta}) + F_{zs}b_{\theta\theta}\omega_e] \\ H = [F_{zc}(-a_{\theta z}\omega_e^2 + c_{\theta z}) + F_{zs}b_{\theta z}\omega_e] - [F_{\theta c}(-a_{zz}\omega_e^2 + c_{zz}) + F_{\theta s}b_{zz}\omega_e] \\ L = [F_{\theta c}b_{z\theta}\omega_e - F_{\theta s}(-a_{z\theta}\omega_e^2 + c_{z\theta})] - [F_{zc}b_{\theta\theta}\omega_e - F_{zs}(-a_{\theta\theta}\omega_e^2 + c_{\theta\theta})] \\ H = [F_{zc}b_{\theta z}\omega_e - F_{zs}(-a_{\theta z}\omega_e^2 + c_{\theta z})] - [F_{\theta c}b_{zz}\omega_e - F_{\theta s}(-a_{zz}\omega_e^2 + c_{zz})] \end{cases} \tag{6.63}$$

由于假定波幅为 1.0,式(6.60)和式(6.61)表示的解是单位波幅引起的纵摇和垂荡,其幅值 θ_0 和 z_0 分别相当于纵摇和垂荡的响应幅值算子;$\varepsilon_{\theta\zeta}$ 和 $\varepsilon_{z\zeta}$ 分别是纵摇和垂荡对波浪的相位。

船舶在规则迎浪中航行的垂荡和纵摇运动具有以下特点。

(1)与横摇运动相比,一般纵摇和垂荡运动是比较小的,因此认为对于纵摇和垂荡运动,线性假设是比较合理的。

（2）由于船舶首尾形状不对称，一般船舶在迎浪航行时同时发生纵摇和垂荡，即耦合运动。

（3）波长与船长比（λ/L）对纵摇和垂荡有很大影响，由于船长同波长比不是一个小量，因此在计算纵摇和垂荡干扰力（矩）时，不能忽略沿船长方向波浪曲率的影响。垂荡和纵摇的放大因数除与船本身的特征值或 ω_θ、ω_z、μ_θ、μ_z 以及波浪扰动力（矩）频率有关外，还与 λ/L 有关。纵摇和垂荡放大因数的峰值发生在 $1<\lambda/L<2.5$ 范围内以及波浪扰动力（矩）频率等于纵摇或垂荡的固有频率时，即发生"共振"。图 6.9 表示不同的波长与船长比对垂荡和纵摇的影响。

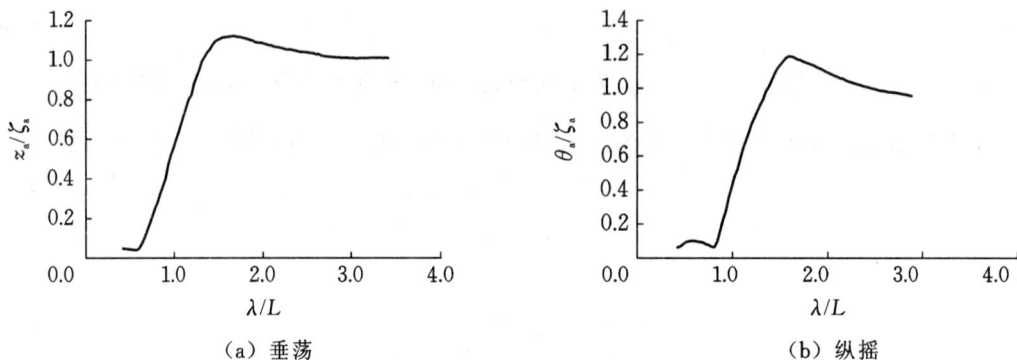

（a）垂荡　　　　　　　（b）纵摇

图 6.9　波长与船长比对垂荡和纵摇的影响

注：z_a、θ_a 分别表示垂荡和纵摇运动幅值；ζ_a 表示波幅。

（4）航速对船舶迎浪航行纵摇和垂荡运动影响很大。一般在零航速时，纵摇和垂荡运动较小，频率响应函数的峰值偏向低频区，离纵摇和垂荡固有频率较远。随着航速增加，纵摇和垂荡运动幅值通常增加，频率响应函数的峰值向高频区移动。最严重的纵摇和垂荡发生在波浪扰动力（矩）频率等于纵摇和垂荡固有频率时。图 6.10 表示船在规则迎浪中航行时，航速对垂荡和纵摇的影响。

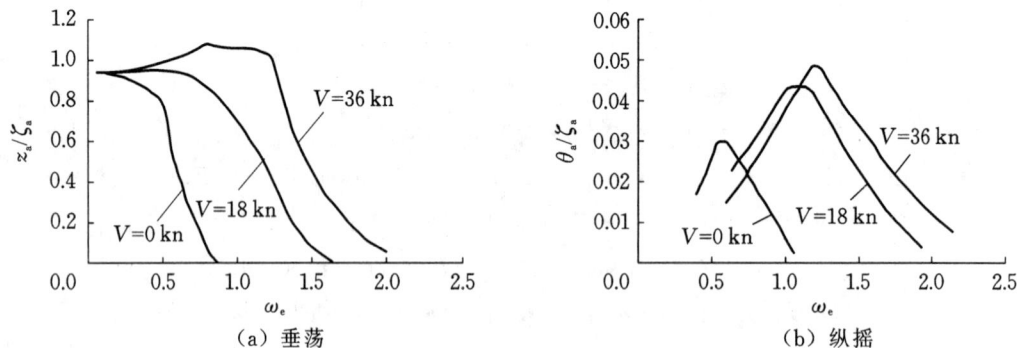

（a）垂荡　　　　　　　（b）纵摇

图 6.10　迎浪航行时航速对垂荡和纵摇的影响

习　题

6.1　用流体力学理论研究船舶在波浪中的摇荡运动时，需要进行哪些假定？

6.2　船舶在波浪中做摇荡运动时受到哪几种力作用？

6.3　推导六自由度方程式。

6.4　在静水中测得缩尺比 $\lambda_0 = 16$ 的船模的横摇固有周期 $T_{\phi 1} = 3$ s，求实船的横摇固有周期。实船航行于波长为 80 m 的海区，若无因次衰减系数为 0.1，求实船的放大因数并评估其横摇性能。

6.5　在静水中测得缩尺比 $\lambda_0 = 10$ 的船模的横摇固有周期 $T_{\phi 1} = 2$ s，求实船的横摇固有周期。实船航行于波长为 50 m 的海区，若无因次衰减系数为 0.15，求实船的放大因数并评估其横摇性能。

6.6　何为遭遇周期？航行中如何避免谐遥？

第7章　船舶操纵运动流体动力

7.1　固定坐标系下操纵运动方程

　　船舶的运动可视为多自由度刚体运动,通常用两个右手笛卡儿坐标系进行描述,分别为空间固定坐标系和船体运动坐标系。空间固定坐标系固结在地球表面,不随时间而变化,如图 7.1 所示。其中,O_o 是固定坐标系的原点,通常可选取 $t=0$ 时刻船舶重心 G 的位置。$O_o x_o$ 轴在静水面内,方向通常可选为船舶总的运动方向。$O_o y_o$ 轴方向取为 $O_o x_o$ 轴在静水平面内顺时针旋转 $90°$ 的方向。$O_o z_o$ 轴垂直于静水面,以指向地心为正方向,因此 $O_o x_o y_o z_o$ 构成一符合右手定则的固定坐标系。

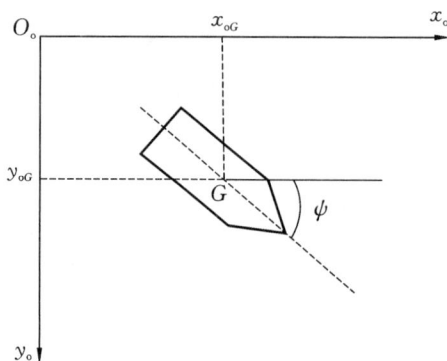

图 7.1　固定坐标系

　　对于水面上船舶的操纵运动,可认为船舶运动被限制在 $O_o x_o y_o$ 水平面内,船舶的位置可用它的重心坐标 x_{oG}、y_{oG} 及船舶纵剖面与 $O_o x_o$ 轴的交角 ψ 来表征。对于任意时刻 t,船舶的运动状态可用 x_{oG}、y_{oG} 和 ψ 随时间的变化函数及其各阶导数来表征。因此,重心坐标 x_{oG}、y_{oG} 和首向角 ψ 可作为固定坐标系的运动特征参数。

　　将船舶视为一个刚体,用牛顿关于质心运动的动量和动量矩定理建立船舶在固定坐标系 $O_o x_o y_o z_o$ 中的运动方程,可得

$$\begin{cases} X_o = m\ddot{x}_{oG} \\ Y_o = m\ddot{y}_{oG} \\ N = I_z\ddot{\psi} \end{cases} \tag{7.1}$$

式中:X_o 为作用于船舶的外力合力沿 $O_o x_o$ 轴的分量;Y_o 为作用于船舶的外力合力沿 $O_o y_o$ 轴的分量;N 为外力合力对通过船舶重心的竖直轴之矩;m 为船舶的质量;I_z 为船舶质量对通过船舶重心的竖直轴的惯性力矩;$\ddot{x}_{oG}$、$\ddot{y}_{oG}$、$\ddot{\psi}$ 分别为重心 G 线加速度沿 $O_o x_o$、$O_o y_o$ 轴的分量及绕 $O_o z_o$ 轴的角加速度。

　　式(7.1)直接描述了船舶在固定空间的运动,且形式简单,借此可求得船舶重心的轨迹和各时刻船舶在空间的位置。由于外力 X_o、Y_o 除与船型有关外,还与船舶中纵剖面相对坐标轴

的方向有关,这给这些量的计算带来很大的困难,故求解操纵运动通常不在固定坐标系内进行,而采用运动坐标系。

7.2　运动坐标系下操纵运动方程

运动坐标系固结在船体上,随船舶一起运动,如图 7.2 所示。点 O 为运动坐标系原点,通常点 O 取在船舶重心或船中剖面处,Ox 轴取为船纵轴,以指向船首为正;Oy 轴与纵剖面垂直,以指向右舷为正;Oz 轴垂直于水线面,以指向龙骨为正,船舶在运动坐标系的速度分量 u 和 v 分别代表纵向和横向速度,V 表示船舶合速度,δ 表示舵角,规定右舵为正。这样就组成一个固结在船体上的右手坐标系。

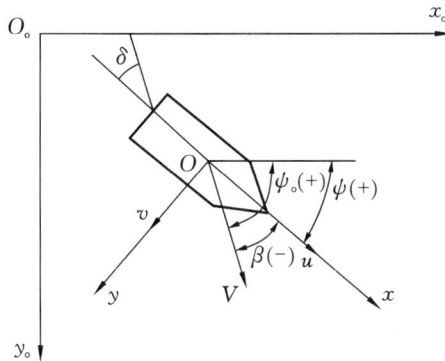

图 7.2　运动坐标系

设运动坐标系原点 O 与船舶重心 G 重合,则在运动坐标 $Gxyz$ 中,重心 G 的速度为 V(显然 V 总与其轨迹相切),速度 V 与 Ox 轴正方向的夹角 β 称为漂角,定义图 7.2 所示 β 为负值。速度 V 在运动坐标系中的分速度 u、v 分别为

$$\begin{cases} u = |V| \cdot \cos\beta \\ v = -|V| \cdot \sin\beta \end{cases} \tag{7.2}$$

在操纵运动过程中,点 G(或 Oz)的回转角速度为 r,则

$$r = \frac{\mathrm{d}\psi}{\mathrm{d}t} \tag{7.3}$$

船舶在舵控制下,在水平面内做操纵运动时,重心 G 的速度(u、v)及 G 的回转角速度 r 是表征其操纵运动的参数。一般说来,G 点的运动轨迹是水平面 $O_0x_0y_0$ 上的平面曲线,其曲率半径 R 是个变量,只有当舵角保持常数,船舶进行定常回转运动时,R 才变为常数。定义舵与 Ox 轴之间的夹角为舵角 δ,重心瞬时速度矢量与 O_0x_0 轴之间的夹角称为航速角,如图 7.2 所示,设图示角度为正。在图 7.2 中也给出了船舶与重心轨迹的相对位置,显然首向角 ψ 与航速角 ψ_0 和漂角之间的关系为

$$\psi = \psi_0 + \beta \tag{7.4}$$

式中:ψ_0 表示速度 V 与 O_0x_0 轴正方向的夹角,称为航速角。

如图 7.3 所示,船舶重心 G 在 $\mathrm{d}t$ 时间内,由 G_1 移动至 G_2,所走过的路程为弧长 G_1G_2,则

$$\overrightarrow{G_1 G_2} = V \cdot dt$$

$$\overrightarrow{G_1 G_2} = R \cdot d\psi_{\circ} \tag{7.5}$$

故　　　　　　　　　　　　$V \cdot dt = R \cdot d\psi_{\circ}$

即　　　　　　　　　　　　$\dfrac{d\psi_{\circ}}{dt} = \dfrac{V}{R}$

船舶的回转角速度 r 可表示为

$$r = \frac{d\psi}{dt} = \frac{d\psi_{\circ}}{dt} + \frac{d\beta}{dt} = \frac{V}{R} + \frac{d\beta}{dt} \tag{7.6}$$

当船舶做定常回转运动时，$\dfrac{d\beta}{dt} = 0$，则有

$$r = \frac{V}{R} \tag{7.7}$$

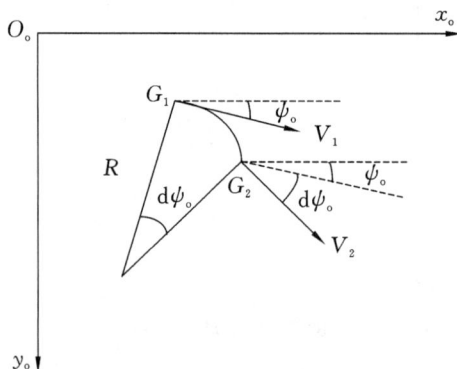

图 7.3　重心运动轨迹示意图

　　下面进一步分析运动坐标系下船舶运动方程的表达形式。设合力在运动坐标系下的分量为 X、Y，在固定坐标系的分量为 $X_{\circ}$、$Y_{\circ}$，由两个坐标系的几何关系可知

$$\begin{cases} X = X_{\circ} \cos\psi + Y_{\circ} \sin\psi \\ Y = Y_{\circ} \cos\psi - X_{\circ} \sin\psi \end{cases} \tag{7.8}$$

同理，两个坐标系速度分量之间的关系为

$$\begin{cases} \dot{x}_{\circ G} = u \cos\psi - v \sin\psi \\ \dot{y}_{\circ G} = u \sin\psi + v \cos\psi \end{cases} \tag{7.9}$$

式中：u，v 为 G 点速度在运动坐标系的分量；$\dot{x}_{\circ G}$、$\dot{y}_{\circ G}$ 为 G 点速度在固定坐标系的分量；"·"表示对时间微分。

　　将式(7.9)两边对时间微分，则得

$$\ddot{x}_{\circ G} = \dot{u} \cos\psi - \dot{v} \sin\psi - (u \sin\psi + v \cos\psi)\dot{\psi}$$
$$\ddot{y}_{\circ G} = \dot{u} \sin\psi + \dot{v} \cos\psi + (u \cos\psi - v \sin\psi)\dot{\psi} \tag{7.10}$$

　　将式(7.10)代入式(7.1)，并注意式(7.8)，则得

$$\begin{cases} X = m(\dot{u} - v\dot{\psi}) \\ Y = m(\dot{v} + u\dot{\psi}) \end{cases} \tag{7.11}$$

　　考虑到船舶在水平面做操纵运动，此两个坐标系在 z 轴方向并无变化，故绕 G 点的力矩方程不变，仍为

$$N = I_z \ddot{\psi} \tag{7.12}$$

综上,利用运动坐标系和固定坐标系二者之间的关系,推导得到运动坐标系原点 O 与 G 点重合时,即 $Gxyz$ 中操纵运动的一般方程:

$$\begin{cases} X = m(\dot{u} - v\dot{\psi}) \\ Y = m(\dot{v} + u\dot{\psi}) \\ N = I_z \ddot{\psi} \end{cases} \tag{7.13}$$

式中: u、v 为 G 点速度在运动坐标系的分量; ψ 为首向角。

式(7.13)与式(7.1)相比,多了 $mv\dot{\psi}$ 和 $mu\dot{\psi}$ 两项,可理解为它们是由坐标系运动的向心力导致的。式(7.13)是运动坐标系原点取为重心点时的水平面内操纵运动一般方程。考虑到重心在航行过程中是变化的,并不一定是已知的固定位置。又考虑到船舶对称性,将运动坐标系原点 O 取在船中剖面处,可使流体惯性力计算简化。因此,在操纵性研究中,也普遍采用原点 O 位于船中剖面处的 $Oxyz$ 坐标系。根据 O 点与 G 点物理量间的关系,可由式(7.13)推出 $Oxyz$ 坐标系中的运动方程。

设点 G 在 $Oxyz$ 坐标系中的坐标为 $(x_G, 0, 0)$,并将式(7.13)中 u、v 理解为重心点 G 之值,以 u_G、v_G 来区别,则点 G 与点 O 之间的速度关系为

$$\begin{cases} u = u_G \\ v = v_G - x_G \dot{\psi} \end{cases} \tag{7.14}$$

式中: u、v 为点 O 速度在运动坐标系的分量; $x_G \dot{\psi}$ 为由运动坐标系旋转引起的牵连速度。在式(7.13)中 N 为对重心点 G 的力矩,以 N_G 表示,则对点 O 的力矩为

$$N = N_G + m(\dot{v}_G + u_G \dot{\psi}) x_G \tag{7.15}$$

由移轴定理可得船体惯性力矩为

$$I_z = I_{zG} + m x_G^2 \tag{7.16}$$

将式(7.14)、式(7.15)、式(7.16)代入式(7.13),则得

$$\begin{cases} X = m(\dot{u} - v\dot{\psi} - x_G \dot{\psi}^2) \\ Y = m(\dot{v} + u\dot{\psi} + x_G \ddot{\psi}) \\ N = I_z \ddot{\psi} + m x_G (\dot{v} + u\dot{\psi}) \end{cases} \tag{7.17}$$

式中: u、v 为点 O 速度在运动坐标系的分量; ψ 为首向角。

式(7.13)和式(7.17)都是船舶在水平面操纵运动一般方程,是分析船舶操纵运动的出发点。显然式(7.13)是式(7.17)中 $x_G = 0$ 时的特例。如果进一步确定作用在船体上的流体水动力 X、Y、N 的表达式,就可得到可用于操纵性计算的数学模型。若将水动力表达式取为线性表达式,则组成的数学模型为线性模型,若取为非线性表达式,则就得到非线性数学模型。

7.3　线性操纵运动微分方程

7.3.1　作用于船体的水动力与力矩

在推导操纵运动方程前,需要了解作用于船体的水动力与力矩。作用于船体的水动力、力矩与其本身几何形状有关(可以用船长 L、质量 m、转动惯量 I_z、船型参数等表征),与船体运动特性有关(如 u、v、r、$\dot{u}$、$\dot{v}$、$\dot{r}$、螺旋桨转速 n、舵角 δ、$\dot{\delta}$ 等参数),也与流体本身特性有关(如流体密度 ρ、运动黏度 μ、重力加速度 g、表面张力系数 τ、大气压 p、饱和蒸汽压 p_v、流体弹性

模量 E 等），可以如下函数关系来表征：

$$
\begin{matrix} X \\ Y = \\ N \end{matrix} f(L,m,I_z,x_G,\text{船型参数};u,v,r,\dot{u},\dot{v},\dot{r},n,\delta,\dot{\delta}; \\ \rho,\mu,g,\tau,p,p_v,\cdots) \tag{7.18}
$$

显然，以上函数关系并没有包含影响流体动力、力矩的全部因素。如研究限制航道中的操纵性问题时，则应包括岸、底干扰力，对于在波浪上的操纵性问题，则还将涉及波浪干扰力等。现仅考虑某一给定船型、在给定流体中的运动情况。由式（7.18）可得

$$
\begin{cases} X=X(u,v,r,\dot{u},\dot{v},\dot{r},n,\dot{n},\delta,\dot{\delta}) \\ Y=Y(u,v,r,\dot{u},\dot{v},\dot{r},n,\dot{n},\delta,\dot{\delta}) \\ N=N(u,v,r,\dot{u},\dot{v},\dot{r},n,\dot{n},\delta,\dot{\delta}) \end{cases} \tag{7.19}
$$

在以上表达式中，可以认为船舶在水平面内的操纵运动是缓变的，相应的流体动力只与当时的运动状态有关，而不考虑运动的整个历史过程的影响，且认为高阶导数与加速度相比是高阶小量从而可以忽略。这些都是对缓变运动的一种近似处理。

为进一步简化问题，对某特定工作状态而言，常忽略操纵运动过程中推进器转速这一因素的作用。并且考虑到操舵过程短暂，$\dot{\delta}$ 影响不大，可以忽略，从而可得通常的水动力关系式为

$$
\begin{cases} X=X(u,v,r,\dot{u},\dot{v},\dot{r},\delta) \\ Y=Y(u,v,r,\dot{u},\dot{v},\dot{r},\delta) \\ N=N(u,v,r,\dot{u},\dot{v},\dot{r},\delta) \end{cases} \tag{7.20}
$$

进一步对式（7.20）按多元函数的泰勒级数进行展开，可求得水动力、力矩的解析表达式。对于单变量 x 的函数 $f(x)$，如果在点 $x=x_1$ 处，$f(x)$ 的各阶导数皆连续，则 x_1 邻域中任意点 x 处的值可以由 x_1 处的值来表征，即

$$
f(x)=f(x_1)+\Delta x \cdot \frac{\mathrm{d}f(x_1)}{\mathrm{d}x}+\frac{\Delta x^2}{2!}\frac{\mathrm{d}^2 f(x_1)}{\mathrm{d}x^2}+\frac{\Delta x^3}{3!}\frac{\mathrm{d}^3 f(x_1)}{\mathrm{d}x^3}+\cdots+\frac{\Delta x^n}{n!}\frac{\mathrm{d}^n f(x_1)}{\mathrm{d}x^n}+\cdots
$$
$$
\tag{7.21}
$$

式中：$f(x)$ 为 x_1 邻域中任意点 x 处的函数值；$f(x_1)$ 为 x_1 处的函数值；$\dfrac{\mathrm{d}^n f(x_1)}{\mathrm{d}x^n}$ 为在 $x=x_1$ 处 n 阶导数的值。若 x 点偏离 x_1 点不远，即 Δx 是个足够小的量，忽略式（7.21）中的高阶项，则得

$$
f(x)=f(x_1)+\Delta x \cdot \frac{\mathrm{d}f(x_1)}{\mathrm{d}x} \tag{7.22}
$$

式（7.22）即为函数 $f(x)$ 在 x_1 处的泰勒级数展开表达式，可见，用泰勒级数展开需确定展开点，计算点与展开点越接近，采用线性化表达式就越能取得较高的精度。

操纵运动的水动力表达式（7.20）表示多元函数关系，需采用多元函数的泰勒级数展开，与一元情况类似，将式（7.20）表示为

$$
\begin{cases} X=X(u_1,v_1,r_1,\dot{u}_1,\dot{v}_1,\dot{r}_1,\delta_1)+\dfrac{\partial X}{\partial u}\Delta u+\dfrac{\partial X}{\partial v}\Delta v+\dfrac{\partial X}{\partial r}\Delta r \\ \quad +\dfrac{\partial X}{\partial \dot{u}}\Delta \dot{u}+\dfrac{\partial X}{\partial \dot{v}}\Delta \dot{v}+\dfrac{\partial X}{\partial \dot{r}}\Delta \dot{r}+\dfrac{\partial X}{\partial \delta}\Delta \delta+\cdots+\dfrac{1}{n!}\left(\dfrac{\partial}{\partial u}\Delta u+\dfrac{\partial}{\partial v}\Delta v\right. \\ \left.\quad +\dfrac{\partial}{\partial r}\Delta r+\dfrac{\partial}{\partial \dot{u}}\Delta \dot{u}+\dfrac{\partial}{\partial \dot{v}}\Delta \dot{v}+\dfrac{\partial}{\partial \dot{r}}\Delta \dot{r}+\dfrac{\partial}{\partial \delta}\Delta \delta\right)^n \cdot X+\cdots \end{cases}
$$

$$\begin{cases} Y = Y(u_1、v_1、r_1、\dot{u}_1、\dot{v}_1、\dot{r}_1、\delta_1) + \dfrac{\partial Y}{\partial u}\Delta u + \dfrac{\partial Y}{\partial v}\Delta v + \dfrac{\partial Y}{\partial r}\Delta r \\ \quad + \dfrac{\partial Y}{\partial \dot{u}}\Delta\dot{u} + \dfrac{\partial Y}{\partial \dot{v}}\Delta\dot{v} + \dfrac{\partial Y}{\partial \dot{r}}\Delta\dot{r} + \dfrac{\partial Y}{\partial \delta}\Delta\delta + \cdots + \dfrac{1}{n!}\left(\dfrac{\partial}{\partial u}\Delta u + \dfrac{\partial}{\partial v}\Delta v \right. \\ \quad \left. + \dfrac{\partial}{\partial r}\Delta r + \dfrac{\partial}{\partial \dot{u}}\Delta\dot{u} + \dfrac{\partial}{\partial \dot{v}}\Delta\dot{v} + \dfrac{\partial}{\partial \dot{r}}\Delta\dot{r} + \dfrac{\partial}{\partial \delta}\Delta\delta\right)^n \cdot Y + \cdots \\ N = N(u_1、v_1、r_1、\dot{u}_1、\dot{v}_1、\dot{r}_1、\delta_1) + \dfrac{\partial N}{\partial u}\Delta u + \dfrac{\partial N}{\partial v}\Delta v + \dfrac{\partial N}{\partial r}\Delta r \\ \quad + \dfrac{\partial N}{\partial \dot{u}}\Delta\dot{u} + \dfrac{\partial N}{\partial \dot{v}}\Delta\dot{v} + \dfrac{\partial N}{\partial \dot{r}}\Delta\dot{r} + \dfrac{\partial N}{\partial \delta}\Delta\delta + \cdots + \dfrac{1}{n!}\left(\dfrac{\partial}{\partial u}\Delta u + \dfrac{\partial}{\partial v}\Delta v \right. \\ \quad \left. + \dfrac{\partial}{\partial r}\Delta r + \dfrac{\partial}{\partial \dot{u}}\Delta\dot{u} + \dfrac{\partial}{\partial \dot{v}}\Delta\dot{v} + \dfrac{\partial}{\partial \dot{r}}\Delta\dot{r} + \dfrac{\partial}{\partial \delta}\Delta\delta\right)^n \cdot N + \cdots \end{cases} \tag{7.23}$$

式中:各阶导数都取展开点之值; $X(u_1、v_1、r_1、\dot{u}_1、\dot{v}_1、\dot{r}_1、\delta_1)$、$Y(u_1、v_1、r_1、\dot{u}_1、\dot{v}_1、\dot{r}_1、\delta_1)$ 和 $N(u_1、v_1、r_1、\dot{u}_1、\dot{v}_1、\dot{r}_1、\delta_1)$ 分别为展开点 $(u_1、v_1、r_1、\dot{u}_1、\dot{v}_1、\dot{r}_1、\delta_1)$ 处的函数值。

$$\begin{cases} \Delta u = u - u_1 & \Delta v = v - v_1 & \Delta r = r - r_1 \\ \Delta\dot{u} = \dot{u} - \dot{u}_1 & \Delta\dot{v} = \dot{v} - \dot{v}_1 & \Delta\dot{r} = \dot{r} - \dot{r}_1 \\ \Delta\delta = \delta - \delta_1 \end{cases} \tag{7.24}$$

在船舶操纵性研究中,如取舵位于中间位置 $(\delta=0)$、船沿中纵剖面方向做匀速定常直线运动为初始状态,即泰勒级数展开点,则:

$$\begin{cases} u_1 = \text{const} \\ v_1 = r_1 = \dot{u}_1 = \dot{v}_1 = \dot{r}_1 = \delta_1 = 0 \end{cases} \tag{7.25}$$

若所计算状态的水动力、力矩与展开点状态十分接近,则只需取式(7.23)中的线性项就能得到足够高的精确度,此时线性表达式为

$$\begin{cases} X = X(u_1) + X_u\Delta u + X_v\Delta v + X_r\Delta r + X_{\dot{u}}\Delta\dot{u} + X_{\dot{v}}\Delta\dot{v} + X_{\dot{r}}\Delta\dot{r} + X_\delta\delta \\ Y = Y(u_1) + Y_u\Delta u + Y_v\Delta v + Y_r\Delta r + Y_{\dot{u}}\Delta\dot{u} + Y_{\dot{v}}\Delta\dot{v} + Y_{\dot{r}}\Delta\dot{r} + Y_\delta\delta \\ N = N(u_1) + N_u\Delta u + N_v\Delta v + N_r\Delta r + N_{\dot{u}}\Delta\dot{u} + N_{\dot{v}}\Delta\dot{v} + N_{\dot{r}}\Delta\dot{r} + N_\delta\delta \end{cases} \tag{7.26}$$

式(7.26)中采用了一系列简化写法,如 $X_u = \dfrac{\partial X}{\partial u}$,$Y_r = \dfrac{\partial Y}{\partial r}\cdots$,这些统称为水动力导数。式(7.26)中的线性水动力导数分别表示船舶做匀速直线运动,只改变某一运动参数,其他参数皆不变时,所引起的作用于船舶的水动力(或力矩)对该运动参数的变化率。

对于式(7.26),考虑到泰勒级数的展开点对应匀速直线运动,此时船舶运动左右对称,无横向力,故 $Y(u_1)=0$, $N(u_1)=0$。为保持匀速直线运动,X 方向的受力应使螺旋桨的推力与船体阻力相平衡,故 $X(u_1)=0$。再考虑到船体几何形状左右对称,X 方向速度、加速度的变化不会引起侧向力和偏航力矩,即 $Y_u = Y_{\dot{u}} = N_u = N_{\dot{u}} = 0$。横向运动参数 $v、\dot{v}、r、\dot{r}、\delta$ 的变化对 X 方向水动力的影响应具有对称性,即 X 可表示为 $v、\dot{v}、r、\dot{r}、\delta$ 的偶函数,以使原点处一阶偏导数为零,即

$$X_v = X_{\dot{v}} = X_r = X_{\dot{r}} = X_\delta = 0 \tag{7.27}$$

且注意到:

$$\begin{cases} \Delta u = u - u_1 & \Delta\dot{u} = \dot{u} \\ \Delta v = v & \Delta\dot{v} = \dot{v} \\ \Delta r = r & \Delta\dot{r} = \dot{r} \\ \Delta\delta = \delta \end{cases} \tag{7.28}$$

基于上述简化,由式(7.26)得到水动力、力矩的线性表达式为

$$\begin{cases} X = X_u \Delta u + X_{\dot u} \dot u \\ Y = Y_v v + Y_r r + Y_{\dot v} \dot v + Y_{\dot r} \dot r + Y_\delta \delta \\ N = N_v v + N_r r + N_{\dot v} \dot v + N_{\dot r} \dot r + N_\delta \delta \end{cases} \tag{7.29}$$

式(7.29)即为水动力、力矩表达式。显然所计算的状态与沿纵向的匀速直线运动偏离越小,式(7.29)的计算精度就越高。当运动参数变化较大时,为保持一定的精度,还需引入某些非线性导数项。这也是建立非线性数学模型的依据所在。

式(7.29)包含了很多水动力导数。通常称线速度分量 u 的导数为线性速度导数,如 X_u 等;横向速度分量 v 的导数为位置导数,如 Y_v、N_v 等;回转角速度 r 的导数为旋转导数,如 Y_r、N_r 等;各加速度分量和角加速度分量的导数为加速度导数,如 $X_{\dot u}$、$Y_{\dot v}$、$Y_{\dot r}$、$N_{\dot v}$、$N_{\dot r}$ 等;舵角 δ 的导数为控制导数,如 Y_δ、N_δ 等。式(7.29)表明,做操纵运动的船体所受到的流体水动力、力矩可基于各水动力导数来估算。显然,对于不同的船体几何形状,相应的各导数值是不同的,船舶的操纵性可通过其水动力导数值来表征。在此,简单讨论一下各水动力导数的正、负和数量级大小。

图 7.4 表示做匀速直线运动的船体。当船体具有横向加速度 $\dot v$ 时(假定其他扰动均不存在),沿船长各点都具有同样的加速度 $\dot v$ 值;当船体以加速度 $\dot v$ 运动时,流体对它的作用力总是沿 $-\dot v$ 方向,阻碍其加速,所以对于 $+\dot v$,其将产生作用于船体的较大的流体合力 $-Y$。故导数 $Y_{\dot v}$ 值为较大的负值,如图 7.4(c)所示。而对于由 $\dot v$ 产生的流体动力矩,因为船首与船尾两部分力矩相抵消,其是个不定符号的小量,它取决于船首、船尾力矩何者显著,故导数 $N_{\dot v}$ 为不定符号的小量。

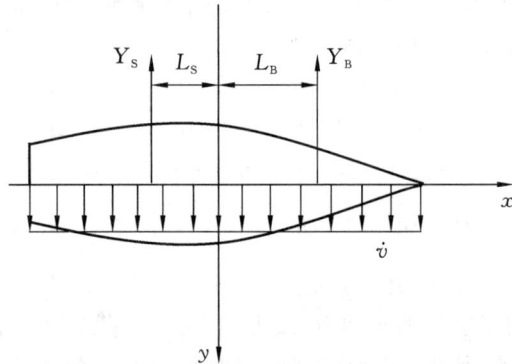

（a）船体力分布示意图

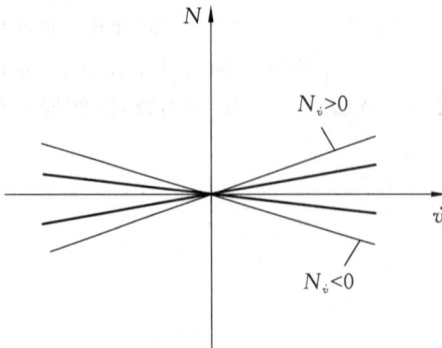

（b）$N_{\dot v}$ 变化曲线　　　　　　　　　　（c）$Y_{\dot v}$ 变化曲线

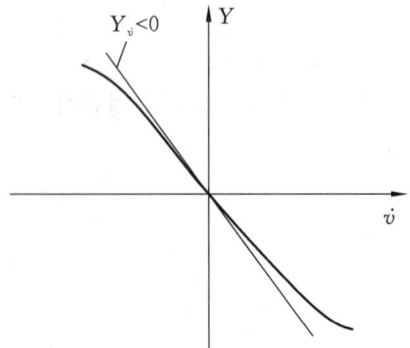

图 7.4　横向加速度导数示意图

　　图 7.5 表示做匀速直线运动的船体,存在回转角加速度 $\dot{r}$ 时的扰动。由于 $\dot{r}$ 的作用,沿船长各点将产生线性分布的加速度 $\dot{v}$,如图 7.5(a)所示。$\dot{v}$ 的存在会导致产生流体反作用力,若对于 $+\dot{r}$,船首力为 $-Y_B$,船尾力为 $+Y_S$,由于船首、船尾横向力反向,可相互抵消,因此导数 $Y_{\dot{r}}$ 为不定符号的小量;而 Y_B、Y_S 对点 O 的矩都是同向的,即 $+\dot{r}$ 引起绝对值较大的力矩,使 $N_{\dot{r}}$ 成为一个绝对值较大的负值。

　　有时也称 $Y_{\dot{v}}$ 为船舶的横向附加质量,$N_{\dot{r}}$ 为船舶对 z 轴的附加转动惯性力矩,根据实验资料统计,$Y_{\dot{v}} \approx (0.9 \sim 1.2)m$,$N_{\dot{r}} \approx I_z$。

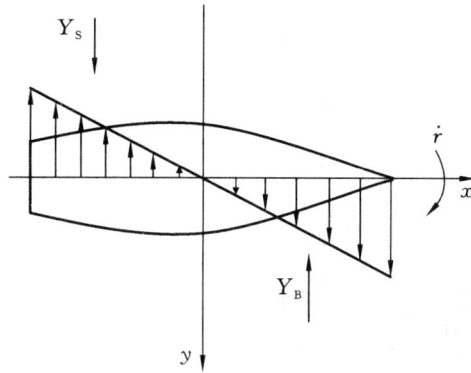

（a）船体力分布示意图

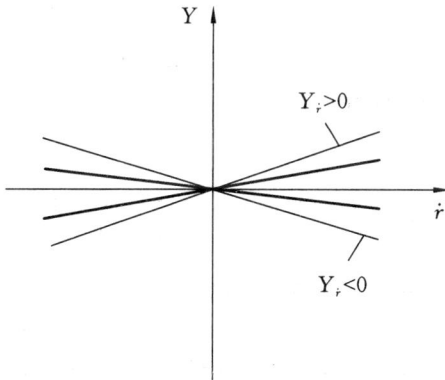

（b）$Y_{\dot{r}}$ 变化曲线　　　　　　　　　　　　　　（c）$N_{\dot{r}}$ 变化曲线

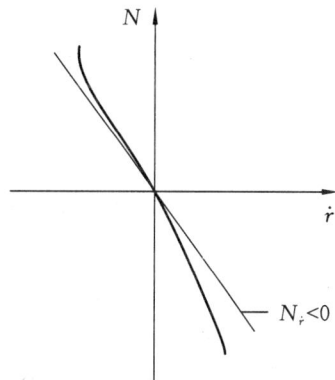

图 7.5　回转角加速度导数示意图

　　对于位置导数 Y_v、N_v,当船舶以 u_1 速度前进时,其受侧向扰动速度 v 作用,合速度 V 与 Ox 轴形成漂角 β,于是船舶左右两侧流动的对称性被破坏,从而产生升力。由图 7.6 可知,此时船首、船尾产生的升力方向一致,对于 $+v$,相应的横向力为 $-Y$,以致水动力导数 Y_v 是一个绝对值较大的负值。但此时水动力矩由于船首、船尾作用相抵消,故 N 值一般不是很大。通常流线型机翼压力中心在距前缘 $\frac{1}{4}$ 弦长处,船首占优势,故导数 N_v 是一个绝对值不很大的负值。

　　由角速度 r 引起的力和力矩,与由 $\dot{r}$ 引起的力和力矩方向类似。r 扰动使船首、船尾产生线性分布的扰动速度 V_B、V_S,由图 7.7 可见,船首、船尾的受力方向相反,故产生的侧向力相抵消,合力 Y 可能为正,也可能为负,但绝对值却较小。而对于力矩,由于船首、船尾方向一致而互相叠加,且总是指向 r 的负方向,因此 Y_r 是符号不定、绝对值较小的值,而 N_r 则是绝对值

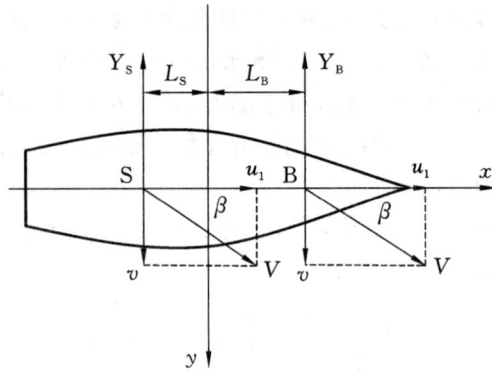

（a）船体力分布示意图

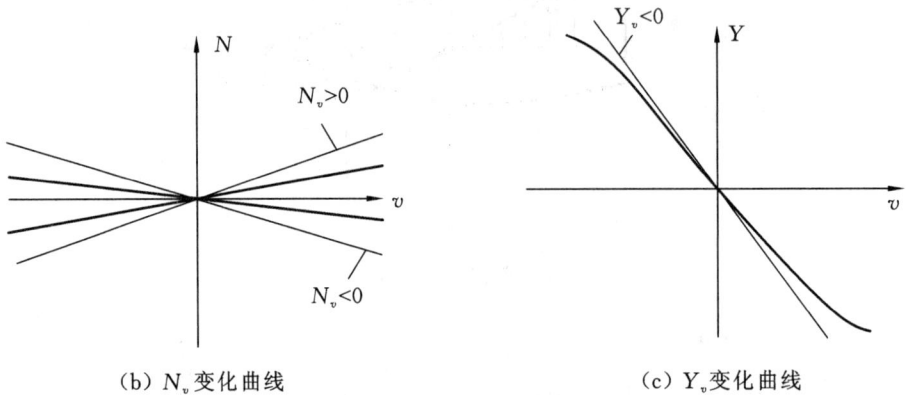

（b）N_v 变化曲线　　　　　　　　（c）Y_v 变化曲线

图 7.6　位置导数示意图

较大的负值。

以上简单分析了 8 个水动力导数的符号及数量级大小，以便更好地理解水动力、力矩的表达式。

例 7.1　设船舶以匀速 u_1 做定常直线运动，此时船舶操纵运动 Y 方向受力的线性表达式为 $Y = Y(u_1) + Y_u \Delta u + Y_v \Delta v + Y_r \Delta r + Y_{\dot u} \Delta \dot u + Y_{\dot v} \Delta \dot v + Y_{\dot r} \Delta \dot r + Y_\delta \delta$，试简化，并说明理由。

解　展开点对应定常匀速直线运动，此时船舶运动左右对称，无横向力，故 $Y(u_1)$ 为 0，船体几何形状左右对称，x 方向的速度、加速度变化不会引起侧向力和偏航力矩，故 Y_u、$Y_{\dot u}$ 等于 0，上述表达式可简化为 $Y = Y_v v + Y_r r + Y_{\dot v} \dot v + Y_{\dot r} \dot r + Y_\delta \delta$。

在船舶操纵性试验和计算中，为便于试验结果推广和比较，水动力、力矩常采用无因次化的形式。将式（7.29）分别除以表示力因次的特征量 $\dfrac{1}{2}\rho V^2 L^2$ 和力矩因次的特征量 $\dfrac{1}{2}\rho V^2 L^3$，则得

$$
\begin{cases}
\dfrac{X}{\frac{1}{2}\rho V^2 L^2} = \dfrac{X_u}{\frac{1}{2}\rho VL^2}\dfrac{\Delta u}{V} + \dfrac{X_{\dot u}}{\frac{1}{2}\rho L^3}\dfrac{\dot u}{V^2/L} \\[3mm]
\dfrac{Y}{\frac{1}{2}\rho V^2 L^2} = \dfrac{Y_v}{\frac{1}{2}\rho VL^2}\dfrac{v}{V} + \dfrac{Y_r}{\frac{1}{2}\rho VL^3}\dfrac{rL}{V} + \dfrac{Y_{\dot v}}{\frac{1}{2}\rho L^3}\dfrac{\dot v}{V^2/L} + \dfrac{Y_{\dot r}}{\frac{1}{2}\rho L^4}\dfrac{\dot r L^2}{V^2} + \dfrac{Y_\delta}{\frac{1}{2}\rho V^2 L^2}\delta \\[3mm]
\dfrac{N}{\frac{1}{2}\rho V^2 L^3} = \dfrac{N_v}{\frac{1}{2}\rho VL^3}\dfrac{v}{V} + \dfrac{N_r}{\frac{1}{2}\rho VL^4}\dfrac{rL}{V} + \dfrac{N_{\dot v}}{\frac{1}{2}\rho L^4}\dfrac{\dot v L}{V^2} + \dfrac{N_{\dot r}}{\frac{1}{2}\rho L^5}\dfrac{\dot r L^2}{V^2} + \dfrac{N_\delta}{\frac{1}{2}\rho V^2 L^3}\delta
\end{cases} \tag{7.30}
$$

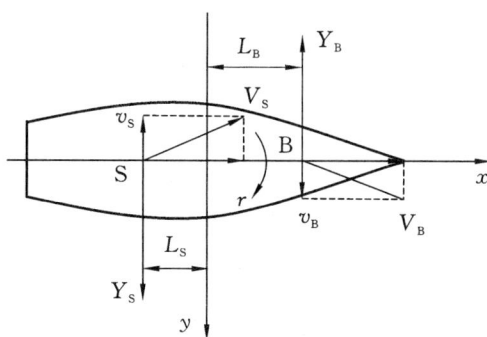

（a）船体力分布示意图

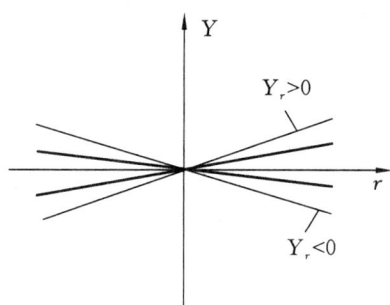

（b）Y_r 变化曲线

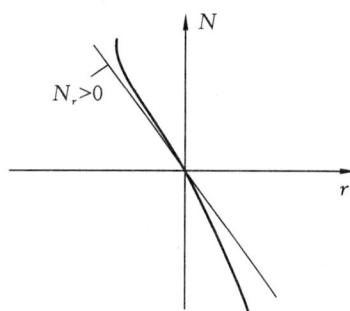

（c）N_r 变化曲线

图 7.7　旋转导数示意图

式中：L 为船长；ρ 为流体的密度；V 为船舶的特征速度。式（7.30）可进一步表示为

$$\begin{cases} X' = X'_u \Delta u' + X'_{\dot{u}} \dot{u}' \\ Y' = Y'_v v' + Y'_r r' + Y'_{\dot{v}} \dot{v}' + Y'_{\dot{r}} \dot{r}' + Y'_\delta \delta \\ N' = N'_v v' + N'_r r' + N'_{\dot{v}} \dot{v}' + N'_{\dot{r}} \dot{r}' + N'_\delta \delta \end{cases} \tag{7.31}$$

其中，"'"表示无因次化符号，相应的无因次化水动力导数为

$$\begin{cases} X'_u = \dfrac{X_u}{\frac{1}{2}\rho V L^2} & X'_{\dot{u}} = \dfrac{X_{\dot{u}}}{\frac{1}{2}\rho L^3} \\[4mm] Y'_v = \dfrac{Y_v}{\frac{1}{2}\rho V L^2} & Y'_{\dot{v}} = \dfrac{Y_{\dot{v}}}{\frac{1}{2}\rho L^3} \\[4mm] Y'_r = \dfrac{Y_r}{\frac{1}{2}\rho V L^3} & Y'_{\dot{r}} - \dfrac{Y_{\dot{r}}}{\frac{1}{2}\rho L^4} \\[4mm] N'_v = \dfrac{N_v}{\frac{1}{2}\rho V L^3} & N'_{\dot{v}} = \dfrac{N_{\dot{v}}}{\frac{1}{2}\rho L^4} \\[4mm] N'_r = \dfrac{N_r}{\frac{1}{2}\rho V L^4} & N'_{\dot{r}} = \dfrac{N_{\dot{r}}}{\frac{1}{2}\rho L^5} \\[4mm] Y'_\delta = \dfrac{Y_\delta}{\frac{1}{2}\rho V^2 L^2} & N'_\delta = \dfrac{N_\delta}{\frac{1}{2}\rho V^2 L^3} \end{cases} \tag{7.32}$$

此外,相应的无因次运动参数为

$$\begin{cases} \Delta u' = \dfrac{\Delta u}{V} & \dot{u}' = \dfrac{\dot{u}L}{V^2} & v' = \dfrac{v}{V} \\[3mm] \dot{v}' = \dfrac{\dot{v}L}{V^2} & r' = \dfrac{rL}{V} & \dot{r}' = \dfrac{\dot{r}L^2}{V^2} \end{cases} \tag{7.33}$$

以上所述是船舶操纵运动中通常采用的计算水动力的方法之一。也可将总的水动力、力矩按其成因分为流体惯性力和流体黏性力两部分。流体惯性力表示船体在理想流体中加速运动时受的力,可采用势流理论求解(例如边界元方法,商业软件有 AQWA、WADAM 和 WAMIT 等),流体惯性力可用附加质量(惯性力矩)等来估算。流体黏性力表示船体在真实流体中做定常运动时的受力,应是 u、v、r、δ 等的函数关系,可采用泰勒级数展开。在这两种不同的分析方法中,加速度、角速度导数对应附加质量(惯性力矩)。

7.3.2　线性操纵运动微分方程

有了船舶在水平面操纵运动的一般方程(7.17)和水动力的线性表达式(7.29)后,为求得线性操纵运动微分方程,还需将式(7.17)等号右端进行线性化。仍选取沿船舶纵向的匀速直线运动为初始状态:

$$\begin{aligned} & m(\dot{u} - v\dot{\psi} - x_G\psi^2) \\ &= m(\dot{u} - vr - x_Gr^2) \\ &= m[(\dot{u}_1 + \Delta\dot{u}_1) - (r_1 + \Delta r)(v_1 + \Delta v) - x_G(r_1 + \Delta r)^2] \end{aligned} \tag{7.34}$$

将式(7.24)和式(7.25)代入式(7.34),略去二阶以上的小量,则得

$$\begin{cases} m(\dot{u} - vr - x_Gr^2) = m\dot{u} \\ m(\dot{v} + ru + x_G\dot{r}) = m(\dot{v} + ru_1 + x_G\dot{r}) \\ I_z\dot{r} + mx_G(\dot{v} + ru) = I_z\dot{r} + mx_G(\dot{v} + ru_1) \end{cases} \tag{7.35}$$

将式(7.29)和式(7.35)代入式(7.17)中,则可得线性化的船舶操纵运动微分方程组:

$$\begin{cases} -X_u(u - u_1) + (m - X_{\dot{u}})\dot{u} = 0 \\ -Y_v v + (m - Y_{\dot{v}})\dot{v} - (Y_r - mu_1)r - (Y_{\dot{r}} - mx_G)\dot{r} = Y_\delta\delta \\ -N_v v - (N_{\dot{v}} - mx_G)\dot{v} - (N_r - mx_Gu_1)r + (I_z - N_{\dot{r}})\dot{r} = N_\delta\delta \end{cases} \tag{7.36}$$

可见式(7.36)中第一式与后二式无关,为独立方程,而在线性理论中 $u \approx u_1$,故通常可忽略,那么线性微分方程组变为

$$\begin{cases} (m - Y_{\dot{v}})\dot{v} - Y_v v + (mx_G - Y_{\dot{r}})\dot{r} + (mu_1 - Y_r)r = Y_\delta\delta \\ (mx_G - N_{\dot{v}})\dot{v} - N_v v + (I_z - N_{\dot{r}})\dot{r} + (mx_Gu_1 - N_r)r = N_\delta\delta \end{cases} \tag{7.37}$$

将式(7.36)无因次化,相应的无因次化方程组为

$$\begin{cases} -X_u'(u' - u_1') + (m' - X_{\dot{u}}')\dot{u}' = 0 \\ -Y_v'v' + (m' - Y_{\dot{v}}')\dot{v}' - (Y_r' - m'u_1')r' - (Y_{\dot{r}}' - m'x_G')\dot{r}' = Y_\delta'\delta \\ -N_v'v' - (N_{\dot{v}}' - m'x_G')\dot{v}' - (N_r' - m'x_G'u_1')r' + (I_z' - N_{\dot{r}}')\dot{r}' = N_\delta'\delta \end{cases} \tag{7.38}$$

式(7.38)中除前面已引入的无因次量外,尚有以下无因次量:

$$\begin{cases} m' = \dfrac{m}{\dfrac{1}{2}\rho L^3} \\[4mm] I_z' = \dfrac{I_z}{\dfrac{1}{2}\rho L^5} \\[4mm] x_G' = \dfrac{x_G}{L} \\[4mm] u_1' = \dfrac{u_1}{V} \end{cases} \tag{7.39}$$

至此,根据线性理论建立了船舶操纵运动的基本方程——式(7.36)和式(7.38),基于上述操纵运动基本方程,即可对船舶的航行稳定性、回转性以及操舵的相应响应特性进行分析。

7.4　非线性操纵运动数学模型

前面基于线性数学模型推导了船舶操纵运动的基本方程,但线性模型有局限性,通常不能用来预测各种情况下的操纵运动,尤其是回转过程的速降、各种激烈的操纵运动等。为对船舶操纵运动(包括各运动参数、轨迹)进行较为精确的数学模拟,一般都需采用非线性数学模型。常用的有两种形式,一种是将方程中的流体动力函数 X、Y、N 在直航状态附近对各运动参数做泰勒级数展开,即把 X、Y、N 表示为各种状态变量及其耦合项的泰勒级数之和,如 Abkowitz 提出的三阶非线性模型;另一种是按照各项流体动力的成因及物理意义,将其表达为作用于船体、螺旋桨、舵上的流体动力及其间的相互干扰,这样的数学模型称为水动力模型,如日本操纵运动数学模型小组(Maneuvering Modeling Group)提出的 MMG 模型。

本节主要介绍 Abkowitz 模型和 MMG 模型,阐述模型的特点、结构、基本考虑以及为确定模型中系数所需进行的试验。

7.4.1　Abkowitz 非线性数学模型

下面讨论船舶在静水平面内的操纵运动,从一般基本方程出发:

$$\begin{cases} m(\dot{u} - vr - x_G r^2) = X \\ m(\dot{v} + ur + x_G \dot{r}) = Y \\ I_z \dot{r} + m x_G(\dot{v} + ur) = N \end{cases} \tag{7.40}$$

对其中的力函数 X、Y、N 做"准定常假设",即认为某瞬时的流体动力只与该瞬时参数有关,而与运动的历史过程无关,则可将其表示为

$$\begin{cases} X = X(\dot{u}、\dot{v}、\dot{r}、u、v、r、\delta) \\ Y = Y(\dot{u}、\dot{v}、\dot{r}、u、v、r、\delta) \\ N = N(\dot{u}、\dot{v}、\dot{r}、u、v、r、\delta) \end{cases} \tag{7.41}$$

将式(7.41)在匀速直线运动的平衡状态附近做泰勒级数展开,并忽略三阶以上的高阶项,此时式(7.41)可表示为

$$\begin{cases} X = X_0 + \sum_{k=1}^{3} \frac{1}{k!} \left\{ \left[\Delta u \frac{\partial}{\partial u} + v \frac{\partial}{\partial v} + r \frac{\partial}{\partial r} + \dot{u} \frac{\partial}{\partial \dot{u}} + \dot{v} \frac{\partial}{\partial \dot{v}} + \dot{r} \frac{\partial}{\partial \dot{r}} + \delta \frac{\partial}{\partial \delta} \right]^k X \right\} \\ Y = Y_0 + \sum_{k=1}^{3} \frac{1}{k!} \left\{ \left[\Delta u \frac{\partial}{\partial u} + v \frac{\partial}{\partial v} + r \frac{\partial}{\partial r} + \dot{u} \frac{\partial}{\partial \dot{u}} + \dot{v} \frac{\partial}{\partial \dot{v}} + \dot{r} \frac{\partial}{\partial \dot{r}} + \delta \frac{\partial}{\partial \delta} \right]^k Y \right\} \\ N = N_0 + \sum_{k=1}^{3} \frac{1}{k!} \left\{ \left[\Delta u \frac{\partial}{\partial u} + v \frac{\partial}{\partial v} + r \frac{\partial}{\partial r} + \dot{u} \frac{\partial}{\partial \dot{u}} + \dot{v} \frac{\partial}{\partial \dot{v}} + \dot{r} \frac{\partial}{\partial \dot{r}} + \delta \frac{\partial}{\partial \delta} \right]^k N \right\} \end{cases} \quad (7.42)$$

显然式(7.42)所表示的力函数,是将船体、螺旋桨和舵作为一个整体,考虑其综合影响所得结果。X_0、Y_0、N_0 表示船舶做匀速直线运动时的受力,其中 Y_0、N_0 还包括各种不对称因素。下面结合船舶操纵运动的具体情况,对三阶泰勒展开式做具体分析。

1. 与 $\dot{u}$、$\dot{v}$、$\dot{r}$ 有关的流体惯性力(即附加惯性质量效应)

通常认为流体黏度对惯性力影响不大,即惯性力项与黏性力项互不相关,可以分开处理,故速度与加速度之间的所有交叉导数项为零;试验结果表明,惯性力随加速度、角加速度的变化是线性的,故高阶导数项为零;此外考虑到船体本身几何形状的对称性,横向加速度 $\dot{v}$、$\dot{r}$ 不产生 X 方向的力,纵向加速度 $\dot{u}$ 不产生横向力 Y、N,故展开式中流体惯性力只剩下 $X_{\dot{u}}\dot{u}$、$Y_{\dot{v}}\dot{v}+Y_{\dot{r}}\dot{r}$、$N_{\dot{v}}\dot{v}+N_{\dot{r}}\dot{r}$ 三项。

2. 与 u、v、r、δ 有关的流体力(黏性力或升力等)

由于船体形状左右对称,这种对称性将影响力函数表达式的结构形式。X 随 v、r、δ 的变化是偶函数形式,因为 v、r、δ 的正负值引起的 X 方向的力是相同的,即泰勒展开在三阶精度内应包括如下项:

$$X_{vv}v^2、X_{rr}r^2、X_{\delta\delta}\delta^2、X_{vr}vr、X_{v\delta}v\delta、X_{r\delta}r\delta$$

上述各项对应 u_0 时的值,再考虑到纵向速度 u 的变化,即 $u=u_0+\Delta u$,其中 u_0 为对应平衡状态的值,Δu 为变化部分,则 u 数值的变化将影响其值大小,如

$$X_{rr}r^2 \to X_{rr}r^2(1+k\Delta u) = X_{rr}r^2 + kX_{rr}r^2\Delta u = X_{rr}r^2 + X_{rru}r^2\Delta u$$

考虑到此影响,X 方向的展开式应包括:

$$X_{vv}v^2、X_{rr}r^2、X_{\delta\delta}\delta^2、X_{vr}vr、X_{v\delta}v\delta、X_{r\delta}r\delta、$$

$$X_{vvu}v^2\Delta u、X_{rru}r^2\Delta v、X_{\delta\delta u}\delta^2\Delta u、X_{vru}vr\Delta u、X_{v\delta u}v\delta\Delta u、X_{r\delta u}r\delta\Delta u$$

由于船体的对称性,横向流体动力 Y、N 随 v、r、δ 的变化呈奇函数形式,表示 v、r、δ 的正负值产生的横向流体动力方向会改变。同时还需考虑纵向速度 u 的耦合作用,则 Y、N 的展开式在三阶精度内应包含如下项:

$$v、r、\delta、v^3、r^3、\delta^3、v^2r、\delta v^2、vr^2、\delta r^2、v\delta^2、r\delta^2、vr\delta、v\Delta u、r\Delta u、\delta\Delta u、v(\Delta u)^2、r(\Delta u)^2、\delta(\Delta u)^2$$

Y 的具体展开式项数与 N 类似,如与 v 项相应,对 Y 即为 Y_vv,而对 N 即为 N_vv,其他各项类推。

3. 由分速度 u 变化引起的纵向力(即螺旋桨推力与船体阻力)

与 u 相关的纵向力由螺旋桨推力与船体阻力组成,即

$$X(u) = T(1-t) - R = K_T \cdot \rho n^2 D^4(1-t) - C_R \cdot \frac{1}{2}\rho u^2 \cdot S \quad (7.43)$$

式中:T 为螺旋桨发出的推力,N;R 为匀速直航时船体水阻力,N;K_T 为螺旋桨推力系数;n 为螺旋桨转速,r/s;D 为螺旋桨直径,m;C_R 为船体总阻力系数;S 为湿表面积,m^2。

由式(7.43)可求得前进速度变化引起的 $X(u)$ 的变化:

$$X(\Delta u) = \left[K_{To} + \left(\frac{\partial K_T}{\partial \Delta u} \right)_{u_o} \Delta u \right] \cdot \rho n^2 D^4 (1-t)$$
$$- \left[C_{Ro} + \left(\frac{\partial C_R}{\partial \Delta u} \right)_{u_o} \Delta u \right] \frac{1}{2} \rho S (u + \Delta u)^2 \qquad (7.44)$$

其中:下脚标"o"表示平衡状态。

注意到:

$$(K_{To}) \cdot \rho n^2 D^4 (1-t) - (C_{Ro}) \cdot \frac{1}{2} \rho S u_o^2 = 0 \qquad (7.45)$$

$$\frac{\partial K_T}{\partial \Delta u} \cdot \Delta u = \left(\frac{\partial K_T}{\partial J} \right)_{u_o} \cdot \frac{\partial J}{\partial \Delta u} \cdot \Delta u = \left(\frac{\partial K_T}{\partial J} \right)_{u_o} \cdot \left(\frac{1-w}{nD} \right) \cdot \Delta u \qquad (7.46)$$

式中:J 为螺旋桨进速系数;w 为伴流分数。

将式(7.45)、式(7.46)代入式(7.44),得

$$X(\Delta u) = \left\{ \left[\left(\frac{\partial K_T}{\partial J} \right)_{u_o} \cdot \left(\frac{1-w}{nD} \right) \cdot (1-t) \rho n^2 D^4 \right] \right.$$
$$- \frac{1}{2} \rho S \left[2u_o (C_{Ro}) + \left(\frac{\partial C_R}{\partial \Delta u} \right)_{u_o} \cdot u_o^2 \right] \right\} \Delta u$$
$$- \frac{1}{2} \rho S \left[C_{Ro} + 2u_o \left(\frac{\partial C_R}{\partial \Delta u} \right)_{u_o} \right] (\Delta u)^2 - \frac{1}{2} \rho S \left(\frac{\partial C_R}{\partial \Delta u} \right)_{u_o} \cdot (\Delta u)^3 \qquad (7.47)$$
$$= X_u \Delta u + \frac{1}{2} X_{uu} (\Delta u)^2 + \frac{1}{6} X_{uuu} (\Delta u)^3$$

式中:$\left(\frac{\partial K_T}{\partial J} \right)_{u_o}$ 由螺旋桨敞水推力曲线求得;$\left(\frac{\partial C_R}{\partial \Delta u} \right)_{u_o}$ 由阻力曲线在 u_o 处的导数求得。

由上述可知,纵向速度变化引起的 $X(\Delta u)$ 不具有对称性,求 $X(\Delta u)$ 需基于阻力试验和螺旋桨敞水试验资料。

侧向力、力矩随 Δu 的变化也不具有对称性,可表示为

$$Y(\Delta u) = Y_{po} + Y_{pou} \Delta u + Y_{pouu} (\Delta u)^2 + Y_{pouuu} (\Delta u)^3$$
$$N(\Delta u) = N_{po} + N_{pou} \Delta u + N_{pouu} (\Delta u)^2 + N_{pouuu} (\Delta u)^3 \qquad (7.48)$$

基于以上考虑,可得 Abkowitz 三阶非线性操纵模型:

$$\begin{cases} (m - X_{\dot{u}}) \dot{u} = f_1(u、v、r、\delta) \\ (m - Y_{\dot{v}}) \dot{v} + (mx_G - Y_{\dot{r}}) \dot{r} = f_2(u、v、r、\delta) \\ (mx_G - N_{\dot{v}}) \dot{v} + (I_z - N_{\dot{r}}) \dot{r} = f_3(u、v、r、\delta) \end{cases} \qquad (7.49)$$

其中:

$$f_1(u、v、r、\delta) = X_o + X_u \Delta u + \frac{1}{2} X_{uu} (\Delta u)^2 + \frac{1}{6} X_{uuu} (\Delta u)^3 + \frac{1}{2} X_{vv} v^2$$
$$+ \left(\frac{1}{2} X_{rr} + mx_G \right) r^2 + \frac{1}{2} X_{\delta\delta} \delta^2 + \frac{1}{2} X_{rru} r^2 \Delta u \qquad (7.50)$$
$$+ \frac{1}{2} X_{vvu} v^2 \Delta u + \frac{1}{2} X_{\delta\delta u} \delta^2 \Delta u + (X_{vr} + m) vr$$
$$+ X_{v\delta} v\delta + X_{r\delta} r\delta + X_{vru} vr \Delta u + X_{v\delta u} v\delta \Delta u + X_{r\delta u} r\delta \Delta u$$

$$
\begin{aligned}
f_2(u、v、r、\delta) = &\ Y_{po} + Y_{pou}\Delta u + Y_{pouu}(\Delta u)^2 + Y_{pouuu}(\Delta u)^3 + Y_v v \\
&+ \frac{1}{6}Y_{vvv}v^3 + \frac{1}{2}Y_{vrr}vr^2 + \frac{1}{2}Y_{v\delta\delta}v\delta^2 + Y_{vu}v\Delta u \\
&+ \frac{1}{2}Y_{vuu}v(\Delta u)^2 + (Y_r - mu)r + \frac{1}{6}Y_{rrr}r^3 \\
&+ \frac{1}{2}Y_{rvv}rv^2 + \frac{1}{2}Y_{r\delta\delta}r\delta^2 + Y_{ru}r\Delta u \qquad\qquad (7.51)\\
&+ \frac{1}{2}Y_{ruu}r(\Delta u)^2 + Y_\delta\delta + \frac{1}{6}Y_{\delta\delta\delta}\delta^3 + \frac{1}{2}Y_{\delta vv}\delta v^2 \\
&+ \frac{1}{2}Y_{\delta rr}\delta r^2 + Y_{\delta u}\delta\Delta u + \frac{1}{2}Y_{\delta uu}\delta(\Delta u)^2 \\
&+ Y_{vr\delta}vr\delta + \frac{1}{6}Y_{\delta\delta\delta u}\delta^3\Delta u
\end{aligned}
$$

$$
\begin{aligned}
f_3(u、v、r、\delta) = &\ N_{po} + N_{pou}\Delta u + N_{pouu}(\Delta u)^2 + N_{pouuu}(\Delta u)^3 + N_v v \\
&+ \frac{1}{6}N_{vvv}v^3 + \frac{1}{2}N_{vrr}vr^2 + \frac{1}{2}N_{v\delta\delta}v\delta^2 \\
&+ N_{vu}v\Delta u + \frac{1}{2}N_{vuu}v(\Delta u)^2 + (N_r - mx_G u)r \\
&+ \frac{1}{6}N_{rrr}r^3 + \frac{1}{2}N_{rvv}rv^2 + \frac{1}{2}N_{r\delta\delta}r\delta^2 \qquad\qquad (7.52)\\
&+ N_{ru}r\Delta u + \frac{1}{2}N_{ruu}r(\Delta u)^2 + N_\delta\delta + \frac{1}{6}N_{\delta\delta\delta}\delta^3 \\
&+ \frac{1}{2}N_{\delta vv}\delta v^2 + \frac{1}{2}N_{\delta rr}\delta r^2 + N_{\delta u}\delta\Delta u \\
&+ \frac{1}{2}N_{\delta uu}\delta(\Delta u)^2 + N_{vr\delta}vr\delta + \frac{1}{6}N_{\delta\delta\delta u}\delta^3\Delta u
\end{aligned}
$$

由式(7.50)、式(7.51)、式(7.52)可知方程组式(7.49)是一个常系数非线性方程组。可解得

$$
\begin{cases}
\dfrac{\mathrm{d}u}{\mathrm{d}t} = \dot{u} = \dfrac{f_1(u、v、r、\delta)}{(m - X_{\dot{u}})} \\[3mm]
\dfrac{\mathrm{d}v}{\mathrm{d}t} = \dot{v} = \dfrac{(I_z - N_{\dot{r}})\cdot f_2(u、v、r、\delta) - (mx_G - Y_{\dot{r}})\cdot f_3(u、v、r、\delta)}{(m - Y_{\dot{v}})(I_z - N_{\dot{r}}) - (mx_G - N_{\dot{v}})(mx_G - Y_{\dot{r}})} \\[3mm]
\dfrac{\mathrm{d}r}{\mathrm{d}t} = \dot{r} = \dfrac{(m - Y_{\dot{v}})\cdot f_3(u、v、r、\delta) - (mx_G - N_{\dot{v}})\cdot f_2(u、v、r、\delta)}{(m - Y_{\dot{v}})(I_z - N_{\dot{r}}) - (mx_G - N_{\dot{v}})(mx_G - Y_{\dot{r}})}
\end{cases} \qquad (7.53)
$$

式(7.53)为一阶微分方程组,利用计算机很容易求得近似解,只要已知前一瞬时 t 的 u、v、r、δ 值,代入式(7.49),即可解得该瞬时的 $\dot{u}$、$\dot{v}$、$\dot{r}$ 值,再由式(7.54)可求得下一瞬时 $t+\Delta t$ 的速度状态变量 u、v、r。

$$
\begin{cases}
u(t+\Delta t) = u(t) + \Delta t \cdot \dot{u}(t) \\
v(t+\Delta t) = v(t) + \Delta t \cdot \dot{v}(t) \\
r(t+\Delta t) = r(t) + \Delta t \cdot \dot{r}(t)
\end{cases} \qquad (7.54)
$$

由于船舶具有较大的质量和转动惯量,因此一般 $\dot{u}$、$\dot{v}$、$\dot{r}$ 随时间的变化较为缓慢。只需采用较小的时间间隔 Δt,利用计算机就可以得到令人满意的精度。式(7.54)是从递推的角度来

表示的,也可用式(7.55)表示任何时刻的状态变量。

$$
\begin{cases}
u(t) = u(0) + \sum_{\tau=0}^{t-\Delta t} \Delta t \cdot \dot{u}(\tau) \\
v(t) = v(0) + \sum_{\tau=0}^{t-\Delta t} \Delta t \cdot \dot{v}(\tau) \\
r(t) = r(0) + \sum_{\tau=0}^{t-\Delta t} \Delta t \cdot \dot{r}(\tau)
\end{cases} \tag{7.55}
$$

可求得船舶相对固定坐标系的线速度值,即绝对速度:

$$
\begin{cases}
\dot{x}_0(t) = u(t) \cdot \cos\psi(t) - v(t) \cdot \sin\psi(t) \\
\dot{y}_0(t) = u(t) \cdot \sin\psi(t) + v(t) \cdot \cos\psi(t)
\end{cases}
$$

对绝对速度积分,则可得

$$
\begin{cases}
\psi(t) = \psi(0) + \sum_{\tau=1}^{t-\Delta t} r(\tau) \cdot \Delta t \\
x_0(t) = x_0(0) + \sum_{\tau=1}^{t-\Delta t} \{u(\tau) \cdot \cos\psi(\tau) - v(\tau) \cdot \sin\psi(\tau)\} \Delta t \\
y_0(t) = y_0(0) + \sum_{\tau=1}^{t-\Delta t} \{u(\tau) \cdot \sin\psi(\tau) + v(\tau) \cdot \cos\psi(\tau)\} \Delta t
\end{cases} \tag{7.56}
$$

式中:$\psi(0)$、$x_0(0)$、$y_0(0)$为初始时刻状态值。由各瞬时 $x_0(t)$、$y_0(t)$值即可绘制其轨迹。若船体重心 G 与运动坐标系原点 O 不重合,则需进行适当修正。

以上简要介绍了 Abkowitz 非线性数学模型,如果某船的全部水动力导数已知,则运用该模型就可方便地计算其在各种操舵规律下,运动参数随时间的变化及其轨迹。Abkowitz 数学模型中众多水动力导数可通过各种约束船模试验测得,有些系数值还需通过阻力试验和螺旋桨敞水试验求得。

在 Abkowitz 数学模型推导的过程中,可体会到,此模型将船体、螺旋桨、舵作为一个整体,采用摄动展开,故不会出现各部分之间的干扰现象,因为测得的数据中已包括了这种影响,但各项力的物理意义不太明确。并且由于约束船模试验都是相对特定的船型在特定的情况(如船速、螺旋桨转速、舵附体等)下进行的,故不便于将试验结果移用到其他情况。这对于解决如确定最佳舵面积、分析船体线型对操纵性影响等船舶设计问题是不方便的。总之,上述模型对预报特定船在特定情况下的操纵运动是很有效的,但也存在着一些不足之处。基于此,日本操纵运动数学模型小组提出了 MMG 数学模型。

7.4.2　MMG 非线性数学模型

日本操纵运动数学模型小组提出的 MMG 数学模型主要用于描述下列运动状态:

(1) 研究常规船舶的操纵运动,并常以单螺旋桨常规船为考虑对象,对于多桨船则需要对船体上的水动力进行修正,不包括产生异常现象的肥大船型;

(2) 船舶具有相当的前进速度,螺旋桨转速超过空转转速,在船体作用力中升力占支配地位;

(3) 以深水中静止水面操纵运动为主,并考虑到把浅水影响也包含进去;

(4) 取 u、v、r、δ、n 为数学模型的变量;

（5）将坐标系固定在船体上，坐标系原点取在船中，可便于寻找重心位置。

为改善 Abkowitz 模型的不足，对新推导的数学模型有如下要求：

（1）数学模型中各项应有明确的物理意义；

（2）能容易地由试验求得数学模型中的各种参数；

（3）能便于处理实船与船模之间的相关问题；

（4）能适用于对船舶操纵性设计方案的部分修改。

考虑到上述要求，MMG 数学模型具有如下特点：

（1）将船体、螺旋桨、舵的各单独性能作为基准（这有别于将三者作为一个整体考虑）；

（2）简洁地表达出船体、螺旋桨、舵之间的干扰；

（3）尽量合理地表达出作用于船体上的流体动力。

为便于理论研究，也避免寻找重心的麻烦，将运动坐标系的原点取在船中，则运动方程为

$$\begin{cases} m(\dot{u}-vr-x_G r^2)=X=X_G \\ m(\dot{v}+ur+x_G\dot{r})=Y=Y_G \\ (I_{zz}+mx_G^2)\dot{r}+mx_G(\dot{v}+ur)=N=N_G+Y_G x_G \end{cases} \tag{7.57}$$

式中：$u=u_G$；$v=v_G-x_G r_G$；$r=r_G$。

MMG 数学模型中采用的无因次化特征量为

$$\begin{cases} \dot{u}'=\dot{u}(L/U^2),\dot{v}'=\dot{v}(L/U^2),\dot{r}'=\dot{r}(L/U^2) \\ u'=u/U,v'=v/U,r'=r(L/U) \\ X'=X\Big/\left(\dfrac{\rho}{2}LdU^2\right),Y'=Y\Big/\left(\dfrac{\rho}{2}LdU^2\right),N'=N\Big/\left(\dfrac{\rho}{2}L^2dU^2\right) \end{cases} \tag{7.58}$$

式中：L 为船长，计算时一般取垂线间长；d 为吃水深度；$U=\sqrt{u^2+v^2}$，为船的合速度。

在 MMG 数学模型中，作用于船体上的流体动力以船体、螺旋桨和舵各自贡献的分量之和的形式表示，即

$$\begin{cases} X'=X'_H+X'_P+X'_R \\ Y'=Y'_H+Y'_P+Y'_R \\ N'=N'_H+N'_P+N'_R \end{cases} \tag{7.59}$$

式中：下标 H 代表船体（hull）；P 代表螺旋桨（propeller）；R 代表舵（rudder）。考虑到螺旋桨引起的横向力和力矩通常较小，其值难以测定，也难以从测量值中分离出来，故常将 Y'_H、Y'_P 和 N'_H、N'_P 合并，即

$$\begin{cases} X'=X'_H+X'_P+X'_R \\ Y'=Y'_{HP}+Y'_R \\ N'=N'_{HP}+N'_R \end{cases} \tag{7.60}$$

对于力 X 的表达式，采用如下形式：

$$\begin{aligned} X'&=X\Big/\left(\frac{1}{2}\rho LdU^2\right) \\ &=X'_{\dot{u}}\dot{u}'+(X'_{vr}-Y'_{\dot{v}})vr+X'_{vv}v'^2+X'_{rr}r'^2+X'(u)+(1-t)T'\left(\frac{u_p}{nD}\right) \\ &\quad +X'_{Ro}-F'_N\sin\delta \end{aligned} \tag{7.61}$$

式中：$-X'_{\dot{u}}=m'_{11}$ 为 X 方向附加质量；$-Y'_{\dot{v}}=m'_{22}$ 为 Y 方向附加质量；X'_{vr}、X'_{vv}、X'_{rr} 为由船体操纵运动引起的船体阻力增加部分；$X'(u)$ 为船舶做直线运动时船体的无因次阻力；X'_{Ro} 为船

舶做直线运动时舵的阻力(无因次值),则显然总的直线运动阻力 $R'_{(u)} = -(X' + X'_{Ro})$;$F'_N$ 为舵的无因次法向力;$-F'_N \sin\delta$ 表示转舵引起的 X 方向的力;$T'\left(\dfrac{u_p}{nD}\right) = \rho n^2 D^4 K_T \left(\dfrac{u_p}{nD}\right) \Big/ \left(\dfrac{1}{2}\rho L d U^2\right)$ 表示螺旋桨发出的推力,其中考虑了操纵运动对螺旋桨轴向速度的影响,采用螺旋桨轴向实效相对流速 u_p 表示,即

$$u_p = u \cdot \{(1-w) + \tau (v' + c_p |v'| v' + x'_p r')^2\} \tag{7.62}$$

其中:第一项为船体直航时伴流分数的影响;第二项表示由操纵运动产生的影响;x'_p 为桨所在 x 位置的无因次值;τ、c_p 由试验确定。

横向流体动力 Y、N 采用如下表达式:

$$Y' = Y'_{\dot{v}}\dot{v}' + Y'_v v' + Y'_{\dot{r}}\dot{r}' + (Y'_r + X'_{\dot{u}})r' + \int_{-\frac{1}{2}}^{\frac{1}{2}} (v' + x'r')|v' + x'r'| \cdot C_D(x')\mathrm{d}x'$$
$$- (1 + a'_H)F'_N \cdot \cos\delta \tag{7.63}$$

$$N' = N'_{\dot{v}}\dot{v}' + N'_v v' + N'_{\dot{r}}\dot{r}' + N'_r r' + \int_{-\frac{1}{2}}^{\frac{1}{2}} (v' + x'r')|v' + x'r'| \cdot x' \cdot C_D(x')\mathrm{d}x'$$
$$- (x'_R + a'_H x'_H)F'_N \cdot \cos\delta \tag{7.64}$$

其中:$Y'_{\dot{r}}$、$N'_{\dot{v}}$ 为附加质量矩,理论上二者是相等的,实际上存在小的差异;$-N'_{\dot{r}} = m'_{66}$ 为船中 z 轴的附加质量惯性力矩;$C_D(x')$ 为横流阻力系数,$C_D(x')$ 沿船纵向的分布仍处于研究阶段,一些试验资料表明 $C_D(x')$ 接近一常数;a'_H 为由舵角干扰引起的船体侧向诱导力与舵力的比值;x'_H 为由舵角干扰引起的船体侧向诱导力作用点纵向无因次坐标;x'_R 为舵的法向力作用点纵向无因次 x 坐标。

由式(7.63)、式(7.64)可见,等号右边的流体动力由三部分组成:基于附加质量及升力的线性项;横向流动产生的非线性项;舵力及操舵在船体上引起的流体力。在实际的船舶运动中,v' 和 $x'r'$ 同号或异号的情况都会发生,所以非线性项采用横向流速的二次项的积分形式表示较为方便。

以上介绍了 MMG 数学模型中,所采用的各项流体动力表达式,各项力的物理意义明确,其中包含的各流体动力导数及系数均能通过试验测定。下面简要介绍该数学模型系数的一套试验测试方法。

(1)首先求得螺旋桨和舵的单独性能,以及直航状态的船体阻力。求螺旋桨单独性能及船体阻力的方法,是在船舶阻力推进的范畴里已解决了的问题。关于舵在均匀流体中的性能已有很多试验资料,也可用近似公式估算。

(2)进行直航情况下的试验,在舵角为零的状态下求螺旋桨伴流性能和推力性能。

(3)进行直航操舵试验,测出作用于舵上的法向力,再根据单独舵特性中的流入速度与法向力的关系,求对应螺旋桨尾流中测得的法向力的相应流入速度。因为这种方法与决定自航要素的等推力法相似,所以称为等法向力法。在该法中,实际上把舵当作一种流速计,把舵的法向力单独特性曲线看作其标定曲线,而来反算对舵整体而言的表观来流平均速度。总之,用等法向力法可求得直航时流入舵处的有效来流速度 u_R。

再由 u_R 和螺旋桨等推力法求得的 u_p,按下关系式拟合,从而求得修正系数 k 和 ε。

$$u_R = u_p \cdot \varepsilon \sqrt{1 + k\, \frac{8}{\pi}\, \frac{K_T}{J^2}} \tag{7.65}$$

（4）在直航操舵运动中，测得舵上的法向力 F_N、船体的侧向力 Y、回转力矩 N，由此确定由操舵引起的作用在船体上的力和力矩相关的系数 a_H、x_H。按照乌野的观点，这个力是由围绕舵周围的环量引起的对船体后半部的影响，并认为随舵角变化，a_H、x_H 几乎稳定在一定值上，但随螺旋桨载荷变化，a_H、x_H 值有较大幅度的变化。

（5）在不同的 v、r 下进行圆形运动试验或旋臂试验，探讨 v、r 的变化对伴流的影响。此时螺旋桨处于斜流之中，只要将轴向流速作为流入速度，就可认为 K_T 的特性不受斜流的影响。其结果可表示为

$$u_p = u \cdot \{(1-w) + \tau\, (v + c_p |v| \cdot v + x_p r)^2\} \tag{7.66}$$

其中：$1-w$ 是直航中的伴流系数。由操纵运动引起的伴流变化用 τ、c_p、x_p 来表示。x_p 是螺旋桨所在的 x 坐标，有时 x_p 亦可作为试验的待定系数。

（6）在不同的 v、r 值下测定舵的法向力值来求解舵的有效冲角 a_R。这个有效流入角是以舵的法向力为零的位置为零舵角来定义的，可表示为

$$a_R = r\left(\frac{v + C_R |v| v + x_R r}{u_R}\right) \tag{7.67}$$

由试验测出 a_R、v、r、u_R，则可由式（7.67）用回归分析法求得舵处的整流系数 r 和下洗系数 C_R。

（7）确定作用在船体上的主要流体动力项。其准确的表达应该是：X 为作用在船上的力减去由螺旋桨和舵的影响引起的力；Y 和 N 也应该减去由舵引起的力和力矩。若船体在圆形运动试验和旋臂试验下处于稳定状态，即：

$$\dot{u} = \dot{v} = \dot{r} = 0 \tag{7.68}$$

则有

$$\begin{aligned}
&X_E + T(1-t) + X(u) + X_{Ro} - F_N \sin\delta \\
&= |X_{vr} + (m - Y_{\dot{v}})| vr - X_{vv} v^2 - (X_{rr} + m x_G) r^2
\end{aligned} \tag{7.69}$$

式中：X_E、T、F_N 是由试验测量得到的值；$(1-t)$ 取自直航试验中求得的值；$X(u) + X_R$ 为阻力试验结果。

式（7.69）等号右边所含系数 X_{vr}、X_{vv}、X_{rr} 即可由试验结果按最小二乘法拟合得到。对于侧向力和力矩，同样有

$$\left\{\begin{aligned}
Y_E - (1 + a_H) F_N \cos\delta &= -Y_v v - |Y_r - (m - X_{\dot{v}}) u|\, r \\
&\quad - \int_{-\frac{1}{2}}^{\frac{1}{2}} (v + xr)|v + xr| \cdot (a_0 + a_1 x + a_2 x^2)\, \mathrm{d}x \\
N_E - (x_R + a_H x_H) F_N \cos\delta &= N_v v - (N_r - m x_G u) r \\
&\quad - \int_{-\frac{1}{2}}^{\frac{1}{2}} (v + xr)|v + xr| \cdot x \cdot (a_0 + a_1 x + a_2 x^2)\, \mathrm{d}x
\end{aligned}\right. \tag{7.70}$$

式中：Y_E、F_N、N_E 由试验测得；a_H、x_H 由直航试验测得；由 $-X_{\dot{u}} = m_{11}$，$-Y_{\dot{v}} = m_{22}$ 可按照图谱回归式估算。式（7.70）等号右边所含各系数可由最小二乘法拟合得到。

MMG 模型现已较为广泛地用于操纵性研究，且便于今后研究螺旋桨的逆转减速运动、浅水及限制航道中的操纵性，以及实船与船模的相关问题等。MMG 模型将船体、螺旋桨、舵性

能从总的流体动力性能中分出来,便于进行船体、螺旋桨、舵之间的干扰效应研究。

习　　题

7.1　名词解释:固定坐标系、运动坐标系、水动力导数。

7.2　设某船在水平面内操右舵 15°进行回转运动,试绘图表示:

(1) 空间固定坐标系和船体运动坐标系;

(2) 船舶重心运动轨迹以及表征此轨迹的主要参数(包括纵向速度、横向速度、合速度、舵角、漂角以及艏摇角速度)。

7.3　试分析说明水动力导数 $Y_{\dot{v}}$、$N_{\dot{v}}$、$Y_{\dot{r}}$、$N_{\dot{r}}$、Y_v、N_v、Y_r、N_r 的正负及大小量级,并说明如何将它们无因次化。

7.4　实际船舶操纵运动中,可根据船舶实际运动状态以及集合特征对操纵运动方程进行简化,简化后的表达式如下:

$$\begin{cases} X = X_u \Delta u + X_{\dot{u}} \dot{u} \\ Y = Y_v v + Y_r r + Y_{\dot{v}} \dot{v} + Y_{\dot{r}} \dot{r} + Y_\delta \delta \\ N = N_v v + N_r r + N_{\dot{v}} \dot{v} + N_{\dot{r}} \dot{r} + N_\delta \delta \end{cases}$$

试分析表达式中各系数的物理意义及其分类方法。

7.5　试写出线性化的船舶操纵运动微分方程组,并选用适合的无因次化方法,对方程组进行无因次化处理(说明每一个物理量对应的无因次化方法)。

7.6　请简要概述 Abkowitz 模型和 MMG 模型是如何描述船舶操纵运动的;并简要分析两者的优缺点。

7.7　相比于 Abkowitz 模型,MMG 数学模型比较显著的优势是明确了每一项的物理意义。试写出三自由度下 MMG 模型操纵运动方程,并分析每一项的具体含义。

附录 A 常用公式

1. 直角坐标系(x,y,z)

对于标量 φ,存在

$$\nabla \varphi = i \frac{\partial \varphi}{\partial x} + j \frac{\partial \varphi}{\partial y} + k \frac{\partial \varphi}{\partial z}$$

$$\nabla^2 \varphi = \frac{\partial^2 \varphi}{\partial x^2} + \frac{\partial^2 \varphi}{\partial y^2} + \frac{\partial^2 \varphi}{\partial z^2}$$

对于矢量 $V = V_x i + V_y j + V_z k$,存在

$$\nabla \cdot V = \frac{\partial V_x}{\partial x} + \frac{\partial V_y}{\partial y} + \frac{\partial V_z}{\partial z}$$

$$\nabla \times V = \left(\frac{\partial V_z}{\partial y} - \frac{\partial V_y}{\partial z} \right) i + \left(\frac{\partial V_x}{\partial z} - \frac{\partial V_z}{\partial x} \right) j + \left(\frac{\partial V_y}{\partial x} - \frac{\partial V_x}{\partial y} \right) k$$

$$V \cdot \nabla V = \left(V_x \frac{\partial V_x}{\partial x} + V_y \frac{\partial V_x}{\partial y} + V_z \frac{\partial V_x}{\partial z} \right) i + \left(V_x \frac{\partial V_y}{\partial x} + V_y \frac{\partial V_y}{\partial y} + V_z \frac{\partial V_y}{\partial z} \right) j + \left(V_x \frac{\partial V_z}{\partial x} + V_y \frac{\partial V_z}{\partial y} + V_z \frac{\partial V_z}{\partial z} \right) k$$

$$\nabla^2 V = \nabla^2 \frac{\partial V_x}{\partial x} i + \nabla^2 \frac{\partial V_y}{\partial y} j + \nabla^2 \frac{\partial V_z}{\partial z} k$$

2. 圆柱坐标系(r,θ,z)

对于标量 φ,存在

$$\nabla \varphi = \frac{\partial \varphi}{\partial r} e_r + \frac{\partial \varphi}{r \partial \theta} e_\theta + \frac{\partial \varphi}{\partial z} e_z$$

$$\nabla^2 \varphi = \frac{\partial^2 \varphi}{\partial r^2} + \frac{\partial \varphi}{r \partial r} + \frac{\partial^2 \varphi}{r^2 \partial \theta^2} + \frac{\partial^2 \varphi}{\partial z^2}$$

对于矢量 $V = V_x i + V_y j + V_z k$,存在

$$\nabla \cdot V = \frac{\partial V_r}{\partial r} + \frac{V_r}{r} + \frac{\partial V_\theta}{r \partial \theta} + \frac{\partial V_z}{\partial z}$$

$$\nabla \times V = \left(\frac{1}{r} \frac{\partial V_z}{\partial \theta} - \frac{\partial V_\theta}{\partial z} \right) e_r + \left(\frac{\partial V_r}{\partial z} - \frac{\partial V_z}{\partial r} \right) e_\theta + \left(\frac{\partial V_\theta}{\partial r} + \frac{V_\theta}{r} - \frac{\partial V_r}{r \partial \theta} \right) e_z$$

$$V \cdot \nabla V = \left(V_r \frac{\partial V_r}{\partial r} + \frac{V_\theta}{r} \frac{\partial V_r}{\partial \theta} + V_z \frac{\partial V_r}{\partial z} - \frac{V_\theta^2}{r} \right) e_r + \left(V_r \frac{\partial V_\theta}{\partial r} + \frac{V_\theta}{r} \frac{\partial V_\theta}{\partial \theta} + V_z \frac{\partial V_\theta}{\partial z} - \frac{V_r V_\theta}{r} \right) e_\theta$$

$$+ \left(V_r \frac{\partial V_z}{\partial r} + \frac{V_\theta}{r} \frac{\partial V_z}{\partial \theta} + V_z \frac{\partial V_z}{\partial z} \right) e_z$$

$$\nabla^2 V = \left(\nabla^2 V_r - \frac{V_r}{r^2} - \frac{2}{r^2} \frac{\partial V_\theta}{\partial \theta} \right) e_r + \left(\nabla^2 V_\theta - \frac{V_\theta}{r^2} + \frac{2}{r^2} \frac{\partial V_r}{\partial \theta} \right) e_\theta + \nabla^2 V_z e_z$$

参 考 文 献

[1] 王家楣,张志宏,马乾初.流体力学[M].大连:大连海事大学出版社,2010.

[2] 夏国泽,杨丹.船舶流体力学[M].武汉:华中科技大学出版社,2018.

[3] 盛振邦.船舶原理(上册)[M].上海:上海交通大学出版社,2017.

[4] 盛振邦.船舶原理(下册)[M].上海:上海交通大学出版社,2019.

[5] 奥韦·托拜厄斯·古德梅斯戴德.海洋技术与作业:理论与实践[M].上海:上海交通大学出版社,2019.

[6] 俞聿修,柳淑学.随机波浪及其工程应用[M].大连:大连理工大学出版社,2011.

[7] 吴秀恒.船舶操纵性与耐波性[M].北京:人民交通出版社,1999.

[8] 周树国.船舶流体动力学[M].北京:人民交通出版社,1986.

[9] 刘岳元,冯铁城,刘应中.水动力学基础[M].上海:上海交通大学出版社,1990.

[10] 许维德.流体力学[M].北京:国防工业出版社,1989.

[11] 吴望一.流体力学[M].北京:北京大学出版社,2021.

[12] 张亮,李云波.流体力学[M].哈尔滨:哈尔滨工程大学出版社,2006.

[13] 朱仁庆,杨松林,王志东.船舶流体力学[M].北京:国防工业出版社,2015.

[14] 倪玲英.船舶流体力学[M].青岛:中国石油大学出版社,2018.